LE VATICAN MIS À NU

Groupe
« LES MILLÉNAIRES »

LE VATICAN MIS À NU

traduit de l'italien
par Pierre-Emmanuel Dauzat

LE GRAND LIVRE DU MOIS

Titre original : VIA COL VENTO IN VATICANO

(édition originale : ISBN 88-7953-080-1 Kaos edizioni Milano)

1

Contre le silence sur le mal

Le but critique d'une œuvre touche au travail du géomètre lorsque, une fois creusés les ressorts psychologiques, elle élargit la réflexion pour jeter les fondements d'une réforme, la plus sérieuse possible. Voici donc un essai qui ne s'embarrasse pas de nuances et dénonce sans détour une réalité qui, au Vatican, est sous les yeux de tous. Quand les discours font la part belle aux fioritures, ce sont les idées qui en pâtissent. On pourrait croire à une analyse impitoyable, quand cet ouvrage voudrait nettoyer au bistouri une plaie profonde et purulente.

Voici donc une leçon administrée sous des formes pittoresques et sèches, cinglantes comme le claquement d'une cravache en direction du destrier. Un livre pensé et écrit en équipe, qui a les mérites et les défauts d'un ouvrage à plusieurs voix, d'où le caractère répétitif des thèmes les plus prégnants et la difficile convergence due à la diversité des points de vue et des angles d'approche.

À une époque comme la nôtre, qui se meurt de certitudes en même temps que meurent les certitudes, comme le disait Leonardo Sciascia, la vérité ne change pas. Elle reste identique, qu'elle soit enseignée par un grand orateur ou un piètre causeur : l'éloquent ne l'enrichit pas plus que le balbutiant ne l'appauvrit. Saint Pierre en a averti l'Église : « C'est le moment, en effet, où le jugement commence par la maison de Dieu, où il débute par nous [1]. » De même, Vatican II : « À la différence du Christ innocent, la sainte Église, qui comprend des pécheurs en son sein, a besoin de purification mais néglige la pénitence et sa rénovation. [...] L'Église missionnaire est appelée par le Christ à cette réforme permanente dont, en tant qu'institution humaine et terrestre, elle a toujours besoin. »

L'heure est venue pour l'Église de demander pardon au Christ, plutôt qu'aux hommes, pour l'infidélité et les trahisons de ses ministres, spécialement l'autorité constituée au sommet de la hiérarchie ecclésiastique. Ce qui est en cause, ce n'est pas tant l'institution divine de l'Église que son enveloppe, le « vaticanisme ». Il faut briser le cocon dans lequel l'existence de la réalité historique et de la vérité reste emprisonnée comme une chrysalide en état d'asphyxie. Réformer l'Église de l'an 2000, cela veut dire changer son gouvernement bureaucratique qui ne lui convient plus. Pour Clemenceau, gouverner, c'est assurer la tranquillité aux bons citoyens sans laisser de répit aux gens malhonnêtes. Faire le contraire, c'est renverser l'ordre naturel.

De son fondateur, l'Église a reçu la mission et la capacité d'intervenir dans la situation présente, d'assimiler sans se corrompre, de fermenter sans chanceler. Le concile œcuménique Vatican II a donné un coup de barre à l'Église, qui s'est mise à trotter avec ardeur. Pour beaucoup, cependant, le concile évoque les mouvements d'un pendule que l'on fait monter et descendre à sa convenance. Ainsi, un journaliste a observé avec humeur : « Au cœur du concile, est-il possible que dans les mêmes documents on ait pu dire tout et le contraire de tout, qu'on ait consenti à tout ? »

Tout se passe comme si l'Église d'aujourd'hui avait été touchée par une sorte d'explosion nucléaire aux effets plus dévastateurs encore que celle de Tchernobyl. Structurellement, l'organisme est toujours le même ; d'un point de vue physiologique et

1. Ire épître de saint Pierre 4, 17.

dynamique, elle est comme envoûtée par la mentalité dominante d'un monde qui lui est étranger. Embouchons la corne de bélier en attendant le jubilé de l'an 2000, le deux millième anniversaire du fondateur de l'Église. Le christianisme de l'an 2000 suppose une humanité en pèlerinage à la recherche de son salut.

Que faire ? Faut-il taire ou crier sur les toits l'infiltration du mal dans l'Église ? Le silence est d'or, mais il est des silences qui tuent : plus précisément, le silence qui tait le mal pour ne pas faire scandale peut confiner à la complicité avec qui sème l'ivraie ; sous prétexte de respecter le libertinage des autres, le silence revient à laisser les choses suivre leur cours plutôt que de s'indigner du mal qui se répand dans la demeure de Dieu avec les hommes.

À propos de la réforme universelle de l'Église, saint Jean Léonard écrivait à Paul V (1605-1621) : « Qui veut mettre en œuvre une réforme religieuse et morale profonde doit procéder d'abord, comme un bon médecin, à un diagnostic appliqué des maux dont souffre l'Église afin de pouvoir être ainsi en mesure de prescrire pour chacun d'eux le remède le plus approprié. La rénovation de l'Église doit concerner également tous les niveaux, les premiers et les derniers, les chefs et les subalternes, le sommet et la base. Elle doit commencer par celui qui commande, puis s'étendre aux sujets. Il serait nécessaire que les cardinaux, les patriarches, les archevêques, les évêques et les curés soient à même d'inspirer une confiance inébranlable pour conduire le troupeau du Seigneur. »

Ce n'est pas d'un cœur léger qu'a été prise la décision de livrer ces notes tourmentées, parsemées de prières, de conseils de personnes mystiquement privilégiées, lesquelles – indépendamment les unes des autres – exhortent à mettre par écrit les angoisses, les frémissements, limités au cœur de l'Église, dévastée de l'extérieur par l'athéisme de l'après-guerre mais aussi assombrie et ravagée de l'intérieur par les erreurs théologiques distillées par les universités pontificales aux enseignants comme aux étudiants, malgré et même grâce au grand marchandage de Vatican II.

Étant donné les risques qu'il y a à prétendre dire la vérité nue et crue, sans voiles ni fards, et sans faux-semblants, nous nous sommes donné la peine de faire parvenir en haut, au plus près de la personne du pape, les appréhensions partagées par beaucoup afin de savoir ce qu'il en pense. Et voici ce que nous a répondu cet interlocuteur autorisé : « Je vous souhaite tout le bonheur possible, à vous et à votre entreprise, parce que je peux seulement imaginer combien elle sera difficile. »

Le scandale nécessaire

L'alliance de Dieu avec les démunis et les humbles est en contradiction avec l'arrogance du pouvoir, qui invariablement condamne et élimine l'innocent et le fâcheux. Ce livre est un écho recueilli en plein désert, un pigeon lâché avec un message attaché à ses pattes, une bouteille à la mer enfermant une exhortation.

À chacune de ses dénonciations, Jérémie, malhabile en politique, finissait en prison ; mais, en tant que prophète clairvoyant, il cherchait à faire la lumière sur la politique que le peuple aurait dû suivre pour devenir l'Israël de Dieu. C'est lui, l'homme pacifique, qui fut choisi pour accuser une société en décomposition, et les puissants le combattirent parce qu'il mettait en doute les certitudes et les illusions des hommes de son temps.

Perpétuellement persécuté et victorieux, Jérémie aura le courage de résister aux mensonges et de refuser le silence de la honte, s'exprimant comme Christ : « Mais toi, tu vas te ceindre les reins, te lever et leur annoncer tout ce que je te commande ; ne te laisse pas accabler par eux, sinon c'est moi qui t'accablerai devant eux. Moi, aujourd'hui, je fais de toi une place forte, un pilier de fer, un rempart de bronze, face au pays tout entier, face aux rois de Juda, à ses ministres, à ses prêtres et à sa milice ; ils te combattront, mais ils ne pourront rien contre toi [1]. »

Prophète récalcitrant, choisi par le Seigneur pour une mission dont il ne se croyait pas capable, Jérémie résistait : « Je dis : " Ah, Seigneur Dieu, je ne saurais parler, je suis trop jeune. " Le Seigneur me dit : " Ne dis pas : je suis trop jeune. Partout où je t'envoie, tu y vas ; tout ce que je te commande, tu le dis ; n'aie peur de personne : je suis avec toi pour te libérer – oracle du Seigneur [2]. " » Ce sentiment de sécurité l'accompagnera toute sa vie, sans l'empêcher pourtant de tenir des propos bouleversants, de proclamer l'urgence d'un renouveau radical pour Israël et d'annoncer la nouvelle alliance du cœur.

Homme pris entre deux feux, Yahvé et Israël, Jérémie était dans une situation inextricable : ni roi, ni homme politique, ni pontife, ni condottiere, ni soudoyé, c'était un homme nu qui ne faisait pas le malin. Faible et fort, rude et véhément, sensible et dur, martyr et protestataire. Admirable exemple d'un homme de Dieu qui sait rester intègre, sous l'influence la plus puissante qui soit, celle de Dieu, à laquelle rien ne résiste : « Seigneur, Tu as abusé de ma naïveté, oui, j'ai été bien naïf ; avec moi, Tu as eu recours à la force et Tu es arrivé à Tes fins. » Jérémie demeure le plus chrétien des saints de l'ancienne loi, le plus vulnérable, le plus fraternel, le plus proche des cœurs pécheurs et partagés.

Par les livres inspirés, on constate que les prophètes, plus que les hommes du temple et les serviteurs du palais, sont les porte-parole de Dieu pour aider l'humanité future à naître sans cesse. Souvent, les saints finissent par être victimes de certains hommes d'Église lorsqu'ils prophétisent en soulignant les souillures desdits ecclésiastiques : Savonarole, Rosmini, don Zeno, Padre Pio, pour n'en citer que quelques-uns. Si Dieu investit un homme du charisme de dénoncer le relâchement, les aises, les manigances, les combines, les délices et les privilèges des

1. Jérémie 1, 17-19.
2. Jérémie 1, 6-7.

membres d'une certaine caste cléricale, le dénonciateur doit s'attendre à une réaction tout aussi féroce de la part de ceux-là, soudain pris d'une véritable ferveur mystique pour apparaître comme les défenseurs de la sainteté de l'Église. Il en va toujours ainsi : l'homme finit par considérer la consécration comme un placement et se met à négocier avec Dieu, à marchander dans son intérêt.

Au contraire, les originaux, les spontanés, les non-conformistes, les insoumis, les hommes droits et indomptables, capables de démasquer les compromis sibyllins et les conditionnements oppressifs, les manifestations d'opportunisme dégénéré et de servitude écœurante, sont isolés au fur et à mesure, petit à petit marginalisés puis mis en demeure, exclus, suspectés et tournés en dérision, contraints de subir d'incroyables frustrations en raison de racontars et de suspicions entachant leur réputation. Cette droiture inflexible donne tort au proverbe chinois suivant lequel, « quand souffle le vent, tous les roseaux doivent plier ». La permanence de ceux-là, les meilleurs, est déjà une condamnation en soi, qui les enferme dans le camp de l'impondérable anonymat, dans un abîme de silence. Une chose est de lire toutes ces choses, une autre de les vivre dans sa chair, jour après jour.

Beaucoup de juges sévères, déchirant leurs vêtements, pointeront un doigt accusateur, indignés, stupéfaits, offensés, dégoûtés, hostiles à celui qui a choisi cette forme d'information et de réflexion, jugée désacralisante. Retroussant le nez, ils auraient, à les en croire, usé de plus de modération suivant les compromis du *laisser-faire*. Quand la critique discrète se mue en protestation courageuse, aussitôt se met en branle le mécanisme défensif de la majorité mobilisée pour défendre le supérieur, qui, faisant l'éloge des plus fidèles, les exhorte à combattre l'ennemi toujours en embuscade contre l'Église. Ainsi fait le tyran, qui s'est choisi un conseiller muet, pensant satisfaire de la sorte la foule agitée. Et, par conformisme servile et soumission, ces juges sévères et bien-pensants s'empresseront de condamner ce livre : tout en déchirant leurs vêtements, ils cloueront au pilori les audacieux pour les qualifier d'incapables, de sots, de rebelles, d'insubordonnés, de frustrés, de rancuniers, d'outranciers et de méprisables, et ainsi de suite. Ils compareront les auteurs à des Cassandre, dont les prévisions catastrophiques ne méritent aucunement qu'on y prête foi.

Toute idée neuve est généralement repoussée a priori par cette majorité, qui refuse de la prendre sérieusement en considération, parce que, par habitude, elle confère un caractère sacré à ce qui est normalement à sa place. Le bien ne peut s'opposer à lui-même : il ne s'oppose qu'au mal. Mais la confusion est trop grande autour des notions de bien et de mal. On cherche de toutes les façons à ne pas rendre le mal public, afin de se soustraire à la pénible tâche de devoir l'éliminer et de le remplacer par le bien. Qu'il y ait de la pourriture, personne ne le nie, mais pourquoi le crier sur les toits ? Cacher sous les bandages la plaie gangrenée ne tourmente pas la conscience malade. Découvrir l'une ou l'autre des cinq plaies de l'Église ne pourrait qu'engendrer haine, vengeance et persécutions. Il serait plus expéditif de mettre le nom du bon Samaritain à l'Index.

Les bien-pensants estiment que, outre le scandale et le discrédit qui en résulteraient pour la curie romaine, lancer ces informations dans le domaine public pourrait aussi avoir de graves conséquences pour d'autres milieux. Mieux vaut tout passer sous silence. Exactement comme pour le secret de Fatima, mieux vaut ne pas le rendre public. René Laurentin est d'un avis contraire : « L'insistance et la virulence des prophètes mais aussi des apôtres du Christ ont souvent scandalisé leurs contemporains conformistes. Pour imposer certaines intuitions, il est parfois nécessaire de choquer quelqu'un. » Teixeira lui fait écho : « Le véritable ami n'est pas celui qui sèche tes larmes, mais celui qui t'évite de les verser. »

Les esprits faibles et stériles ne manquent jamais d'accuser et de condamner les hommes courageux, qui ont assez de ferveur et d'enthousiasme en réserve. Dans l'atmosphère de la curie [1], aller contre le courant, ce qui est le propre de l'homme de caractère, passe pour un grave manquement, une forme d'insubordination, et donc un scandale à étouffer. Qui ne mâche pas ses mots doit payer tôt ou tard, sans exclure les rumeurs infamantes sur sa conduite, réputée douteuse et trouble. Quant à ceux qui ont la caresse rude mais aiment la vérité, comme un petit grain de sucre, ils répondent simplement : « Peu importe qui l'a dit, réfléchis seulement à ce qui est dit ! Et si ça correspond à une réalité incontestable, cherche le triomphe de la vérité, non son occultation. »

Qui lance un caillou dans la mare doit donc prévoir le mouvement et la propagation des ondes concentriques jusqu'aux bords opposés. Toutefois, quelle que soit sa taille, chaque caillou est porté par les flots et entraîné par le courant, qui le laisse ensuite isolé dans son coin. Mais, quand tous finissent par s'accumuler, l'un après l'autre, ils forment un remblai qui corrige le cours du fleuve. Ces petites dénonciations pourraient aussi redresser le cours séculaire de l'Église de notre temps.

Notre spiritualité même sera débarrassée des incrustations du temps pour retrouver ses sources bibliques et évangéliques, pour l'arracher à l'esclavage de l'aisance dans laquelle se vautrent aujourd'hui toutes les familles religieuses : tâche profondément révolutionnaire et que l'on ne saurait, de toute façon, différer. Une foule de quelques centaines de milliers de consacrés et de consacrants, d'accommodés et d'accommodants qui végètent dans l'Église du Seigneur à ses dépens : *Hic manebimus optime,* nous resterions très bien ici.

À la longue, le vœu de pauvreté porte celui qui l'a fait à se contenter du minimum, alimentant ainsi une indifférence croissante, une stérile économie d'énergie, une démotivation au travail et un refus de prendre des initiatives. En grattant l'extrémité de leur barrique, lesdites familles religieuses devraient s'assurer,

1. La curie est l'ensemble des administrations qui constituent le gouvernement pontifical.

par hasard, qu'il n'existe pas de double fond où se cachent les entorses à leurs vœux, qui sans répudier la réforme la renvoient aux générations futures. Tandis que la richesse des couvents s'accroît, le véritable esprit de sainteté s'éteint et laisse place à l'aisance et à la lâcheté.

N'importe quel riche, laïc ou ecclésiastique, et n'importe quel avare entrent dans le royaume du Christ uniquement *via* la recommandation d'un pauvre nécessiteux : le pèlerin à accueillir, l'assoiffé à désaltérer, le malade à soigner, le détenu à visiter, le querelleur à apaiser, le mort à ensevelir. Sans de telles recommandations, ils restent hors du royaume : « En vérité je vous le dis, je ne vous connais pas. »

Parler ou se taire, c'est toujours témoigner, pourvu que l'âme soit témoin. La paix naît en nous, comme la guerre. Pourtant, celui qui juge n'est pas moins pieux que celui qui se contente toujours d'applaudir. Le reste, c'est-à-dire les paroles, ne contient rien : un simple bourdonnement d'abeille dans une bouche vide.

Saint Augustin inculque la règle : « Donc cette règle apostolique, que nos Pères nous ont transmise, nous aussi nous la suivons : si nous trouvons du bien même chez les méchants, nous corrigeons leur perversité mais ne violons en rien ce qu'ils ont de droit ; de la sorte, chez un même homme, les vérités qu'il tient nous aident à redresser ses erreurs, sans que la réfutation des erreurs ne détruise en même temps ces vérités [1]. »

Si le lecteur respectueux et hypersensible souffre de la pression de la plume, comme d'un bistouri, qu'il sache que telle n'est pas l'intention du chirurgien : il s'excuse de la souffrance involontaire infligée. La vérité est prêchée non pas quand ça convient, mais quand il le faut ; le message ne nous appartient pas, il est immensément supérieur à nous, c'est bien pourquoi nous-mêmes

1. Saint Augustin, *Livre sur l'unique baptême,* V, 7, *in* Saint Augustin, *Traités antidonatistes,* vol. IV, Paris, Bibliothèque augustinienne/Desclée de Brouwer, 1968, p. 677. *(N.d.T.)*

pouvons nous sentir emportés par notre mesquinerie. Les combats et les explosions peuvent être de mystérieuses sources évangéliques. Oh ! les difficultés et les risques des saints !

Les bons vivants sont au contraire portés à dire : « Si la vérité était celle-là, le juste chemin serait celui-là ; mais ce n'est pas encore le moment de le dire, ce n'est pas opportun, cela ferait plus de mal que de bien à la veille de l'année sainte. Ce serait, qui sait, attirer sur nous les persécutions, faire le jeu des adversaires. Et surtout en ces temps de paix, de longue paix, quel besoin de troubler les eaux ? Pourquoi provoquer des scandales ? Révéler les secrets de Fatima ? »

Necesse est ut eveniant scandala, disait le Christ : il est nécessaire que les scandales adviennent quand c'est pour le bien de tous ; lui-même a fait scandale en s'opposant aux privilèges des membres du sanhédrin ou quand il chercha à convaincre les siens qui, sous peu, seraient scandalisés par l'ignominie de sa mort sur la croix.

C'est ainsi que, laissées en sommeil hors de l'Histoire, les idées divines, selon Chesterton, sont devenues folles, au point d'être utilisées à des fins diverses par d'autres systèmes, contraires à celui du royaume des cieux.

Magouilles

Ce livre ne concerne pas la majorité de ceux qui, à la curie, ont toujours fait leur devoir et qui, pour l'avoir fait avec beaucoup de ferveur, d'exemplarité et de dévotion, sont réduits à servir l'Église dans le silence et l'indifférence de qui refuse de s'abaisser pour grimper dans la hiérarchie. Ceux-là ont droit à tous les honneurs pour le service qu'ils ont rendu et continuent à rendre à l'intérieur de l'Église de Dieu [1].

1. Au cours de ses trente-trois jours de pontificat, Jean-Paul Ier a eu le temps de leur adresser cet éloge : « Au concile, dans le premier et le deuxième chapitre de *Lumen Gentium,* nous avons tenté de donner avec des formules bibliques une haute idée de l'Église :

Ce livre n'est pas destiné à cette catégorie méritante des prélats silencieux et modestes. Honneur à vous, frères, qui n'avez pas laissé le vent de la vanité entamer l'humilité de votre vie intérieure et qui, au soir, saurez dire au Maître de la vigne, par vous bêchée et rendue fertile par les meilleurs services et les années plus précieuses : « Nous sommes des serviteurs inutiles, et l'oubli des autres nous convient à merveille ! »

Comme le Christ, votre modèle, vous, pierres angulaires, avez été écartés par les bâtisseurs d'une Église destinée à leur usage personnel. L'époque dans laquelle vous vivez fait partie de votre vie même. Grâce à votre témoignage silencieux, nous ne partageons pas l'avis de ceux qui affirment que le Vatican n'est pas actuellement en mesure d'aligner suffisamment de membres de la curie avec des ailes dans le dos. La liste de vos noms témoigne exactement du contraire. Vous avez navigué difficilement entre Charybde et Scylla, fixés au centre pour ne point faire d'embardée dans la vie, comme le conseille l'aigle d'Hippone : *Ex una parte saxa tu navifraga, ex altera parte fluctus tu navivora; tu autem rectam tene lineam; sic nec in Scillam, nec in Caribdin incurris* – « Si tu vas d'un côté, tu brises ton navire contre les rochers ; de l'autre, les flots l'engloutissent ; maintiens le cap au centre pour ne pas tomber dans les pièges de Charybde et Scylla. »

Toutefois, d'aucuns pensent à ériger, à l'ombre de la coupole de Michel-Ange, un petit sanctuaire à la mère des exclus de la curie. À ses pieds, les ecclésiastiques marginalisés, dans leur cœur et du bout des lèvres comme Anne, la mère de Samuel

---

vigne du Christ, famille, troupeau du Seigneur, peuple de Dieu. Personne, que je sache, n'a osé dire – cela n'aurait pas été biblique – que l'Église est aussi, du moins dans son organisation extérieure, une horloge dont les aiguilles indiquent au monde certaines directions ; on pourrait aussi dire les choses ainsi. Mais alors, ceux qui en silence remontent chaque jour l'horloge sont les membres des congrégations : un travail humble et discret, mais pourtant combien précieux, que chacun apprécie. Cherchons ensemble à donner au monde le spectacle de l'unité sans craindre de sacrifier quelque chose. Si le monde ne nous voit pas solidement unis, nous avons tout à perdre » (« A braccio al sacro collegio », *Il Tempo,* 31 août 1978, p. 12).

qu'Élie croyait ivre : à elle qui connaît bien le sabir local, qui sait combien de fois ils répéteraient la supplique du paralytique à la piscine probatique, *Hominem non habeo,* « je n'ai personne pour m'y plonger [1] », ce qui dans le jargon du Vatican signifierait ne pas avoir eu la chance de trouver le dignitaire bien placé pour vous donner le coup de pouce nécessaire à votre promotion.

Le constat de certains phénomènes rapportés dans ces pages concerne plutôt la minorité qui ne mériterait certainement pas tant d'attention si elle n'était aussi la plus entreprenante et la plus déterminante pour le gouvernement de l'Église. C'est un phénomène que l'on retrouve dans toutes les autres sociétés du monde : à ce titre, l'Église ne fait pas exception, rien de ce qui est humain ne lui est étranger, y compris les imperfections et les misères de ses dirigeants les plus en vue.

L'Église est en crise, parce que le monde est en crise et qu'en toute chose elle porte la marque du monde, des inquiétudes profondes qui travaillent la société, des ferments qui ont levé depuis le début de l'ère postconciliaire. Sa problématique ressemble à celle du Moyen Âge, quand se mêlaient dans un brassage hybride le faste extravagant et le piétisme le plus sectaire et détaché. C'est pourquoi dans la même personne les péchés sociaux les plus raffinés allaient – et vont toujours – de pair avec une piété plus délicate, l'orgueilleuse ostentation avec une humilité plus ou moins sincère, l'appétit de pouvoir avec une générosité ostentatoire au profit des églises et des monuments artistiques. L'histoire de l'Église est pleine de ces connivences risquées et de ces magouilles.

En vérité, les valeurs ne sont jamais en crise, c'est la culture de ces valeurs qui l'est : le soleil ne disparaît pas quand les nuages le voilent. Il s'agit avant tout d'une crise du sens des valeurs morales, d'une crise de l'autorité, tangible à travers ce fait incontestable : les plus hautes charges de la curie sont toutes

1. Jean 5, 7.

mises aux enchères et reviennent à qui a le plus d'appuis, à l'intérieur comme à l'extérieur de l'Église.

Toutefois, le monde a besoin de l'Église pour résoudre ses crises récurrentes. Sans les chemins intérieurs de l'esprit, disait Ernst Bloch, on ne peut marcher droit sur les chemins extérieurs du monde. Aussi a-t-elle reçu pour mission de tout rappeler, de l'horizontale à la verticale, du matériel au spirituel : « Tous les êtres de chair sont de l'herbe et toute leur constance est comme la fleur des champs : l'herbe sèche, la fleur se fane, mais la parole de notre Dieu subsistera toujours [1] ! » L'Église est la gardienne de cette parole, mais, quand elle baisse la garde, elle ne tient pas longtemps sans entrer en crise.

1. Isaïe 40, 6-7.

2

La mule du pape

La satire et l'humour sont importants pour toutes les sociétés : seuls les régimes malsains n'apprécient pas les vraies valeurs. Un gouvernement qui n'admet pas la discussion se transforme petit à petit en un régime qui laisse entendre qu'il n'a que faire des suggestions de ses sujets, dont la seule liberté est alors d'approuver sans récriminations : c'est la statolâtrie. Au contraire, le gouvernement qui cherche à améliorer les choses encourage les critiques et se réjouit de celles qui sont justes ; celui qui ne tolère pas la circulation d'un nécessaire sens de l'humour noie son peuple dans l'ennui de l'uniformité.

Quand triomphent le soupçon, la rancœur, la jalousie à l'égard des plus doués et des plus compétents, le climat, fermé aux valeurs, se fait tyrannique. La satire mesurée suppose la démocratie. Le despote obsédé par le respect envers l'autorité, c'est-à-dire par le culte de la personnalité, étouffe la satire, irrespectueuse et désacralisante, pour l'empêcher de tourner les défauts en ridicule en les dévoilant.

À propos de ce qui contrarie un prélat haut placé, ou son Raspoutine, on cite l'histoire de la mule du pape, qui selon Alphonse Daudet attendit sept ans pour administrer un coup de pied au jeune palefrenier en Avignon : « Quand on parle d'un homme rancunier, vindicatif, on dit : “Cet homme-là, méfiez-vous ! Il est comme la mule du pape, qui garde sept ans son coup de pied. " [...] Il n'y a pas de plus bel exemple de rancune ecclésiastique. »

Ainsi se répandent inexorablement les médisances incontrôlées qui accompagnent les communications et les indiscrétions ; désormais, elles prolifèrent sous la forme de plaisanteries sarcastiques et déformées. Pasquinades vraies et légitimes, salaces, piquantes et caustiques vont bon train dans les couloirs. Pareille critique fait parfois l'effet d'une brosse très dure sur l'étoffe couvrant le dos des supérieurs. Ferdinand II de Naples faisait courir des histoires légères sur son propre compte afin de calmer la rage de ses sujets qui, les répétant, retrouvaient leur sérénité.

Il n'est pas dans les habitudes de la curie d'apprécier la liberté d'expression. Ainsi, par peur du ridicule, elle renonce au sublime, pour sombrer dans le comique grotesque et tragique à la fois. Le ridicule l'emporte sur la loi du silence lorsque les secrets font le jeu du pouvoir. Mais le petit pouvoir de la dissidence, même quand il est le fait d'officiels qui ont droit à des compartiments étanches, a sa valeur et sa notoriété, qu'il n'est pas prudent de négliger.

Les membres de la curie se réfugient d'instinct dans la critique peut-être outrancière et même imprudente : un grand brouhaha à voix basse, comme le bourdonnement régulier d'un essaim d'abeilles. Toutefois, ces racontars sont polémiques par leur forme plus que par leur contenu, qui laisse indemne le culte dû à la personne de légende, qui va de l'avant. Le chatouillement agit sur le cerveau, pas sous les aisselles, disait Renato Rascel.

Les piliers de l'Église

On tourne en ridicule la slavophilie du pape Wojtyla et la polonisation de l'Église, à commencer par le Vatican, alors qu'on décharge en toute hâte les déchets du clergé polonais dans le *cloaca maxima* [1], sans épurateur. Une fois à Rome, les prélats polonais n'ont aucun scrupule à actionner les leviers du pouvoir : les plus impertinents ont droit aux ferventes recommandations et aux louanges des prélats courtisans afin de se rendre agréables au pape, qui est de là-bas. Quitte ensuite à les mettre au rebut à la prochaine relève de la garde.

L'épisode grotesque du char d'assaut dans la Via Conciliazione est demeuré célèbre. Aux premières lueurs de l'aube, en ce glacial mois de janvier 1991, la police aperçut avec étonnement un char d'assaut vert sur le pied de guerre posté près de l'école « Pie IX » qui donne sur la Via Conciliazione, en l'occurrence bloquée. Tous les enseignants et les élèves avaient été renvoyés chez eux tandis qu'avait été mise en place une déviation. Avec beaucoup de précautions, les artificiers les plus courageux se consultaient pour désamorcer l'éventuelle bombe à retardement placée dans cette espèce de blindé. Mises en état d'alerte, les forces de l'ordre s'attendaient au pire d'un moment à l'autre. Mais ce moment tardait. L'artificier désigné inspecta le cuirassé avec la plus grande circonspection. En fin de compte, ce n'était qu'un amas de tôles soudées en toute hâte sur une carcasse d'auto.

Il s'agissait d'un cadeau destiné au monseigneur polonais qui, à force de repas sacrés à la table du pape, avait réussi à convaincre le pape d'instituer aussi en Pologne l'ordinariat militaire, et généreusement offert de devenir le premier aumônier en chef de l'armée. Des amis farceurs s'en étaient pris à sa berline, manifestant ainsi leur désapprobation de l'inutile disposition.

Symbole d'une société particulière où le paraître prime sur l'être, la diplomatie de l'État du Vatican contamine celle des autres États sitôt qu'ils nouent des relations diplomatiques avec lui. En réalité, dans le cas de certaines décisions brûlantes, on les met dans la naphtaline, archivant les dossiers de telle sorte

1. Grand égout de Rome, bâti sous les Tarquins. *(N.d.T.)*

qu'il soit facile ou difficile de les récupérer. Les vaticanologues les plus experts s'efforcent de décrypter les signaux de ce système monarchique étatico-religieux, sans toujours y parvenir.

Si l'on en croit le journaliste John Cornwell, Mgr Paul Marcinkus définissait cet État comme un « village de blanchisseuses : elles lavent les vêtements, les battent à la main, les piétinent, en font sortir toute la crasse. Dans la vie ordinaire, les gens ont d'autres centres d'intérêt : ici, quand on se croise, tu sais que, si quelqu'un te raconte une histoire, il le fait pour que tu lui en racontes une autre. Un endroit où tout le monde est loin d'être honnête [1] ».

« La diplomatie du Vatican, disait le brillant latiniste puis cardinal Antonio Bacci, est née un triste soir à Jérusalem, dans le vestibule du grand prêtre, lorsque l'apôtre Pierre, qui se réchauffait auprès du feu, tomba sur une soubrette qui, pointant le doigt, lui demanda : " Toi aussi, tu étais avec Jésus le Galiléen ! " Et Pierre, tressaillant, répondit : " Je ne sais pas ce que tu veux dire ! [2] " » Réponse diplomatique qui ne compromettait ni la foi ni la morale.

La diplomatie de ce petit État qu'est le Vatican influence aujourd'hui le comportement des autres États, et c'est ainsi que l'emphase et l'hypocrisie sont devenues la cause et l'effet du succès réciproque, se mettant à l'épreuve dans une aimable compétition formelle, avec des réactions en chaîne. Un concentré d'hypocrisie institutionnalisée, l'un des plus gros fléaux de ce minuscule État qui mène grand train.

Le Vatican est une île où, à mesure égale et également honorés, coexistent la logique du pouvoir et le paroxysme pathologique, la force du droit et le droit de la force, la concordance du bien et du mal et l'abus de pouvoir du violent sur le désarmé ; où il est plus facile d'apercevoir le mal dans le bien que le bien

1. John Cornwell, *Comme un voleur dans la nuit : Enquête sur la mort de Jean-Paul Ier*, Paris, Robert Laffont, 1989.
2. Matthieu 26, 69-70.

dans le mal ; bref, un amalgame d'étranges politicailleries resurgissant de lointaines intrigues.

*

Un évêque diocésain acheva sa visite pastorale par la célébration eucharistique du canon romain, où il se présentait ainsi devant Dieu : « Moi, ton indigne serviteur... » Le curé de paroisse en prit bonne note et, à compter de ce jour, dans toutes les prières eucharistiques de la messe, il exhorta ses ouailles à prier « pour notre évêque indigne ».

L'évêque ayant eu vent de la chose lui ordonna de cesser aussitôt de l'appeler ainsi. Mais le jeune prêtre répondit l'avoir entendu de sa bouche, et que, si lui, l'évêque, l'avait dit par égard envers Dieu, lui, au contraire, le disait en pleine conviction au seigneur afin qu'il le convertisse.

*

Au nom d'un employé de la secrétairerie d'État [1], la double révérence est de rigueur, comme au gotha sacré ; mais qui a dépassé le dixième niveau a droit à la génuflexion de la latrie [2]. Comme pour se moquer du luxe, de la supériorité et de la légende de la caste qui fait tout son possible pour rester en harmonie avec l'influence de ce monde où l'on voyage en Rolls-Royce ou en avion.

*

Quand Paul VI modifia l'institution de la Commission pour les communications sociales dans le domaine pontifical, un

1. La secrétairerie d'État est le département de la curie le plus proche du pape. *(N.d.T.)*

2. Dans la théologie catholique, la latrie est le culte réservé à Dieu seul. *(N.d.T.)*

préfet de dicastère [1] se félicita du prélat porté à la présidence, parce que, avec tous les accidents de la route sur les grandes voies d'écoulement, le pape avait bien fait de donner de l'importance à un dicastère désormais indispensable et bien accepté : il avait pris la Commission pour un service de contrôle routier.

*

On s'amuse du comportement comique de certains prélats suffisants, hautains et distants, quand ils sont filmés par la télévision : dans leur démarche ridicule, ils « trimballent bien leur corps », comme écrivait Cepari de saint Louis de Gonzague.

*

À propos de satire, à l'époque on riait beaucoup de l'ironie cinglante d'un indult papal, forme très spéciale accordée à certains prélats – privilège *ad personam durante munere* – d'user du bisexualisme « nonobstant quelque disposition contraire ».

*

Un prélat bien connu, très intransigeant sur le chapitre de la morale quand il s'agit des autres mais aux mœurs par ailleurs licencieuses et grossières, confia à ses amis particuliers avoir fait « vœu d'homosexualité » pour ne pas être tenté d'aller voir les femmes.

*

Un jeudi saint, le 4 avril 1985, dans la lumière du soleil et au milieu des lumières électriques au reflet pourpre des prélats

1. Un dicastère, dans la terminologie du Vatican, est l'équivalent d'un ministre. *(N.d.T.)*

formant un cortège à la suite du pape, un maître de cérémonie polonais souriant allongeait les bras et les mains pour saluer les cardinaux et les évêques des premiers rangs en répétant : « Vous êtes les piliers de l'Église, les piliers, les piliers, tous mes vœux, merci, merci bien ! » Un vieux prélat dur d'oreille se pencha vers son voisin pour demander : « Les poulettes, quelles poulettes ? »

*

Les pourprés des premiers rangs ont une manière bien à eux de se poser et de soulever leur imposant postérieur, se pliant à un cérémonial réglé au gré de l'importance de celui à qui ils font la révérence. Si, par exemple, il doit saluer le secrétaire d'État, il se met au garde-à-vous, raide comme un piquet ; avec les pairs, le mouvement est lent et tout en douceur ; avec le dignitaire placé juste au-dessous, il suffit de lever légèrement l'arrière-train du siège cardinalice ; avec un monseigneur qui grimpe, un large sourire accompagné d'une poignée de main pas trop prolongée fera l'affaire ; enfin, avec quelqu'un sans importance, il suffira de lever légèrement la main d'un air distrait et désinvolte, comme pour lui faire comprendre que son audace est malvenue.

C'est un code de plus ou moins stricte observance, dont les messages laissent deviner aux habitués qui monte ou qui descend dans les hautes sphères, où en sont les jeux d'influence et les rapports de force.

*

À une amie qui lui demandait des explications sur les habits de prélat de son fils don Giuseppe [1], fait monseigneur, Marianna Roncalli répondit : « Qu'importe que mon fils porte un habit d'évêque sans l'être ; ce sont des choses que les prêtres arrangent

1. Giuseppe Roncalli, qui deviendra pape sous le nom de Jean XXIII.

entre eux. » Et il est juste de ne pas prêter attention à certaines bizarreries que les prélats arrangent entre eux. L'honneur est à la couleur rouge ce que l'axe parallèle est à celui qui louche.

*

Pendant près d'une décennie a circulé dans les sphères de la curie le rapport d'un médecin sur le très éminent patient qu'il soignait depuis des années.

Ledit cardinal était le chef d'un important dicastère de la curie, assurant à lui seul toutes sortes de tâches. Quand il y arriva, hébété et désorienté, on le compara à un cheval qui dort debout : avec le voile de Moïse sur le visage, les idées et les questions juridiques les plus complexes lui demeuraient hermétiques. Il avait entrepris un voyage sans direction précise, et avait erré toute la journée dans l'aéroport, jusqu'à ce que la police le signale au Vatican afin qu'on vienne le chercher en toute hâte...

Le pourpré à l'esprit embrumé faisait très souvent appel à son cher médecin traitant, le faisant venir à son domicile pour se confier à lui : « Docteur, depuis un bon moment j'ai l'impression que j'ai quelque chose à la tête ; je ne sais pas comment dire, mais je sens quelque chose à l'intérieur. » Et le bienveillant médecin d'essayer de le rassurer : « Éminence, soyez tranquille, je vous l'ai déjà dit et redit, ne vous faites pas tant de bile, n'y pensez plus si souvent, soyez serein : Votre Éminence n'a absolument rien dans la tête ! » Ainsi le pourpré se convainquit-il, pendant quelque temps, qu'il n'avait en vérité rien de bien important dans la tête.

*

Première prière inutile : « Seigneur, ne souffre pas que tous ceux qui Te prient directement pour obtenir la justice commutative ne soient pas entendus et demeurent déçus ; et garde-Toi de contenter ceux qui T'obligent à T'adapter à leur soif de succès à grand renfort de subterfuges et d'embrouilles. Amen. »

Deuxième prière inutile : « Père miséricordieux, pour Ton Église mieux vaut une once de paix que cent livres de conflits réglés : rends inoffensifs les prélats polonais auxquels Tu as donné beaucoup de pouvoir à la curie afin que sous Ton frein ils apprennent à ne pas nous faire peur. Amen. »

Troisième prière inutile : « Seigneur, je Te suis reconnaissant de m'avoir retiré cette fois la faculté de trembler dans ma culotte ! » disait le nouveau cardinal, très ému et reconnaissant après l'ultime cérémonie d'investiture.

Quatrième prière inutile : « Ô Dieu, Toi qui as voulu associer saint Mathias au collège apostolique, à moi qui ai reçu en partage l'amitié profitable de mon cardinal protecteur, accorde-moi, par son intercession, d'être compté au nom des élus de la curie. Amen. »

*

Pour chacun des évêques mis sur la touche dans le monde, maintenant presque aussi nombreux que les évêques en fonction compte tenu de l'allongement de la durée de vie, il est bon de prier : « Reste avec moi, Seigneur ; c'est le soir et ma journée est finie. Le crépuscule couvre de son ombre ma poussière. Ici, je suis seul ; là-bas, c'est la lumière. J'attends qu'on m'indique un passage ! »

*

Soliloque d'un retraité au terminus : « Ma route est celle d'Emmaüs, il fait nuit. Dans mon dos, je sens l'ombre du soleil radieux qui s'allonge en même temps que la mienne. Seigneur, il est déjà tard ! Ouvrier de la onzième heure, Ta vigne ne m'est plus utile. Il fait désormais nuit tout autour et à l'intérieur. Au revoir, Seigneur, sur l'autre rive ! »

*

Animée d'une profonde dévotion mariale, la sœur qui tient la maison d'un puissant cardinal prie souvent ainsi : « Bonne Mère, je te l'ai dit tant de fois : ne jette pas ton dévolu sur les ignorants et les petits quand tu dois apparaître aux hommes pour délivrer tes messages. Si tu persistes dans cette voie, tu seras toujours contestée comme à Fatima et à Medjugorje. Cette fois, essaie de te révéler au contraire à quelque grand prélat de l'Église, par exemple à mon cardinal ! Grâce à la télévision, il ferait connaître au monde entier le message que tu voudras bien lui confier. Ce que Jésus lui glisserait à l'oreille, il s'empresserait d'aller le crier sur les toits, et ce serait retransmis sur les meilleures chaînes de télévision. Personne ne se permettra ainsi de douter du caractère surnaturel des apparitions. Amen et ainsi soit-il ! »

*

Au Vatican, tous les collègues de bureau rient de la prière de celui qui en sait long : « Seigneur, ne m'inflige pas l'humiliation de devoir regretter l'époque où c'était pire ! » En fait, il arrive qu'on change d'opinion sur son précédent supérieur quand on connaît son successeur, surtout si celui-ci, dans son ambition effrénée de despote sans scrupules et avec son pouvoir exorbitant et sans bornes, commet de véritables délits par abus de pouvoir. Son influente majesté use de cette liberté qu'il croit avoir le droit de s'arroger.

*

Après la chute de ski du pape (Jean-Paul II) sur l'Adamello, certains membres de la curie se mirent à prier : « Aux pauvres fils d'Adam que nous sommes, accorde-nous, Seigneur, de descendre en douceur vers nos buts. Amen et *ainski soit-il !* »

*

En l'absence d'une opposition démocratique, la critique n'est pas facilement contrôlable. Loin d'être négligée, elle est examinée nonobstant le risque qu'elle fait courir à la dignité personnelle à la base comme au sommet. Tel est l'écot que toute monarchie absolue doit payer lorsqu'elle foule au pied la liberté et les usages.

Ce qui se vit dans la souffrance tourne à la comédie, avec la jubilation de la satire et le déchaînement de la médisance.

3

Mors tua vita mea

Au Vatican comme ailleurs, il en est qui traquent impitoyablement leurs confrères avec méchanceté et le plaisir sadique d'humilier et de détruire l'adversaire, parce que « ta mort est ma vie » : *mors tua vita mea.*

Rencontrant un concurrent qui se vante d'avoir plus de soutiens, l'arriviste qui veut brûler les étapes s'y brûle les ailes. Ainsi réduit, il est condamné à tourner en rond en attendant que lui poussent de nouvelles ailes plus robustes.

À un carriériste qui lui demandait comment s'y prendre pour avancer, le cardinal Domenico Svampa répondit : « De l'intelligence et un diable qui te porte. » Et le prétendant de répondre : « Je ne manque pas d'intelligence et c'est celle du diable qui me porte ! »

Quatre-vingts pour cent des subalternes se résignent à l'idée qu'il n'y a rien à faire pour atteindre les objectifs des privilégiés et restent noyés dans la multitude. Ils sont précisément surpassés par les fourbes, ou tout au moins placés dans la saumure de la disponibilité, tels des aspirateurs en aspiration : un mélange de ronchonneries couvant sous la rancœur.

Les vingt pour cent restants s'engagent sur la voie étroite de la montée en colimaçon, se considérant au petit nombre des élus voués au sacerdoce royal. Toutefois, pour éliminer l'adversaire, ceux qui ont la chance de grimper les échelons doivent nécessairement jouer à cache-cache jusqu'au dernier moment.

Au fur et à mesure qu'il approche de la ligne d'arrivée, l'aspirant raffine sa méthode, jouant sur tous les registres pour parvenir à ses fins : ruse, humilité intéressée, hypocrisie et charité feinte. Un monde fait de rivalité, dont l'échelle hiérarchique s'impose à grand renfort de batailles et de bagarres où tous les coups sont permis.

Les prédestinés à accéder aux tout premiers rangs, les rampants, les favorisés par le juste coup de piston du protecteur charismatique, les prétendants aux plus hauts sommets possibles sont évidemment peu nombreux. Ceux-ci, à leur tour, s'approprient les mérites des autres, qu'ils s'attribuent avec désinvolture. Ce n'est pas pour eux que l'Esprit Saint a écrit : « Ne soyons pas vaniteux : entre nous, pas de provocations, entre nous, pas d'envie [1]. »

« Là-bas, disait Vladimir Boukovski, jamais il n'y aura la guerre, mais s'y déroule toujours une lutte totale pour la paix, au point qu'à la fin il ne restera que pierre sur pierre. » Si par paix il faut entendre ici une comédie risquée, le quiétisme est une lame de rasoir affilée qui rackette la conscience et les capacités de qui dépend de la curie, ainsi entravé dans sa liberté d'action.

L'indifférence générale ne laisse aucune place aux gestes de solidarité avec qui est victime d'injustices et de discriminations. Une bande serrée de puritains et de courtisans prend grand soin d'éviter les confrères sur qui s'accumulent les soupçons ; l'isolement les distingue et le silence qui règne autour d'eux se fait pesant et plombé.

Quand on veut isoler quelqu'un au bureau, on commence par pratiquer autour de lui la tactique de la terre brûlée ; sa fréquentation devient alors difficile et suffocante. Un léger vent de fronde entame la dignité de la personne, victime de ces impondérables envahissants. En lui grandit la sensation d'être englouti

1. Épître aux Galates 5, 26.

dans le gouffre du sanctuaire aliénant de l'indifférence de ses collègues, un genre de lapidation intérieure où tous les coups sont permis, une *intifada* pour des fautes jugées sans avoir été prouvées. Quelque chose commence à céder à l'intérieur, des frustrations apparaissent au point que l'on en vient à douter de ses capacités et à soupçonner je ne sais quelle faiblesse physique ou psychique. La victime commence à se reprocher une prétention aux limites de la présomption et de l'insubordination. Elle finit par se convaincre de sa fragilité.

La curie romaine a besoin d'hommes qui ne crient pas à la justice, mais qui sont eux-mêmes de vrais justes. En vérité, le Christ n'a pas dit : heureux ceux qui croient posséder la justice, mais heureux ceux qui en sont affamés et assoiffés.

« D'ailleurs, tous ceux qui veulent vivre avec piété dans le Christ Jésus seront persécutés. Quant aux hommes mauvais et aux imposteurs, ils progresseront dans le mal, trompant les autres et trompés eux-mêmes [1]. » S'ils s'enfoncent dans l'imposture et la malveillance, tout marche pour eux comme sur des roulettes.

*

S'il est discriminé, le monseigneur dépendant se croit ignoré, méconnu ou oublié du tableau des promotions. Une île et c'est tout. Par plaisanterie, d'aucuns feraient dériver le mot *monsignorato,* qui désigne le grade et la dignité de monseigneur, du latin *mons ignoratus,* une « hauteur ignorée ». D'où la méthode du *divide et impera* (« diviser pour régner ») : autrement dit, plus les monseigneurs subordonnés sont divisés, mieux on les domine.

Loin d'eux le néfaste désir de s'unir dans une quelconque forme communautaire qui pourrait faire penser à une sorte de

1. IIe épître à Timothée 3, 12-13.

corporation syndicale. La peine la plus légère pourrait bien être une ségrégation à vie.

Selon une théorie géophysique, les continents se rendaient jadis visite, se rejoignant dans des embrassades telluriques, en attendant la brouille qui les séparerait. Le continent du Vatican aime que les personnes restent des îles lointaines pour mieux les scruter à la lunette astronomique.

S'il n'est pas permis d'aspirer à des charges, des promotions et des reconnaissances, les joies du service accompli avec dévouement, droit inhérent à la nature même de l'homme, le critère de choix pour les engagements et les promotions appartient au supérieur immédiat, dont la décision discrétionnaire est sans appel. Il se contente des médiocres, faciles à manœuvrer, plutôt que des personnalités fortes et déterminées. Cependant, les esprits intellectuellement les plus limités sont aussi les plus étroits. Si la médiocrité n'a jamais été une obligation pour la société, c'en est une pour la curie vaticane aux yeux de laquelle l'ensemble des subalternes n'est jamais qu'un assortiment de personnes dépourvues d'aspirations.

Pour ce qui est des engagements, le supérieur s'en tient au critère de la « tendance moyenne » : autrement dit, tous doivent être dans la moyenne, être assez médiocres pour faire carrière. En termes de pourcentage, cela donne quatre-vingt-dix-neuf pour cent de dociles et de soumis. Le promu à la forte personnalité passe au contraire pour le fruit d'une erreur d'appréciation. Il faut donc le tenir à l'œil.

Incroyable mais vrai. Longtemps, dans un dicastère, un sous-secrétaire magnétiseur s'en remettait aux oscillations de son pendule infaillible pour expédier les affaires de sa compétence et décider de la fiabilité du personnel. Il s'en servait aussi à la cuisine et au restaurant, mais sous la table ; à l'en croire, il ne se séparait jamais de l'objet. Personnalité labile et oscillante, il a toujours refusé, jusqu'à sa mort, de regarder la télévision, mais pour rien au monde il n'aurait manqué le journal de Radio

Vatican, histoire de se tenir au courant des promotions et des démissions du jour. Le reste de la journée, il le passait derrière les vitres de sa fenêtre à mémoriser le nom de tous les prélats de passage dans ce coin du Vatican.

« Pour moi, un seul en vaut dix mille, s'il est le meilleur », disait Héraclite. Cette norme dérange le supérieur de médiocre envergure qui, devant le subalterne préparé et intelligent, se sent enfoncé en termes de prestige. Une poignée de pauvres surhommes, qui s'arrogent le droit de gouverner et d'exercer un pouvoir absolu et illimité, réduit le corps des subalternes de la curie en une assemblée d'automates dont la seule fonction est de ratifier la conduite du chef. Ils apprennent à approuver sans discuter, comme l'interlocuteur complaisant des dialogues de Platon qui ne sait qu'acquiescer : « Fort bien, très juste, et comment donc. Bien dit, c'est clair... » Un soliloque en forme de dialogue. Un serviteur convenablement envoûté se transforme facilement en courtisan affecté. Jamais il ne revêtira l'habit du fonctionnaire d'un État de droit, dont les sujets sont tous égaux devant la loi. Parce que au Vatican la loi est à géométrie variable.

Les droits de Dieu donnés à la dignité de la personne humaine importent moins que les prétendus droits du supérieur dans les phases de promotion ou de rétrogradation. Aux États-Unis, à Arlington, on peut lire ces mots sur le monument dédié au Soldat inconnu : « Inconnu de tous, mais pas de Dieu ». Une petite stèle de ce genre au Vatican ne ferait pas de mal !

Pareil climat pousse les gens à se côtoyer sans se connaître vraiment, sans s'estimer réciproquement, à vivre au coude à coude en surface mais jamais en communion, à s'aimer sans transport, pour des raisons plus rationnelles que surnaturelles, dans une interdépendance bureaucratique, en limitant les contacts, chacun demeurant parmi les siens, indifférent à la vie intérieure de ceux qui vivent à côté, menant une existence désincarnée et enclin à en exalter la méthode pour rabaisser la dignité personnelle du concurrent qui lui fait de l'ombre.

Tout autre est l'enseignement du Christ, dont l'amour théandrique, humain et divin, loin d'abaisser l'homme, l'élève, l'enrichissant de l'intérieur en communion avec les autres. L'Esprit Saint refuse la monotonie des choses préfabriquées. À chacun, il donne une vocation propre, au gré de sa personnalité, tout en sachant qu'une telle diversité pourrait se traduire par un danger permanent, incitant les hommes à s'affronter, à s'opposer les uns aux autres. L'unité qu'exige l'Esprit n'est pas l'uniformité, mais la diversité : à chacun sa personnalité, au bénéfice de tous. Dans cet échange dynamique, l'Église se construit et se développe pour le bien commun. Toujours animé du même esprit, chaque ecclésiastique doit donc demeurer uni aux autres dans la foi pour vivre dans la liberté des fils de Dieu, à qui rien ne résiste : « À chacun est donnée la manifestation de l'Esprit, en vue du bien de tous. À l'un, par l'Esprit, est donné un message de sagesse, à l'autre un message de connaissance, selon le même Esprit ; à l'un, dans le même Esprit, c'est la foi ; à un autre, dans l'unique Esprit, ce sont des dons de guérison ; à tel autre d'opérer des miracles, à tel autre de prophétiser, à tel autre de discerner les esprits, à tel autre encore de parler en langues ; enfin à tel autre de les interpréter. Mais tout cela, c'est l'unique et même Esprit qui le met en œuvre, accordant à chacun des dons personnels divers, comme il veut [1]. »

Étrange catalogue de pratiques non codifiables et non codifiées, concentré de sages traditions auxquelles se mêlent des ruses diplomatiques, la curie romaine considère ses employés comme elle les voudrait et, en attendant, les forme tels qu'ils n'auraient pas voulu être, c'est-à-dire à une vie où le vrai et le faux vont de pair, où le bon sens s'accompagne de préjugé et de soupçon. Plutôt que de se soucier de la valeur d'une personne, c'est à son comportement extérieur qu'elle prête attention.

Quand on doit trouver une manière de transmettre son expérience professionnelle, dans un cadre non démocratique, il se

1. Ire épître aux Corinthiens 12, 7-11.

produit un court-circuit, où la violence affleure, latente et larvée, tandis que s'élève le mouchard qui se croit au-dessus de la mêlée. On voyage mal quand on se tient sur ses gardes. La pluralité qui ne se laisse point ramener à l'unité n'est que gâchis ; et l'unité qui ne se fonde pas sur la pluralité n'est que tyrannie, affirme Pascal.

Aux yeux des profanes, la curie romaine passe pour le gouvernement le plus parfait du monde, où la justice sociale est appliquée de manière irréprochable. Prétendre le contraire pourrait passer pour de la diffamation. Ça ne l'est pas du tout pour les initiés ni pour ceux qui, tout en suivant leur chemin et en donnant le meilleur d'eux-mêmes, se voient surpassés et surclassés par d'autres, qui se mettent en avant sans pudeur et avec une morgue à toute épreuve.

Dans ce contexte, faire carrière signifie donc simplement couper l'herbe sous les pieds des collègues qui attendent devant ; assener un juste coup de coude au plus proche, qui est au nombre des premiers. C'est le règne de la concurrence sauvage, qui réduit à néant la charité évangélique même et l'esprit de fraternité.

Tout cela implique la ruine de toute norme éthique et sociale pour ne sauver toujours et partout que les apparences, la façade. La volonté humaine se fait passer pour divine. Celui qui, attaché au poteau, ne fait rien pour réussir dans la vie de la curie, dans ce cadre mesquin livré aux complots, est mis sur la touche et perd toute chance d'avancement.

*

Dans l'esprit de qui est injustement déclassé s'insinue un complexe d'infériorité. Sa personnalité s'atrophie, au point qu'il cesse d'aspirer à se parfaire dans l'accomplissement de son mandat. Loin de l'édifier, son absence d'avenir l'humilie et ne fait que l'enfoncer. À la longue, il se démoralise et se replie dans sa coquille et le mutisme. Avec la résignation à l'idée que toute espérance est perdue, c'est l'idée même que la justice puisse triompher que l'on enterre. La victime se prête ainsi au jeu du bourreau, trop ravi de profiter de cette complicité tacite.

Les subordonnés muets, soit quatre-vingts pour cent de la curie, deviennent des handicapés, parce qu'ils confortent le supérieur dans l'idée saugrenue que son pouvoir exorbitant est réellement sans limite et sans appel. Les sélections, les promotions et les rétrogradations sont entièrement à sa discrétion, même quand elles relèvent de ce péché social qu'est l'abus de pouvoir.

Il faut savoir entendre le silence déchirant de qui ne sait pas proclamer ses droits inaliénables, dès lors que, dans ce milieu, l'*omertà*, la loi du silence qui oblige à se taire et à subir, passe pour une vertu. Les subalternes cloués au pilori, les rétrogradés, les exclus du bouclier étoilé du clan se terrent dans le silence glacé de la curie.

Il est écrit : *Zelus domus tuae comedit me* [1] (« Le zèle de ta maison me dévorera »). Quand la maison de Dieu, l'Église, est la proie des flammes, chaque fidèle a l'obligation de savoir manœuvrer les extincteurs pour maîtriser l'incendie : s'il s'agit de la fumée de Satan, il faut les braquer contre les foyers qui l'alimentent. Celui qui reste les bras croisées pour regarder l'incendie de Rome, à la manière de Néron, est complice de sa destruction. *Quo vadis Domine* pour ton bimillénaire ? « Je m'en vais chasser Satan qui met le feu à mon Église ! »

Tandis que les malveillants contrecarrent le bien avec le plus grand naturel, les bienveillants le combattent aussi avec un désintérêt fanatique, croyant ainsi rendre à Dieu un culte aboulique. Ainsi chacun se croit juste et pense être en paix avec sa conscience. Dieu, qui a le pouvoir de justifier le pécheur, devient impuissant devant qui se justifie à sa façon, se passant de Lui.

---

1. Jean 2, 17.

Comme des météorologues, certains prélats de la curie règlent le temps de l'Église au gré des humeurs, des excentricités et des caprices de leurs aspirations et de celles des autres, semant ainsi discorde et confusion. Les justiciers, chacun sous son angle à soi, prétendent interpréter la pensée de l'autre, en contradiction entre eux comme avec les pronostics de l'horoscope.

L'histoire de la curie abonde en épisodes où l'on voit des ecclésiastiques qui ont cherché et cherchent à appliquer l'Évangile afin d'assurer la pérennité de leurs privilèges. C'est une manière de chiffonner la volonté de Dieu pour mieux faire passer ses vues personnelles. Ces hommes d'Église, qui donnent des ordres, invoquent très volontiers la volonté de Dieu, qu'ils identifient d'une certaine manière avec leurs intérêts, pour ne laisser d'autre choix à leurs subalternes que de se soumettre sans discussion.

Ainsi, les choses achèvent de s'embrouiller alors que la hiérarchie, l'autorité, les amis, les juristes, les psychologues, les ascètes et tant d'autres se mêlent de compliquer l'écheveau des événements, interprétés sous des angles de vue multiples et variés. On en arrive à un point où plus personne ne sait à qui obéir – sans désobéir en même temps à quelqu'un d'autre.

4

L'Église n'est pas le « vaticanisme »

Chez les Pères d'Orient, la conception de l'Église paraît moins totalisante que chez les Pères d'Occident. La théologie occidentale porte la marque des conceptions de saint Augustin, qui a imposé ses vues sur les grandes vérités du savoir humain, orientant ainsi la vie sociale et individuelle des générations futures.

Mais cette vérité, magistralement exposée par l'aigle d'Hippone, il a fallu la réviser et l'adapter à l'ampleur intellectuelle du savoir des époques suivantes, tout en évitant de se conditionner chemin faisant. L'Église est faite pour les hommes, et non les hommes pour l'Église. Tous les savants sérieux de toutes origines en sont conscients.

Les Pères d'Orient comparaient l'Église à un navire insubmersible, nous dirions aujourd'hui au *Titanic*. Dans cette mer démontée, quiconque embarque affrontera une traversée sereine et placide, à la différence des traversées vers l'autre monde. Dans la pensée orientale, tous ceux qui ne s'y trouvent pas profitent d'autres moyens providentiels pour s'acheminer vers la fin ultime de chaque homme. Ils montent sur des radeaux, dans des chaloupes ou des barques, enfilent des bouées de sauvetage, ou plutôt s'en remettent à d'autres croyances religieuses, qui de manière plus difficile et moins rapide n'en guident pas moins les hommes vers le salut. Cette espérance est importante.

« Ce plan universel de Dieu pour le salut du genre humain ne se réalise pas uniquement d'une manière, pour ainsi dire, secrète, dans l'esprit des hommes qui par des voies diverses cherchent Dieu, " s'efforçant de L'atteindre peut-être à tâtons et de Le trouver, bien qu'Il ne soit pas loin de nous "... initiatives qui, d'une certaine façon, peuvent constituer une orientation pédagogiquement valide vers le vrai Dieu ou en préparation à l'Évangile. » Tel est le message de Vatican II.

En fait, les Pères d'Occident se sont plutôt laissé conditionner par la définition sculpturale de saint Augustin, qui décréta sans laisser d'autre issue : *Extra ecclesiam nulla salus,* hors de l'Église point de salut. Affirmation théologiquement exacte, mais qui n'est pas exclusive de toute autre. L'axiome est devenu un dogme irremplaçable en tous temps et en tous lieux, au nom de quoi nos théologiens latins, afin de sauver les quatre autres milliards d'humains, recourent à l'expédient du « baptême de désir » qui en ferait inconsciemment des chrétiens. En Occident, on recourt à tout cela pour sauver l'idée, théologiquement incomplète, que sans l'Église, qui rassemble en son sein Dieu et les hommes, il n'est point de salut.

Quand Il pensait à fonder son Église, par exemple quand Il promettait à Pierre la première place en son sein (« Tu es Pierre, et sur cette pierre je bâtirai mon Église » ; à toi, qui seras aux commandes, « je te donnerai les clés du royaume des cieux ; tout ce que tu lieras sur la terre sera lié aux cieux, et tout ce que tu délieras sur la terre sera délié aux cieux, par mon Père qui est aux cieux [1] », Jésus l'imaginait certainement construite sur un rocher compact, évoquant une figure géométrique polygonale au sommet de laquelle Il aurait fait asseoir Pierre, Son vicaire.

Il devait garder en mémoire un souvenir d'enfance, celui des merveilleuses pyramides, qui continueront à défier les siècles

1. Matthieu 16, 17-20.

futurs, et dont la figure géométrique – selon la théorie du prix Nobel Luis Alvarez – était un puissant accumulateur cosmique d'énergie unitaire et cohésive, caractéristique déjà connue des Égyptiens et des Perses. Émigré en Égypte dans sa petite enfance, avant de revenir à Nazareth, Jésus avait certainement dû voir avec saint Joseph et sa Mère les gigantesques et célèbres pyramides des pharaons, qui attiraient déjà les voyageurs du monde entier. Il en fut pour l'enfant Jésus, homme et Dieu, comme pour tous les enfants : la merveille resta gravée de manière indélébile dans Son esprit et dans Sa mémoire. En quête d'une forme plastique pour communiquer aux autres hommes l'idée qu'Il se faisait de Son Église, Son esprit reconnut dans la forme géométrique des pyramides la meilleure analogie de Son œuvre divine, parce qu'elle était aussi l'expression plastique de l'unité et de la cohésion de toute la famille humaine, ainsi rassemblée. L'Église à forme pyramidale répondait mieux aux traits que lui conférait le Christ par l'intermédiaire de l'Esprit Saint – compacte dans ses traits coessentiels : « une, sainte, catholique et apostolique ».

C'est une hypothèse suggestive, qui pourrait être plus ou moins partagée. Sociologiquement, il est certain que l'Église de Jésus est une pyramide : le pape est indissociablement uni aux évêques, aux prêtres et aux fidèles ; les diviser en blocs serait faire violence à sa nature. Ce serait contre nature.

L'Église est donc une structure vivante, essentiellement une et indivisible. Telle fut l'œuvre accomplie par les Pères de l'Église et la chrétienté médiévale, dont les merveilleuses cathédrales sont les signes plastiques. Tout le monde contribua à les élever : ingénieurs, techniciens, peintres, sculpteurs, maîtres de la peinture à fresque, géologues, physiciens, docteurs en théologie, prêtres, mais aussi la hiérarchie, la foi du peuple, l'art des poètes et celui des musiciens, la prière des saints, dans un amalgame harmonieux et compact. Depuis lors, on n'a cessé de chanter les louanges et la gloire de l'unité et de la trinité du Dieu créateur. Du reste, le mystère de la très Sainte-Trinité renvoie lui aussi à la figure géométrique du triangle équilatéral, de forme également pyramidale.

Très souvent, cependant, cette vue est détournée et mise en lambeaux entre le gros des troupes, le peuple, et l'autorité hiérarchique. C'est pourquoi, quand on parle de l'Église, on se laisse aisément aller à ne parler que des hautes sphères, comme si elle était l'unique expression constitutive et sélective voulue par Notre-Seigneur, s'élevant dans les airs comme une stalagmite.

Les théologiens de la Renaissance comme ceux des temps modernes aiment à considérer la masse des fidèles comme un troupeau de moutons amorphe qui suit son berger. Quand il est question de l'Église, on a donc plutôt tendance à évoquer la haute hiérarchie : le pape, les cardinaux, les évêques, la curie romaine et les hauts prélats, investis de l'autorité et du pouvoir, victimes de l'usure du temps. Or, très souvent, ceux-ci refusent de se remettre en question, de confronter leur mission à celle du Christ, qui s'est précisément anéanti sur la croix pour servir l'humanité.

Ellipses théologiques en vogue qui correspondent à des expressions erronées : « L'Église veut, l'Église ne veut pas ; l'Église permet, l'Église ne permet pas ; l'Église commande ; l'Église oblige ; l'Église approuve, l'Église désapprouve ; l'Église interdit, l'Église admet ; l'Église confirme ce phénomène ; l'Église ne trouve rien de surnaturel dans telle apparition ou dans telle personne. » En tenant ce langage, on entend plutôt se référer à certains hommes et ecclésiastiques, qui exercent le pouvoir et en actionnent les manettes en cette période, alors que les protagonistes en question se sont maintes fois fourvoyés sur certaines vérités historiques, qu'il s'agisse d'hommes ou de phénomènes.

Il y a vraiment ici une dichotomie de pensée. D'un côté, on affirme que l'Église, c'est nous tous ensemble, l'autorité et les fidèles, partant qu'une blessure infligée à une partie de l'Église atteint directement son corps mystique tout entier. De l'autre, quand certains membres de cette Église, prophètes en tout cas intéressés à la compassion du Christ mystique, dénoncent le cancer, ils se font remettre à leur place comme des insubordonnés et des rebelles. On les suspecte d'hérésie, on les taxe de semeurs de zizanie, bref, on les traite comme des hommes et des femmes qu'il faut faire taire. Quitte à reconnaître ensuite, le temps ayant passé, avec force repentirs inutiles et pardons tardifs, qu'on s'est égaré en portant sur eux un tel jugement.

Mais à qui sert ce silence imposé à tout le monde pour que personne n'élève la voix ? Ne serait-ce pas pour que tout reste en l'état, en sorte que celui qui se trompe continue à se tromper ? En vérité, ou l'Église est une, la base, les côtés et le sommet réunis, ou elle n'est pas celle que Jésus a voulue. Il n'a pas fondé Son Église pour lui donner un gouvernement qui exerce une domination sans contrôle.

L'Église de Jésus n'a qu'une façon de gouverner : servir. Les dignitaires, les cardinaux, les princes – si l'on peut parler de princes – ne devraient avoir aucune autre ambition, aucune autre aspiration et aucune autre prétention : « Vous le savez, ceux qu'on regarde comme les chefs des nations les tiennent sous leur pouvoir. [...] Il n'en est pas ainsi parmi vous. Au contraire, si quelqu'un veut être grand parmi vous, qu'il soit votre serviteur. Et si quelqu'un veut être le premier parmi vous, qu'il soit l'esclave de tous [1]. »

*

L'Église de Jésus, quand elle se fait servante, est l'œuvre la plus complète préposée à la protection de toute société humaine. Toutefois, elle ne saurait être infinie comme Dieu, puisqu'elle est une de Ses œuvres *ab extra.*

1. Marc 10, 42-44.

Par principe théologique, Dieu est l'Infini. L'Église est, au contraire, une œuvre divine, mais finie. En conséquence, elle n'a pas le charisme de pouvoir reconnaître tous les infinis charismes de Dieu. Si elle connaissait l'omnipotence infinie de l'Absolu, elle enfermerait l'Infini. « Les cieux eux-mêmes et les cieux des cieux ne peuvent te contenir ! Combien moins cette maison que j'ai bâtie [1] ! »

Il n'est pas non plus possible à Dieu de créer une institution contingente capable de circonscrire Son infinité : cela reviendrait à créer absurdement un autre dieu au-dessus. Nos propres constructions, infiniment étriquées bien que venant de l'Église, ne sauraient enfermer dans une enveloppe l'infinie toute-puissance du Créateur.

Jésus a pourvu l'Église de toute la richesse de grâces suffisante afin que les hommes de toutes les époques puissent atteindre le salut nécessaire pour se sauver et sauver les autre, mais Il n'a pu lui donner la capacité de contenir en elle, créature finie, toute l'infinie bonté de Dieu, qu'Il dispense librement où Il veut, dans la lumière comme à l'ombre.

L'Église ne saurait donc placer Dieu sous bonne garde, L'enfermer à clé derrière la porte de son tabernacle afin de Le distribuer à sa façon et quand elle le veut bien. On appréhende mieux sa mission à travers l'image de l'ostensoir, qui montre le Christ aux hommes sans pour autant se L'approprier. L'Absolu ne saurait Se priver du pouvoir de Se manifester d'une façon ou d'une autre, sous des formes infinies, à toutes Ses créatures, au sein de l'Église ou hors d'elle, dans le temps et dans l'espace, à travers des charismes et des grâces particulières, toujours renouvelés et qui jamais ne relèvent du cliché.

Les charismes divins, ou les grâces spéciales parfois extraordinaires comme le don des miracles, sont les moyens par lesquels l'Esprit Saint opère et révèle par éclairs la toute-puissante présence de Dieu dans la création. De tels signes expriment

1. Ier livre des Rois 8, 27.

l'alphabet divin derrière lequel le Seigneur cache chaque fois Son message à l'homme et à l'humanité ; faisant partie de la puissance naturelle de Dieu *ab intra,* ils ne se laissent point circonscrire a priori par une action délimitée *ab extra,* fût-ce celle d'une institution divine comme l'Église. Encore une fois, sa finitude ne saurait circonscrire la puissance infinie de Dieu.

Dans ces conditions, quelle attitude l'Église doit-elle adopter devant un prodige ou un message qui se vérifie ? Elle doit l'interpréter à la lumière de la règle infaillible énoncée par Jésus : « Un bon arbre ne peut pas porter de mauvais fruits, ni un arbre malade porter de bons fruits [1]. » Elle devrait donc savoir s'en tenir aux principes généraux pour dénoncer ce qui ne saurait être charisme divin mais en prenant grand soin de ne pas mettre dans la bouche de Dieu les bévues et les préjugés de certains hommes d'Église qui, au cours de l'Histoire, ont contraint l'Absolu à suivre la voie ferrée de leurs trajectoires étriquées.

Un fait historique qui intéresse directement l'Église ne sera pleinement clair qu'à la parousie, tandis que dans le déploiement de l'Histoire l'Éternel peut Se rendre visible sans que la substance divine soit entamée et sans passer par-dessus l'épaisseur du temporel. Ainsi la Révélation est-elle compatible avec l'Incarnation, comme la prophétie de l'Apocalypse qui se concrétise sur l'humanité détournée.

*

Cette thèse ecclésiologique est d'une grande évidence tant théologique qu'historique. Combien de fois la justice ecclésiastique humaine, essayant d'indiquer à Dieu comment Il devrait intervenir dans le monde par son intermédiaire, n'a pas su identifier l'intervention du divin dans le temporel, en arrivant sans trop réfléchir à prononcer des paroles de réprobation, par

1. Matthieu 7, 18.

lesquelles elle condamnait l'Auteur même de ces charismes, qui les produisait conformément à son enseignement ?

Ainsi en est-on arrivé à cette situation absurde : ce que commanda l'Église était vrai, au contraire de ce que Dieu accomplit à travers de saints hommes ou des apparitions surnaturelles qui, à l'en croire, doivent être fausses. « Esprits pervertis, vous savez reconnaître l'aspect de la terre et du ciel, et le temps présent, comment ne savez-vous pas le reconnaître ? Pourquoi aussi ne jugez-vous pas par vous-mêmes de ce qui est juste ? » leur dit Jésus [1].

Leurs successeurs ont ensuite été contraints de les faire rentrer par la porte de service, ces phénomènes surnaturels, avec un maximum d'embarras et de confusion. Ainsi pour Galilée, Jeanne d'Arc, sainte Thérèse d'Avila, saint Jean de la Croix, San Giuseppe da Copertino, Jérôme Savonarole, Antonio Rosmini, Padre Pio de Pietrelcina, don Zeno Saltini, pour finir par le phénomène de Medjugorje, où trente millions de fidèles se rendent encore pour se purifier alors que trente ecclésiastiques cherchent à le condamner.

L'histoire rapporte les diverses bévues de l'Église verticale. Nous ne retranscrivons ici que les plus proches de nous.

Les bévues de l'Église verticale

Dans les premières années de ce siècle, la Vierge Mère de Dieu eut à Fatima des paroles très dures sur le comportement des dignitaires au sommet de l'Église : évêques contre évêques, cardinaux contre cardinaux, pour la plus grande souffrance du pape impuissant. À ces trois enfants analphabètes, elle fit comprendre que de l'intérieur, comme une honorable prostituée, l'Église avait subi les violences de prélats en escalade vers le pouvoir, qu'elle avait été victime d'une véritable conjuration.

1. Luc 12, 54-7.

On a voulu voiler la force de l'accusation, bien que l'échéance du message prophétique soit déjà passée. Tandis que l'humanité descend, une avalanche de fange et de pourriture monte du sanhédrin et se répand. La créature peut-elle contrevenir à l'ordre du Créateur en Lui clouant le bec ?

Précisément, au cours des apparitions de Fatima, le cardinal patriarche de Lisbonne, Antonio Belo Mendes, fit savoir publiquement et à plusieurs reprises son opposition claire et nette à ce qu'il se passait et finit par interdire à ses prêtres d'y aller en pèlerinage. Aujourd'hui, les papes s'y rendent. Quelle partie de l'Église a vu juste, quelle partie s'est fourvoyée, au sommet et à la base ?

*

Le cas de Padre Pio est assez étrange : pendant cinquante ans, il a été considéré soit comme un saint thaumaturge par les fidèles affluant toujours plus nombreux, soit, par le Saint-Office, comme un « mystificateur dangereux » accusé de corrompre les mœurs. Il suffit de rapporter ici l'infamante accusation dudit dicastère qui, à plusieurs reprises, mit en demeure les fidèles, et plus particulièrement les clercs, de ne pas s'approcher de Padre Pio, religieux à éviter parce que, simulant la sainteté, il affectait d'avoir des visions et d'opérer des miracles.

En vertu de ces affirmations, ce fort peu saint Office prit une initiative exceptionnelle, sans précédent et sans suite : il changea à Padre Pio son père spirituel tout en interdisant au religieux de se confier par écrit (2 juin 1922). Loin de s'arrêter là, le 31 mai 1923, la même congrégation suprême publia contre ledit Padre un décret dans lequel elle affirmait « ne pas constater le caractère surnaturel des faits » autour du phénomène mystique de la stigmatisation. Le décret fut ensuite dûment publié dans l'*Osservatore Romano* du 5 juillet, afin que nul n'en ignore dans l'Église. Mais quelle Église, de grâce, s'est trompée ? Celle d'en haut qui a interdit ou celle d'en bas qui l'a vénéré en affluant vers lui et en passant outre aux directives du sommet ? La déclaration a été reprise dans le fascicule *Analecta Cappuccinorum,* où Padre Pio lut la notice qui le concernait, ce qui le plongea dans une grande tristesse.

Pour faire cesser le scandale, le même dicastère, non content d'avoir interdit au religieux de célébrer la messe en public (en 1931-1933), envisageait aussi de transporter secrètement Padre Pio en Italie du Nord, voire en Espagne. Les condamnations s'apaisèrent, puis reprirent avec plus de véhémence en 1960, alors que le saint religieux avait soixante-treize ans. On le présenta alors comme un être immoral, lui reprochant d'abuser sexuellement de certaines de ses pénitentes, suivant le témoignage de quelques bandes truquées enregistrées par un magnétophone placé par un frère dans le confessionnal de Padre Pio à la demande du visiteur apostolique, qui s'attribuait ainsi un pouvoir que même le pape ne pouvait lui donner.

« Que votre conduite parmi les païens [contemporains] soit irréprochable pour qu'au vu de vos bonnes œuvres, alors même qu'on vous dénonce comme des malfaiteurs, vous réduisiez au silence l'ignorance des insensés [1]. »

Trente ans après la mort du Padre, aujourd'hui déclaré vénérable sur le chemin de l'autel, cet exceptionnel dicastère, après avoir passé cinquante ans à combattre cet homme de Dieu, ne craint pas de couper les cheveux en quatre pour éviter le scandale et tente de justifier à la face du monde son comportement inacceptable. L'échec des hommes qui ont incarné alors l'Église infaillible est tel qu'ils sont bien en peine aujourd'hui de concilier la sainteté du thaumaturge et les condamnations qu'ils lui ont infligées et sur lesquelles ils ne sont jamais revenus.

Maintenant que va être élevé aux honneurs des autels celui que les mêmes ont fait passer pour un mystificateur et un corrupteur

---

1. Ire épître de saint Pierre 2, 14-15.

et qu'il ne cesse de faire venir sur sa tombe des millions de croyants et de non-croyants du monde entier en accomplissant les prodiges les plus extraordinaires [1], plus d'un se demandera spontanément : dans cet épisode délicat du siècle, quelle partie de l'Église a continué à se tromper? Laquelle a vu juste à la base et au sommet? Peut-elle affirmer avoir le charisme de reconnaître tous les charismes divins, cette institution qui, cinquante années durant, a prétendu ne rien constater de surnaturel dans ces phénomènes et a été systématiquement démentie par la masse des fidèles qui ont accouru en masse? Cette manière de

---

1. Actuellement, les alentours du couvent capucin de San Giovanni Rotondo sont devenus trop petits pour accueillir la masse considérable de véhicules qui transportent les sept millions et demi de pèlerins qui affluent chaque année. La foule se plaint de devoir patienter deux ou trois heures pour visiter les lieux et places du saint religieux, là où cinquante ans plutôt se trouvait un sentier muletier qui, à travers les bois, conduisait à ce couvent perdu habité par une poignée de capucins oubliés, qui vivaient en ermites.

À la fin des années vingt, bien rares étaient encore les âmes qui réussissaient à atteindre cet ermitage pour se confesser et s'adresser à ce jeune moine stigmatisé, dormant dans quelque masure hospitalière des alentours. Une jeune fille de Cerignola avait décidé de passer là-bas cinq-six mois par an à côté de Padre Pio, afin qu'il puisse diriger sa formation spirituelle. D'une famille aisée, deux des neuf sœurs avaient donné vie à une communauté religieuse au pays, aujourd'hui florissante sur d'autres continents. Sans éprouver le besoin de les rejoindre, elle voulait demeurer célibataire.

Ayant obtenu la part du patrimoine familial qui lui revenait, la demoiselle hésitait encore à acquérir un lopin de terre en vente devant la chapelle du couvent des capucins pour s'y faire construire un studio où loger au cours de ses longs séjours sur place. Elle interrogea Padre Pio, son directeur spirituel :

« Padre, un terrain grand comme un mouchoir de poche est à vendre juste à la porte de l'église, je pourrais l'acheter pour en faire une maisonnette, qu'en dites-vous? Vous savez que j'ai un peu d'argent à investir... »

Padre Pio semblait distrait par d'autres pensées et continuait à marcher sans mot dire.

« Eh, Padre, qu'en dites-vous? Vous m'avez comprise? Que dois-je faire? »

« – *Accàttle, accàttle!* » répondit-il enfin. (« Achetez-le, achetez-le! »)

La demoiselle, gênée de devoir soulever une objection parce que son avis ne tenait pas compte de l'isolement du lieu, répondit :

« Padre, je ne sais comment vous le dire; vous dites toujours : *mo' muori e mo' non muori;* quand vous ne serez plus ici, que ferai-je d'une masure perdue dans cette forêt? »

Et Padre Pio, continuant à marcher d'un air distrait, mais le regard tourné vers l'avenir, peut-être pressentant ce qui se passe là-bas aujourd'hui, prophétisa dans son dialecte habituel :

« *Falla, falla... ca dop'è péggj!* » (« Achetez-la et construisez, parce que l'affluence après ma mort sera pire qu'aujourd'hui. »)

Ce lopin de terre se trouve actuellement sous l'esplanade devant l'église.

faire revient à « verticaliser » l'Église et à la détacher des fidèles, eux aussi pleins du *sensus Dei.*

*

Un matin, au cours de la célébration de la messe de Padre Pio, les hommes, faute de place, se pressaient dans le petit presbytère dans une cohue indescriptible, se bousculant les uns les autres involontairement. Parmi eux se trouvait un jeune diacre, qui venait ici depuis des années, alors même que les supérieurs du séminaire ne manquaient pas de rappeler les sévères interdictions de la curie romaine. Le clerc répondait qu'il n'y avait rien de mal à aller voir les merveilles de Dieu imprimées sur l'un de Ses serviteurs. Mais eux jugeaient que c'était prendre à la légère les ordres venus d'en haut, puisqu'il convenait d'obéir à qui, en la matière, devait en savoir plus long que lui.

Baiser la main stigmatisée de Padre Pio, pleine d'escarres, n'était pas une entreprise facile. Elles étaient toujours couvertes de gants trempés, qu'il ne retirait qu'à la sacristie avant de célébrer la messe et qu'il remettait à peine le calice reposé sur la table. Tels étaient les ordres, et son obéissance était absolue. L'interdiction des supérieurs ne souffrait qu'une exception, pour le chanceux qui se débrouillait pour se trouver à côté, à peine reposé le calice. Le jeune diacre, se détournant du moment liturgique le plus intense, se mit dans l'idée de recevoir la communion des mains du Padre, puis d'aller le remercier à la sacristie et de se placer à l'endroit même où Padre Pio devait déposer le calice pour se dévêtir et avoir ainsi le privilège de baiser la main couverte de plaies. Aussitôt dit, aussitôt fait : et jusque-là, tout se passa comme il l'avait prévu.

Mais pauvre petit diacre ! À peine la messe terminée, la foule des fidèles qui se pressaient dans le presbytère inonda la sacristie avec force bourrades au point de bousculer les statues de saints. Tout en parvenant à résister à la cohue, le diacre se vit bien malgré lui repoussé à près d'un mètre et demi du Padre, étouffé par tous ceux qui voulaient baiser la main. Découragé de voir son projet tourner court, il songeait déjà à essayer à nouveau le lendemain matin. Quand Padre Pio, grondant tous les autres, leva la main droite au-dessus des têtes, lui fit décrire un demi-cercle et, arrivant à hauteur du diacre, l'abaissa pour qu'il y posât ses lèvres : *Fa' sùbbte, sbrìgat* (« vite, dépêche-toi ») ; tandis que les autres disaient à voix haute : « Suffit, maintenant, suffit ! »

Tout le monde savait que le Seigneur donnait à Padre Pio le charisme de lire dans les cœurs ; autrement dit, il lisait dans le cœur et dans l'esprit de qui se trouvait en sa présence, en sorte de dévoiler les pensées et les péchés de ceux qui affluaient vers lui, ou des absents auxquels il voulait faire passer son message. Ce matin, donc, il avait voulu ainsi répondre à la louable intention spirituelle de ce diacre, puis prêtre, qui raconta toujours cet épisode ému jusqu'aux larmes.

*

Don Luigi Orione, fondateur de la Petite Œuvre de la Divine Providence, aujourd'hui canonisé, n'avait jamais vu Padre Pio en personne mais le connaissait profondément en esprit et par les mystères de la parapsychologie. Dans les années vingt, il plaida donc à Rome la cause de Padre Pio auprès du Saint-Office. Le jugement de ce saint fondateur était tenu en haute considération par maints ecclésiastiques en raison de sa vie sainte, de ses œuvres de charité et des choses extraordinaires qu'il accomplissait. Pour lui, Padre Pio était un vrai saint, quoi que pussent dire les autres, y compris à la curie. Vers la fin de sa vie, don Orione dut à son tour boire au calice amer de la calomnie, accusé de certaines faiblesses immorales envers l'autre sexe ; exactement comme Padre Pio.

Il faut dire tout d'abord que, quand don Orione arrivait quelque part, la cohue était telle que les forces de police avaient grand-peine à maintenir l'ordre ; pour cette raison, on le pria de prévenir de ses déplacements plusieurs jours à l'avance. Toujours est-il qu'arrivèrent à la curie des écrits l'accusant d'entretenir des relations charnelles avec diverses femmes. Comme on ne leur faisait aucun crédit, les adversaires décidèrent de passer à la démonstration des faits : il fallait en administrer la preuve formelle.

Alors épuisé, le chenu don Orione commença à en ressentir les effets pénibles sur tout son corps. On le persuada de se faire examiner, la réponse fut choquante : le mal vénérien, la syphilis. Du fait de cette maladie, force lui était de se tenir à l'écart des autres. Il fut donc placé sous étroite surveillance dans une maison de sœurs à San Remo, où il passa les derniers jours de sa vie. Il y mourut sans s'expliquer comment il avait pu contracter la syphilis, sachant bien qu'il n'avait jamais eu de rapports avec qui que ce soit.

Alors que tous continuèrent à le considérer comme un saint même après sa mort, les ordres furent draconiens pour dissuader quiconque d'y faire allusion au procès canonique autour de l'héroïque vertu de don Orione : son mal s'était infecté. Tous le passèrent sous silence.

Quand personne ne parla plus de lui, un barbier chirurgien de Messine à l'article de la mort demanda la présence d'un prêtre et de deux témoins afin de rétablir la vérité masquée par la calomnie : étant coiffeur du pensionnat des Orionini à Messine, accourus là-bas à la suite du tremblement de terre de 1908, il avait eu souvent à s'occuper de la barbe et des cheveux du fondateur, don Orione. Dévoyé et corrompu par le membre d'une congrégation religieuse, il accepta d'entailler sa nuque « sans le faire exprès » et, feignant de la désinfecter, d'y appliquer le contenu du flacon reçu. Il n'aurait su qu'après qu'il s'agissait de pus syphilitique.

*

Voici donc deux saints hommes, don Orione et Padre Pio, auxquels on a reproché des faits immoraux, et qui sont aujourd'hui en passe de s'élever directement de la fange à l'autel. Au crépuscule, les rayons du soleil sont plus longs et plus pittoresques. Il est vrai que les saints ne se font pas au pinceau, mais à la spatule et au scalpel.

User sans préjugés ni mesure de tout ce qui sert son intérêt, tout en manipulant à dessein les expressions bifides et les calomnies subtiles, telle est l'astuce suprême, habilement soustraite au jeu de la Providence pour la remettre à celui du diable. Dostoïevski ne disait-il pas : « Il est beaucoup d'hommes qui n'ont jamais tué, et sont pourtant bien pires que ceux qui ont tué six fois. »

Ces âmes grandement privilégiées par le Seigneur dans la vie sont considérées par certains organismes ecclésiastiques avec suspicion et méfiance, quand elles n'encourent pas désaveux et persécutions. Après leur disparition, ils en écrivent la vie, en approuvent les charismes et en diffusent le message prophétique. La différence reste que les mortels se débattent au milieu de leurs problèmes tandis que les saints vivent parmi les solutions.

À peine Rome avait-il publié un communiqué approuvant le miracle obtenu par l'intercession de Padre Pio qu'en un éclair les mass media firent savoir au monde entier qu'il serait élevé aux honneurs des autels le 12 mai 1999 avec le titre de Bienheureux. Dieu le veut en dépit de ce qui L'a tant contrarié. « Malheureux légistes, vous qui bâtissez les tombeaux des prophètes, alors que ce sont vos pères qui les ont tués. – Maître, en parlant de la sorte, c'est nous aussi que tu insultes. – Vous aussi, vous êtes malheureux [1]... »

---

1. Luc 11, 45-47.

L'Église n'est pas le « vaticanisme »

Dans la mesure où Dieu s'immisce dans notre vie, Il souffre que des épines naissent sur notre chemin : tel est le prix à payer pour que Ses dons soient davantage nôtres. Tel a toujours été le style de Dieu ! Mais qui consent à en payer le prix ne tarde pas à sentir l'intervention divine, nonobstant les erreurs des pharisiens.

5

L'ivraie dans le bon grain

La table des dix commandements est le plus grand radeau que Dieu ait jeté aux hommes pour qu'ils puissent se sauver ; mais il Lui reste un nombre infini d'autres chaloupes à jeter à la mer pour secourir ceux qui nagent au milieu des dangers.

Nous savons que le contenu des commandements est excellent, parce qu'il est le fruit de l'infinie bonté de Dieu ; toutefois, Dieu ne saurait Se cacher dans le seul bien fini et limité des dix commandements, lesquels ne sont qu'une petite partie de Son infini. Il s'ensuit que l'amour infini de Dieu dépasse nécessairement l'amour du bien circonscrit par le Décalogue. Ainsi se fait-il que des paroissiens s'astreignent aux commandements tout en demeurant fort loin de Dieu. Le cas de figure inverse existe aussi. Les obstacles à l'amour diffèrent pour chaque individu.

Chacun a ses faiblesses, ses vices, qui lui viennent de son patrimoine génétique, de son naturel, de sa biographie. Même une horloge cassée indique l'heure deux fois par jour ; ainsi, en chacun de nous, demeurent toujours un soupçon d'humanité et une lueur d'intelligence. Chacun a pourtant des obstacles divers, et les doses de culpabilité ne se mesurent pas uniquement sur la balance du Décalogue : les poids moraux reposent sur les plateaux correspondants, celui de la conscience et celui de la paternité divine.

La morale n'est pas une chose statique : c'est un processus dans lequel les valeurs anciennes sont perpétuellement sur la sellette, remises en cause par les diverses épreuves de la vie. Parfois, ces valeurs éthiques apparaissent sous un jour nouveau à la lumière de l'expérience de la vie contemporaine ; parfois aussi, il apparaît qu'elles ne sont plus tout à fait adaptées et qu'elles demandent donc à être réadaptées à l'authenticité du message du Christ qui, n'étant jamais statique, est toujours original.

« L'Esprit Saint et nous-mêmes, nous avons en effet décidé de ne vous imposer aucune autre charge que ces exigences inévitables : vous abstenir des viandes de sacrifices païens, du sang, des animaux étouffés et de l'immoralité. Si vous évitez tout cela avec soin, vous aurez bien agi [1] », écrivirent les apôtres réunis au premier concile de Jérusalem dans une lettre à leurs frères d'Antioche, de Syrie et de Sicile. De nos jours, aucun moraliste n'imposerait ces interdits alors jugés nécessaires, sous peine de péché grave, et dictés par l'Esprit Saint dans le régime de la révélation apostolique.

La notion de bon usage est une notion dynamique, plutôt que statique, dans laquelle entrent à des degrés divers de multiples éléments de principe et de pratique, d'idéologie et de milieu, de tradition et de technique, d'humanité et de science, de progrès et d'involution, d'orientations et de comportements.

« Le Seigneur se sert aussi de la misère, affirme don Primo Mazzolari. Nous ne savons pas où exactement un péché nous détache momentanément de Dieu et où il pose les bases d'un pont sur la voie du retour. » Et Einstein disait à sa façon croire en un Dieu grand et miséricordieux, qui pense et pourvoit à tout, tellement saint qu'on ne saurait lui prêter assez de morbidité pour inspecter les testicules de l'homme.

« Dieu n'est pas juste, mais Amour sans limites », ose dire saint Isaac le Syrien ; et Stéphane Avtandilian, évêque arménien

1. Actes des Apôtres 15, 28-29.

de Tiflis en 1789, enseignait : « La tolérance tacite de pratiques moralement répréhensibles sans être inquiétantes en conscience peut en pratique se révéler préférable à un enseignement pastoral prohibitif et stérile. De fait, l'Évangile enseigne que, si on l'arrache de manière intempestive, l'ivraie, qui a fini par prendre racine sans nuire au froment d'à côté, finit par déraciner les plants de froment et rendre le champ stérile. En ce cas, il n'est pas bon de tourmenter la conscience des hommes. »

La leçon de saint Bernard

Tous les papes devraient apprendre par cœur et réciter tous les matins ce que saint Bernard (1090-1153) écrivit à son disciple cistercien, devenu pape sous le nom d'Eugène III, qui demandait à son maître des conseils pour bien s'acquitter de ses responsabilités pontificales. A fortiori venu de loin, c'est-à-dire ignorant tout des mouvements telluriques de la curie romaine, ce pontife ignare devrait réciter aussi souvent que son bréviaire ce qu'écrivit saint Bernard dans le livre IV de son traité, *De la considération.*

Eugène III (1145-1153) n'aurait jamais imaginé devenir pape ; il avait choisi la rigoureuse solitude claustrale des cisterciens pour ne point se heurter aux entraves de ce monde, qui déjà affaiblissaient l'Église de Rome. Il était l'un des meilleurs disciples de Bernard, répondant lui aussi au nom de Bernard, Bernardo dei Paganelli de Montemagno, dans la région d'Asti. Dès le lendemain de sa mort, il fut vénéré comme un bienheureux, avant la confirmation officielle de ce culte en 1872. Saint Bernard ne s'en sépara que pour le donner à l'Église, afin qu'il la réformât.

Bien qu'il fût pape, saint Bernard continua à considérer Eugène III comme son élève et à lui donner les leçons de vie les plus rudes et les plus sévères. Nous en extrayons les passages les plus saillants, non pas tant pour consoler ceux qui ont perverti la curie et l'Église de ces temps que pour exhorter les réformateurs à se préparer au travail qu'a demandé la Madone à Fatima :

> Le moment est venu pour moi de te parler de ce qui t'entoure. Ces choses-là aussi te sont subordonnées ; mais leur pouvoir de te nuire est d'autant plus grand qu'elles te touchent de plus près. Les choses que nous avons sous les yeux ne s'accommodent ni de négligence, ni de dissimulation, ni d'oubli. Elles nous pressent plus instamment, fondent sur nous avec plus de violence, menacent de nous accabler. [...] Oui, ce que j'ai en vue, c'est l'exigence quotidienne que représentent pour toi Rome, ta cour et ton église particulière. Ces choses qui t'entourent, ce sont ton clergé et ton peuple, dont tu es spécialement l'évêque, et auxquels tu dois, pour cette raison, un soin spécial. Ce sont aussi ces hommes de bon conseil, ces juges de l'univers qui t'assistent chaque jour dans ton travail. Ce sont encore les gens de ta maison et de ta table : chapelains, camériers et tous autres officiers préposés aux diverses fonctions de ton service. Tels sont tous ceux dont j'ai à te parler. Ceux-là te voient de manière plus familière, ils s'adressent à toi plus fréquemment, leur importunité à te solliciter est plus grande. Ceux-là, on peut dire, ne craignent pas de réveiller la bien-aimée plus tôt qu'elle ne le veut [1].
>
> [*Sur le caractère du clergé et de la population de Rome*] Tu dois donc juger les désordres qui t'entourent particulièrement scandaleux. Il

1. Allusion au *Cantique des cantiques,* 2, 7 ; 3, 5, et 8. *(N.d.T.)*

importe que ce qui est autour de toi soit comme le miroir et le modèle de toute honnêteté et de tout ordre. Quant à la population, qu'en dire ? Qu'elle s'est surtout illustrée par l'effronterie et l'opiniâtreté des Romains ? Une population déshabituée de la paix, rebelle, et qui n'a jamais su plier que sous l'empire de la contrainte.

Voici la plaie : à toi de la soigner ; il ne t'est pas permis de fermer les yeux sur elle. Peut-être souris-tu de moi en pensant intimement que le mal est sans remède. Mais tu n'as pas le droit de désespérer. On ne te demande pas de guérir, mais de soigner. Il n'est pas dit dans l'Évangile : « Apaise-le » ou « Guéris-le », mais « Prends soin de lui [1] ». Le poète le dit bien : « Il n'est pas toujours au pouvoir du médecin de guérir son malade [2]. » [...]

J'aborde maintenant un point délicat, une discussion pleine de périls. Par où commencer pour exprimer ma pensée ? [...] Je te rends témoignage que tu ne ménages pas plus les richesses que tes prédécesseurs. Mais toute la différence réside dans l'emploi qui en est fait : voilà le grand abus. [...] Pourrais-tu me citer un seul habitant de cette très grande ville qui t'ait reconnu pape sans que le gain ou l'espoir d'un gain l'ait gagné ? Crois bien que ces gens-là entendent par-dessus tout dominer lorsqu'ils protestent auprès de toi de leurs dispositions à te servir. Ils ne jurent fidélité que pour nuire plus sûrement à ceux qui leur font confiance. Dès lors, tu n'auras point de conseil d'où ils acceptent d'être exclus, tu n'auras point

1. Luc 10, 35. *(N.d.T.)*
2. Ovide, *De Ponto Eleg.*, 10. *(N.d.T.)*

de secret où ils ne prétendent s'ingérer. Si l'un d'eux a fait antichambre, ne serait-ce qu'une minute, je ne voudrais pas alors être à la place de ton huissier.

Constate maintenant, par le peu que je t'en dis, si je connais ou non les mœurs de ce peuple ! Habiles par-dessus tout à faire le mal, ces gens-là sont incapables de faire le bien. Les voilà, ces ennemis du ciel et de la terre, qui, ayant porté les mains sur l'un et sur l'autre, sont impies envers Dieu, pleins de témérité dans les choses saintes, enclins à la discorde entre eux, jaloux de leurs voisins, désagréables envers les étrangers ! N'aimant personne, ils ne sont aimés par personne ; se targuant d'être craints par tous, ils sont dans la nécessité de craindre tout le monde. Les voilà, ces rebelles à toute obéissance, et qui n'ont jamais su commander ; ces infidèles à leurs supérieurs qui sont insupportables à leurs inférieurs ! Les voilà, ces impudents solliciteurs qui sont pleins de hauteur pour refuser ; ces gens, importuns lorsqu'il s'agit d'obtenir quelque chose, inlassables aussi longtemps qu'ils ne l'ont eu, et qui, ayant reçu satisfaction, deviennent ingrats ! Ils n'ont que de grands mots à la bouche, mais ne font rien que de mesquin ; ils sont les plus beaux des prometteurs, mais je ne connais personne qui tienne moins sa parole ; ils sont les plus mielleux des flatteurs, mais sans rivaux pour dénigrer et pour mordre. Enfin leur innocence, lorsqu'il s'agit de feindre, n'a d'égale que leur déloyauté à trahir.

Oui, si je suis entré dans d'aussi longs détails, c'est qu'il faut, à mon avis, que tu sois pleinement et clairement instruit de cet aspect particulier des choses qui t'entourent.

Revenons maintenant à notre exposé. Que dire de cet usage consistant à se servir des dépouilles des églises pour acheter ceux qui t'acclament ? La vie des pauvres est répandue à pleines mains dans les quartiers riches. L'argent brille dans la boue. De tous côtés on se précipite. [...] Je n'ignore pas que cet usage, ou plutôt ce mortel abus, n'a point commencé sous ton règne ; il serait à souhaiter qu'il y prît fin !

Mais, poursuivons... Voici là-dessus que tu t'avances, toi le pasteur, tout couvert d'or et revêtu de mille ornements. Que reste-t-il à tes brebis de tout cela ? Je te dirais, si je l'osais, que ce sont là pâturages des démons plutôt que des brebis. Sans doute était-ce ainsi que saint Pierre en usait ! Sans doute était-ce à de tels jeux que saint Paul s'amusait !

Tout le clergé, cela est visible, ne brûle que d'un seul zèle, celui de bien tenir son rang. Tout est donné à l'apparat ; rien, ou presque rien, n'est donné aux choses de Dieu. Si, pour quelque raison, tu te risques à t'abaisser un peu et à te rendre plus accessible : attention, s'écrie-t-on autour de toi, cela n'est pas de mise ; cela ne convient pas aux temps actuels ; cela ne convient pas à votre majesté ; ne perdez pas de vue le rang que vous devez tenir ! De ce qui plaît à Dieu, c'est bien la dernière chose dont on te parle. Pour ce qui est du salut, personne n'en a cure, à moins que ne soit considéré comme édifiant ce qui est distingué, et convenable au salut ce qui respire le faste. Tout ce qui sent l'humilité paraît si infamant aux gens de ton palais que tu découvrirais plus aisément quelqu'un d'entre eux qui acceptât d'être humble que de le paraître. La crainte de Dieu n'est à leurs yeux que de la simplicité, pour ne pas dire de la sottise. Ils taxent d'hypocrisie celui qui est circonspect et soigneux de sa conscience. Quant à celui qui aime la retraite et qui, de temps à autre, se réserve quelques instants pour méditer, il est classé par eux comme inutile. [...]

Mais en voilà assez là-dessus. Je n'ai fait que sonder le mur sans le percer. Toi, successeur du prophète, tu as le droit de le percer et de regarder ce qu'il cache. Pour moi, je ne saurais en dire plus. [...] Nous lisons dans l'Évangile qu'il s'éleva parmi les disciples une dispute pour savoir lequel devait passer pour le plus grand. Quelle chance serait la tienne si l'on comprenait les choses autour de toi de cette manière !

Lassés désormais de ta cour, sortons de ton palais : les gens de ta maison nous réclament. Cette fois, il ne s'agit plus de ceux qui t'entourent, mais de ceux qui, à proprement parler, font partie de ton intérieur. Non, il n'est pas superflu pour toi de considérer quels sont les moyens de faire régner l'ordre chez toi, et comment il faut que tu pourvoies à ceux que tu abrites dans ton sein. Cette considération-là, je te l'affirme, est même absolument nécessaire. [...] Si je te dis cela, à toi qui est tout entier occupé des plus grandes choses, ce n'est pas pour que tu ailles appliquer ton esprit aux plus petites. [...] Mais pourtant, s'il faut que les grandes choses soient faites, il ne faut pas pour cela négliger les petites. [...] Il faut donc que tu t'adjoignes quelqu'un pour tourner la meule à ta place. À ta place, ai-je dit, et non avec toi. [...] Si ton intendant n'est pas fidèle, il te volera ; s'il n'est pas habile, il se fera voler. Il faut donc que tu cherches, pour lui donner la direction de ta maison, quelqu'un d'habile et de fidèle. [...] Je voudrais d'ailleurs que ce fût pour toi une règle générale de tenir pour suspecte toute personne qui n'oserait pas articuler publiquement ce qu'elle te glisse à l'oreille. Si elle s'y refusait, tu devrais considérer ses propos non comme ceux d'un accusateur, mais d'un calomniateur. [...]

Nous acceptons plus facilement les pertes du Christ que les nôtres. [...] Le ruisseau, en coulant, creuse la terre ; l'agitation des choses temporelles ronge pareillement la conscience. [...] Ignore-les souvent ; dans la plupart des cas, n'en tiens pas compte, et qu'il t'arrive parfois de les oublier.

Il y a pourtant des choses que je ne voudrais pas te voir ignorer : je veux parler des mœurs et de la conduite de chacun de tes gens. Il ne faut pas [...] que tu sois le dernier informé de leurs désordres. [...] C'est toi qui dois punir l'offense qui t'est faite. L'impunité engendre la hardiesse, et c'est de la hardiesse que proviennent tous les excès. [...] Si les prêtres qui font partie de ta maison ne sont pas respectables entre tous, ils seront la fable de tout le monde.

Que tes frères évêques [*les cardinaux*] apprennent de toi à ne point faire leur société de ces jeunes garçons chevelus ni de ces adolescents séduisants [*le vice de tous les temps*]. Non, il n'est pas convenable de voir toutes ces têtes frisées aller et venir parmi les têtes mitrées [*il en allait alors exactement comme aujourd'hui*].

> [...] Note bien que ce n'est pas la sévérité que je te conseille, mais la gravité. La sévérité rebute ceux qui sont trop craintifs ; la gravité retient ceux qui sont trop légers. La présence de la première rend détestable ; l'absence de la seconde rend méprisable. Comme tu le vois, rien n'est meilleur en toute chose que la mesure. Pour moi, je ne voudrais ni trop de sévérité ni trop de laisser-aller. [...] Dans ton palais, montre-toi pape ; chez toi, sois paternel. [...]
>
> Considère avant tout que la sainte Église romaine, dont par la grâce de Dieu tu es le chef, est la mère des autres Églises, non leur souveraine ; tu n'es donc pas le souverain des autres évêques, mais l'un d'entre eux. [...] Considère par ailleurs qu'il faut que tu sois l'image même de la justice, le miroir de la sainteté, le modèle de la piété, le héraut de la vérité, le défenseur de la foi, le docteur des nations, le guide des chrétiens, l'ami de l'époux, le paranymphe de l'épouse, l'ordonnateur du clergé, le pasteur des peuples, le précepteur des ignorants, le refuge des opprimés, l'avocat des pauvres [...], l'œil des aveugles, la langue des muets [...], le prêtre du Très-Haut, le vicaire du Christ, l'oint du Seigneur ; enfin le Dieu de Pharaon [1].

Le tableau que brosse saint Bernard à petites touches est la peinture exacte de la curie romaine aujourd'hui dans la personne de ses membres les plus immédiats et les plus éloquents : le pape, les cardinaux, les archevêques, les dignitaires, les prélats,

1. Saint Bernard, *De la considération*, trad. P. Dalloz, Paris, éd. du Cerf, 1986, p. 93-116 (traduction ici modifiée).

les carriéristes et les escrocs, sans oublier les chevelus en tout genre qui vont et viennent.

Le dossier et le vol organisé

Paul VI, qui ne faisait pas mystère de l'asphyxie provoquée par les fumées de Satan au cœur de l'Église, se vit contraint, au début de l'année 1974, de former une commission restreinte en apparence chargée d'étudier la réorganisation de la curie ; en fait, il lui donna pour mission secrète de scruter les pourritures qui bouillaient dans la marmite.

Pour la présider, il désigna un prélat canadien aussi franc que droit et sincère, l'archevêque Edoard Gagnon, qui se vit attribuer pour secrétaire un monseigneur allemand, Istvan Mester, chef de la Congrégation pour le clergé. Ils firent le tour de tous les services de la curie, invitant les employés à exprimer librement leur point de vue sur leurs supérieurs et sur la marche de l'administration.

Mis à l'aise, il en est beaucoup qui s'ouvrirent et s'enhardirent à dénoncer faits et méfaits. Mgr Gagnon passa trois mois à rédiger le volumineux rapport, qui apparut soudain brûlant et périlleux à la maçonnerie du Vatican : il y indiquait les noms et les activités occultes de certains personnages. Il fallait trouver une solution pour que le rapport inquisitorial n'arrive pas jusqu'au pape, à la santé déjà chancelante. Tout cela devait se faire dans la plus grande discrétion. Ainsi concoctèrent-ils un plan qu'ils mirent à exécution : *Nessun dorma!* (« Ne dors pas ! »).

Ayant mis la dernière main aux divers aspects de son difficile travail de synthèse de l'enquête, Mgr Gagnon demanda, par l'intermédiaire de la secrétairerie d'État, à être reçu par Paul VI afin de lui exposer en personne et de vive voix ses réflexions sur certaines déviances au sein du Vatican. Les jours passaient :

toujours pas de réponse. On finit par lui faire savoir que, compte tenu de son caractère ultraconfidentiel, il serait bon que lui, Gagnon, remît son rapport à la Congrégation pour le clergé, où le secrétaire, Mgr Istvan Mester, le rangerait dans une robuste commode à double serrure de son bureau. Sans trop se poser de questions, le brave archevêque obéit aux ordres.

Le lundi matin 2 juin 1974, Mgr Mester, en ouvrant la porte, s'aperçut tout de suite que quelque chose n'allait pas : des feuilles éparpillées par terre, des livres déplacés, des fascicules dérangés. Puis il constata que les serrures de la grosse commode disposée à côté de son bureau étaient fracturées : sur l'étagère manquait la série de dossiers relatifs à l'enquête menée par Mgr Gagnon. Avec deux jours devant eux, le samedi après-midi 31 mai et le dimanche 1er juin, les auteurs du vol avaient pu travailler dans le calme et la discrétion.

Dans un premier temps, tout le monde se sentit tenu par le secret pontifical ; personne ne devait parler de l'incident. Puis furent dûment mis au courant la secrétairerie d'État et Mgr Gagnon qui, sans se laisser troubler, affirma être en mesure de rédiger sans tarder un double du rapport. Pour toute réponse, on l'en dispensa pour l'instant. Peut-être plus tard. Le chef du service de surveillance, Camillo Cibin, fut ensuite chargé d'examiner les lieux, de dresser procès-verbal et de l'adresser à la secrétairerie d'État. Quant au pape, il fut informé du vol : impossible de retrouver le dossier. Le silence le plus absolu aurait dû retomber sur cet incident.

Mais le bruit du vol commença à courir dès le 3 juin, en début d'après-midi : agissant sur ordre de commanditaires, des cambrioleurs auraient forcé un coffre-fort pour essayer de s'emparer des documents. Sans grande conviction, les journalistes prirent acte du démenti du porte-parole du Vatican, le docteur Federico Alessandrini. Les vieux routiers savaient bien que, lorsqu'il s'empressait de dire qu'il n'avait pas connaissance de ce qui se racontait, il y avait toujours anguille sous roche et que, malgré ses démentis, il était au courant de quelque chose. C'est ce qu'on appelle de la restriction mentale. Et, comme ce n'est pas vraiment un mensonge, ce n'est même pas un péché véniel.

La nouvelle fit cependant tache d'huile à tel point que l'*Osservatore Romano,* organe de presse quasi officiel du Saint-Siège [1], fut invité à donner des informations : « Il s'agit bel et bien d'un vol par effraction. Des inconnus se sont introduits dans le bureau d'un prélat et ont subtilisé certains dossiers enfermés dans une robuste commode à double serrure. C'est un vol retentissant. » La loge maçonnique en connaissait les auteurs et les commanditaires, ce qui finit pas faire pas mal de monde.

À l'époque, la situation à la curie était déjà très tendue et la commission de Mgr Gagnon n'avait pas contribué à détendre l'atmosphère. Le patron d'un dicastère avait mis aimablement à la porte les cinq membres de ladite commission tandis qu'un autre cardinal avait déclaré qu'il n'était pas disposé à autoriser une enquête de ce genre auprès du personnel de son dicastère. De toute évidence, le dossier devait donc contenir des jugements et des appréciations sur le personnel, les supérieurs et le comportement de toute la curie. Ce fut donc un vol avec préméditation.

Même si on ne lui avait rien demandé, Gagnon n'en prépara pas moins un autre rapport semblable au précédent ; il demanda à être reçu en audience privée par le pape, chose qui, encore une fois, ne lui fut pas accordée. Il pria alors la secrétairerie d'État de faire parvenir le dossier dans la plus grande discrétion à Paul VI, mais cet autre paquet ne fut pas non plus transmis parce qu'on avait répété au souverain pontife que les documents subtilisés étaient introuvables. Les conjurés de la cour

1. L'*Osservatore Romano* vit le jour en juillet 1861 par la volonté de Pie IX et avec le concours d'illustres catholiques laïques. Depuis toujours, il passe pour être au service de la pensée du pape et des dicastères de la curie romaine. Il est lu dans le monde entier pour ce qu'il dit, mais surtout pour ce qu'il tait.

avaient décidé de laisser le pape dans l'ignorance des intrigues de la curie.

Se voyant ainsi dupé, Mgr Gagnon, estima qu'il en avait désormais fini avec sa mission à Rome. Il prit conseil auprès de personnes sages et intègres et décida de retourner au Canada, où il avait déjà préparé sa retraite. Mais le pape Wojtyla, ayant eu connaissance de la droiture du personnage, le rappela à Rome et le fit cardinal afin de profiter de ses conseils pour dissiper l'atmosphère délétère du Vatican tout imbibée de dioxine satanique.

« Je le redis maintenant en pleurant ; beaucoup parmi vous se conduisent en ennemis de la croix du Christ [1]. »

1. Épître aux Philippiens 3, 18.

6

Le Vatican, berceau du pouvoir

Lors du dernier consistoire du XXe siècle, conférant la barrette et l'anneau aux vingt nouveaux cardinaux qu'il avait créés, Jean-Paul II leur demanda devant le monde de l'aider à diriger la barque de saint Pierre, conscient de perdre progressivement le peu de forces qu'il lui restait pour la gouverner. Le Saint-Père ne pouvait faire autrement que de se fier à ses collaborateurs, lesquels, précisément pour cette raison, en ont profité.

Par un étrange hasard, leur investiture coïncidait avec le carnaval de Viareggio, le 22 février 1998, où défilèrent d'énormes masques de carton-pâte, caricatures de personnages sous les feux de la rampe. Le cinquième pouvoir, celui de l'information et de la communication, doué du don d'ubiquité, retransmit indifféremment sur le petit écran les visages ridicules des chars allégoriques en même temps que les visages souriants des cardinaux satisfaits et heureux, anciens ou nouveaux, en train de se congratuler.

Dans son discours, le souverain pontife exhorta en douce tous les cardinaux et dignitaires de la curie à se convertir, puisque l'Église actuelle n'a que faire de personnages allégoriques qui tournent à longueur d'année, triomphants, comme des masques horriblement coûteux, violets à l'extérieur, mais vides et sombres à l'intérieur. « Le théâtre et la vie ne sont pas la même chose », rappellent les *pagliacci* (bouffons). À quoi Dante fait écho : « Et lui à moi : ô, sottes créatures, qu'elle n'est pas l'ignorance qui vous offense [1] ! »

Un curé romain, franc et coquin à la fois, a mis de côté un petit pécule afin de s'en aller vers des rivages plus sûrs au premier soupçon de persécution, parce qu'il ne se croit pas appelé à défendre l'Église jusqu'à verser son sang, au lieu et place des cardinaux et prélats de la curie, que leur pourpre devrait disposer à ce genre de témoignage.

Le plus grand pape à venir sera celui qui aura la témérité d'éliminer de l'atelier de l'Église tous les mannequins pourprés qui embellissent aujourd'hui la salle du collège cardinalice. Pourvu qu'il soit prudent, vu la probabilité que Satan ne le brise avant ceux du collège, avec certains desquels il s'entend fort bien.

Si l'on en croit le dicton anglais, les fils du milieu, entre les premiers et les derniers, pleurent plus longuement que les autres frères pour obtenir davantage. C'est une gestion clientéliste en bonne et due forme, que le pape connaît à fond, mais il n'a pas le courage de manier le fouet pour chasser les intrigants de la curie. Il a compris que le jeu échappe de ses mains tremblantes et il manque de poigne pour écarter ceux qu'il a lui-même investis d'une telle puissance. En bon sournois, tant il les connaît à fond, il feint de les estimer pour ce qu'ils ne sont pas.

« Mais que puis-je faire ? confiait Jean-Paul II à un Polonais qui passe pour l'un de ses proches. Les incriminés sont trop nombreux et trop haut placés ; je ne peux tous les évincer en un aussi bref laps de temps. La presse en ferait ses choux gras. »

Eh oui ! L'Histoire peut attendre. En attendant, l'essentiel est de ne pas défrayer la chronique.

Le pape Wojtyla peut lire dans l'annuaire pontifical les noms et prénoms de cette faction de cardinaux et prélats intrigants qui sont omniprésents dans tous les dicastères de la curie : Achille

1. Dante, *L'Enfer,* VII, v. 70-71. *(N.d.T.)*

Silvestrini, Pio Laghi, Vincenzo Fagiolo, Luigi Poggi, Carlo Furno, Gilberto Agustoni, Dino Monduzzi, Giorgio Mejia, etc. Compte tenu de ces pratiques et de ces compromis, l'actuelle brochette d'éminences et d'excellences compte en son sein des éléments aussi peu cultivés que spirituellement médiocres.

D'accord, disent certains vaticanologues, mais tous ceux-ci ont été choisis et faits cardinaux et évêques par le souverain pontife actuel au cours de son long règne de plus de vingt ans : il eût été plus simple de ne pas les désigner hier plutôt que de les dépouiller aujourd'hui ! L'avertissement de sainte Catherine de Sienne (1347-1380) à son doux Christ sur terre vaut pour tous les papes : « J'ai entendu ici que vous avez fait des cardinaux. Je crois que vous honoreriez Dieu en vous appliquant à rendre les hommes toujours vertueux, vous le savez mieux que nous. Le contraire ne peut que susciter la colère de Dieu et la corruption de la Sainte Église. Je prie que vous fassiez avec vigueur tout ce que vous devez faire dans la crainte de Dieu. »

Quand les cardinaux préfets des dicastères sont bien préparés et forts, le pape peut s'offrir le luxe d'être faible. Quand, au contraire, les chefs des dicastères sont faibles, mesquins et combinards, il est nécessaire que le pape soit fort, sans craindre de recourir au remède extrême de la destitution.

Complots insidieux

Chaque fois qu'un nouveau pape est élu, surtout s'il n'est pas de la curie, les malins s'efforcent de repérer les voies d'accès afin de se faufiler jusqu'à lui. Puis ils enseignent au pape à faire montre d'une sainte méfiance apostolique, sauf envers eux, les petites oies blanches !

Les cardinaux de la curie savent s'y prendre. Afin de créer un vide d'autorité au centre, ils incitent le pape, dont ils devinent les points faibles, à se laisser entraîner dans un tourbillon de voyages apostoliques toujours plus nombreux, y attelant en même temps ses deux plus proches collaborateurs, le secrétaire d'État et son substitut, afin qu'eux non plus ne puissent se mêler des affaires de la curie. Ils n'ont de cesse que de l'accabler de rapports sans lien avec la curie, pour se réserver la gestion des affaires internes, et diriger ainsi l'Église à sa place.

Les rencontres entre les foules et le pape se déroulent toujours de la même manière : des millions de jeunes qui dansent, des VIP sous les feux de la rampe, et des musiques célèbres et épouvantables. Oh, l'extase que procure de tout temps la vue des foules océaniques, des parades sur les places, des trophées qui ravissent ceux qui les préparent et le personnage acclamé à son passage ! Tous les régimes s'en servent pour justifier même les pires excès. Les exemples des dix ans passés sont encore tout frais : comment oublier ces leçons brûlantes ?

Au retour, donc, tout désorientés par leur tour de force, étourdis par ce bain de foule, les oreilles pleines des hosannas des peuples en liesse, il leur est matériellement impossible de découvrir les intrigues de cour, dont ils se doutent certes, mais qui paraissent négligeables en comparaison de l'apothéose des masses en délire. Qu'importent leurs abus : que la curie s'en débrouille, je vais à l'Église du peuple.

Ce n'est pas le vrai visage de l'Église du Christ, cet attroupement, ces défilés par classes d'âge qui envahissent les places à longueur d'année : journée des enfants, des jeunes, des malades, des ouvriers (mais pas des chômeurs), des familles, etc. Ce n'est qu'un maquillage de façade qui masque les rides de la désintégration.

En attendant, les pasteurs sont choisis dans ce fatras. « Même si Dieu veille sur ton troupeau, confie-le à un berger attentif », dit un proverbe rwandais. Mettant à profit le vide d'autorité, la curie prépare pour le pape des piles de dossiers autour des projets et des propositions les plus incroyables. Lequel, de retour avec sa suite, auréolé de gloire mais fourbu et distrait, parafe sans se rendre compte des complots insidieux. Tous savent que le vieux pontife est incapable de jeter ne serait-ce qu'un coup d'œil aux seuls noms qui apparaissent sur le résumé du résumé du dossier.

Cette politique convient au prince des ténèbres. Elle lui facilite la tâche, tandis qu'il soumet à la tentation le Christ mystique : « Il lui montre tous les royaumes du monde avec leur gloire et lui dit : " Tout cela je te le donnerai si tu te prosternes et m'adores [1]. " »

*

Voulant rompre avec le style de Pie XI et de Pie XII, le concile Vatican II a mis en avant la collégialité de tous les évêques et du pape dans le gouvernement de l'Église en vertu du principe de subsidiarité. Paul VI, pressé de tous côtés, institua donc en 1965 le « Synode des évêques », qui se réunit de temps à autre pour aider le pontife à régler les questions inhérentes à la défense de la foi, de la moralité et de la vie humaine, mais aussi à appréhender la manière dont l'Église s'inscrit dans le monde.

Le synode n'a pas autorité pour promulguer de lois sans l'aval du pape lui-même. Mais les évêques le considèrent comme une muselière contraignante qui bride tant le secrétaire général lui-même, le cardinal Jan Pieter Schotte (dont la poigne de fer et les vues œcuméniques font un *papabile*), que l'épiscopat mondial. Le pape ne saurait interdire aux évêques d'avoir leur mot à dire quant aux choix de la curie, et par-dessus tout de la secrétairerie d'État elle-même.

Le principe de subsidiarité étant insuffisamment appliqué jusqu'ici, le bon cardinal Schotte, considéré comme l'homme de la situation, fait tout pour donner un peu de liberté au collège des évêques : régence et responsabilité égales des apôtres autour du Seigneur Jésus-Christ qui, étant aussi Sagesse infinie et n'ayant donc nul besoin de conseils, les invite cependant à faire

1. Matthieu 4, 8-9.

part de leurs lumières pour la construction du royaume des cieux. Et cela, même s'il lui arrive de les réprimander : « Vous ne savez pas ce que vous demandez ! »

Plus d'un évêque piaffe de se voir soumis à tant de contraintes. Ainsi, l'archevêque de San Francisco, Mgr John Raphael Quinn, démissionna à soixante-huit ans et, tout en protestant de sa fidélité au pape, mit courageusement en cause la curie et sa suprématie absolue. Mgr Quinn invitait le pape et la curie à reconsidérer leur manière d'exercer leur autorité, qui ne convient plus au prochain millénaire.

D'après Vatican II, le vrai concept de collégialité ne doit pas s'exercer *sous* l'autorité de Pierre, mais *avec* Pierre. Faute de s'en remettre à l'Esprit Saint, plus qu'un modèle de discernement, l'épiscopat est un modèle de contrôle inquisitorial. Cela suppose donc une réforme des structures, en particulier dans les relations entre le pape, le collège des évêques et le système actuel de la curie. Personne ne conteste au souverain pontife le droit d'enseigner de la façon et au moment qu'il juge opportuns : toute la question est de savoir dans quelles circonstances il doit user avec prudence de ce droit.

Le cardinal Newman [1] insistait sur les aspects doctrinaux de l'exercice de la primauté, mais se souciait trop peu de la prudence nécessaire à son accomplissement. Et Mgr Quinn considère que les évêques du monde entier ne se sentent pas libres de faire parvenir au synode de Rome leurs propositions sur certaines questions, au sujet desquelles ils aiment être consultés, comme le divorce, le remariage, l'administration des sacrements aux divorcés et l'absolution générale.

En conséquence, dans l'Église, les questions les plus graves ne sont pas réellement mises sur le tapis ni offertes à l'appréciation et à la discussion libre et collégiale des juges et docteurs de la foi, les évêques. Ce résidu de mentalité médiévale qui règne au Vatican passe pour être le principal obstacle à l'ouverture

1. Homme d'Église et écrivain anglais du XIXe siècle.

d'un dialogue confiant sur l'œcuménisme. Beaucoup d'orthodoxes et de nombreux autres chrétiens demeurent réticents à une pleine communion avec le Saint-Siège, moins en raison de certaines questions doctrinales et historiques qu'à cause de la manière dont la curie leur apparaît : une instance plus encline à contrôler qu'à partager.

Le bien suprême de l'Église n'est pas dans le contrôle d'un modèle politique. La vraie question de la primauté et de la collégialité se trouve dans la réponse à cette interrogation : *Qu'est-ce que Dieu a voulu pour Pierre ?* Pour trouver la réponse théologique juste, il faut donc organiser un nouveau concile où, avec les autres fidèles du Christ, dans un dialogue œcuménique fraternel, nous irons à la recherche de cette réponse courageuse.

*

Le pouvoir, en lui-même, est innocent. C'est confronté aux intérêts particuliers qu'il corrompt. Le milieu dans lequel il évolue lui donne une forme artificielle, sous le masque de l'honnêteté. L'homme, laïc ou ecclésiastique, avec son amour, ses passions, ses goûts, ses opinions, son courage, son artifice, sa spontanéité, devient l'expression du milieu, dont le pouvoir porte la marque. C'est donc le milieu qui détermine et conditionne le comportement psychologique de ceux qui s'habituent à vivre dans ce cadre.

Le système, l'idéologie et l'appareil bureaucratique exproprient la personne de sa conscience, de sa raison autonome, de sa langue et, donc, de son humanité, pour la revêtir de la tunique pesante de la conformité. Ainsi achevé, le mannequin peut être exposé en vitrine. Les systèmes exercent la domination absolue d'un pouvoir hypertrophié, impersonnel, qui se fonde sur un mensonge idéologique, capable de légitimer tout et n'importe quoi sans jamais toucher à la vérité – un pouvoir que personne ne détient parce que, au contraire, c'est lui qui les possède et les conditionne tous.

Dans pareil contexte, la moindre dissension est folie. Qui a le courage de dire son désaccord le fait à ses risques et périls, et sait qu'il peut compromettre sa carrière. Pour les autres, il devient un insubordonné qui sème la pagaille ; il est marginalisé, mis sur la touche, expulsé.

La secrétairerie d'État est le berceau du pouvoir, l'endroit où, jusqu'à aujourd'hui, celui-ci se trouve et se développe dans l'Église vaticane. Pour rester telle, la secrétairerie dresse ses éléments, toujours choisis par des appuis et des recommandations, et qui sont voués dès le départ à devenir au moins les représentants du pape auprès des gouvernements des pays qui entretiennent des relations diplomatiques avec le siège apostolique. La secrétairerie est un magnifique générateur d'énergies dont l'un des principaux buts est que rien ne change. L'homme qui détient ce pouvoir, c'est le cardinal secrétaire d'État, flanqué de son adjoint et de ses services, intérieurs et extérieurs.

Tous savent que le pape est le chef de l'Église, mais il ne la gouverne pas personnellement : il doit s'en remettre à l'honnêteté des autres (toujours supposée mais difficile à vérifier). Dans les faits, c'est la secrétairerie d'État qui gouverne, c'est à ses signes qu'obéissent le reste de la curie ainsi que le pape lui-même.

Les dangers et les risques en sont bien connus : autoritarisme, nivellement mécanique, maquillage des apparences, prédominance des intérêts particuliers ou personnels, esprit de clan. Pareille hypertrophie bureaucratique appauvrit la vie sociale et conduit à l'atrophie morale des sujets, ainsi privés de l'occasion de s'exercer aux responsabilités personnelles et de devenir capables de discernement. La franchise et la simplicité ne sont pas de mise.

Les cadets sont formés auprès de l'académie pontificale, curieuse école des « préconisés » où, en plus des langues étrangères, les aspirants apprennent l'élégance et l'arrogance diplomatiques, le charme de la conversation et la désinvolture. Le véritable diplomate de la nonciature s'affirme pleinement lorsqu'il feint d'ignorer ce qu'il sait et fait semblant de connaître ce qu'il ignore. Il doit savoir guetter, écouter aux portes dans les antichambres des puissants amis auprès desquels il est accrédité en profitant de son immunité.

Pas une feuille ne tombe sans que la secrétairerie le veuille. Pratiquement, tous les chefs de dicastère sont non seulement aux ordres du secrétaire d'État et de son adjoint, mais aussi des rampants qui n'ont de cesse que d'essayer de couvrir les tuiles du palais, jetant une ombre fâcheuse sur les dicastères subalternes, ainsi déclassés. En réalité, la curie romaine devrait être placée directement sous l'autorité non pas de la secrétairerie d'État, mais du pape.

Dans la vie diplomatique, au Vatican comme ailleurs, le crédit a beaucoup de poids. À qui est crédité de quelque valeur, beaucoup est accordé. Voici donc que, rehaussant le concept de valeur, il en relève aussi en fin de compte la substance, qui souvent fait défaut.

Structure ultraévangélique, vu que le Christ n'a pas voulu étudier la diplomatie et qu'Il a donné la preuve du contraire au Temple avec un fouet à la main, sans tant de compliments. Le Christ doit Se résoudre à chasser à coups de fouet les marchands du Temple, transformé en repaire de voleurs.

Sa Majesté le Hasard

À la secrétairerie, Mgr Giuseppe Roncalli [1], dépourvu de tout carriérisme, ne jouissait d'aucune considération. Ce simplet, fils de paysans, n'était pas un de ces chefs de cordée jouissant du respect de tous ; il n'avait pas su s'associer à quelque petit cercle de dignitaires capables de s'épauler mutuellement. Et, par un

1. Pape sous le nom de Jean XXIII de 1958 à 1963.

pur hasard, il avait été désigné délégué apostolique pour les quarante mille catholiques de la petite Bulgarie.

Dans la section de la secrétairerie chargée des relations avec les États, l'action de ce délégué apostolique était considérée comme désastreuse. Mgr Roncalli était tenu à l'œil; d'autant que, avec sa bonhomie, il ne se gênait pas pour adapter les directives à la situation sur place. Il s'en tenait à sa ligne de conduite personnelle, fidèle à sa maxime : « Se regarder sans se provoquer, se rencontrer sans se craindre, s'entretenir sans se compromettre. » Ainsi Rome se trouvait devant le fait accompli, l'imprécision manquant souvent de conduire à la catastrophe dans la rigoureuse procédure des rapports diplomatiques avec l'État bulgare et, par la suite, la Turquie.

Plusieurs fois, on lui avait rappelé que, en tant que délégué apostolique en Bulgarie puis en Turquie, il n'était pas accrédité auprès du gouvernement, n'étant qu'un représentant du pape auprès des évêques et des Églises catholiques locales même si, par extension, la diplomatie donnait au délégué apostolique les mêmes droits qu'aux chefs de la diplomatie. Il se voyait donc souvent rappelé au respect des usages diplomatiques. Au lieu de quoi, souvent de sa propre initiative, Mgr Roncalli impliquait le Saint-Siège dans des situations que la secrétairerie d'État jugeait de son seul ressort.

À cette époque, par exemple, il était impensable que le représentant du pape entretienne des rapports familiers avec les chefs des Églises orthodoxes en dehors du strict cadre protocolaire. De but en blanc, sans y réfléchir à deux fois, voici au contraire que le délégué rendait visite à tel ou tel patriarche ou métropolite, les invitant à déjeuner et entretenant des rapports amicaux avec tous ces braves gens.

Sans y être autorisé, Roncalli se rendait dans les ministères pour plaider la cause des pauvres gens de toute confession. Comme il n'avait jamais d'argent sur lui, il disait à son secrétaire : « Donne donc un bon pourboire aux huissiers de ce bureau afin qu'ils nous traitent mieux et nous recommandent à ceux qui doivent nous recevoir ! » Et tout se passait très bien.

Dignitaire d'une déférence absolue et d'une absolue liberté, Roncalli savait qu'il n'était pas bien vu à Rome, mais les ambitions, les aspirations et les honneurs lui étaient tellement étrangers qu'il ne s'en souciait pas et négligeait les apparences, les formalités et les réceptions. Quand il rendait visite à ses supérieurs de la curie, il s'armait de patience. C'était presque toujours l'attaché officiel pour la Bulgarie et la Turquie, qui finissait par le recevoir, s'il insistait : « Ce bavard de Roncalli est là, allez donc voir ce qu'il veut ; s'il veut être reçu, dites qu'il n'y a personne ! » Ce qui n'empêchait pas de lui reconnaître une douceur suprême, une infinie maîtrise de soi, une extrême facilité pour aller au fond de l'esprit mais aussi pour prier.

À la secrétairerie d'État, on attendait l'occasion propice pour le mettre à l'écart, peut être en lui accordant une retraite anticipée à Sotto il Monte [1]. Tout était une question de temps. Le vent soufflait contre lui, mais Roncalli prenait les choses du bon côté : « Qu'importe ? Tant mieux ! » confiait-il à son secrétaire.

À l'époque, le général de Gaulle était à couteaux tirés avec le nonce apostolique, Mgr Valerio Valeri, à propos de trente évêques français qui avaient collaboré avec le régime de Pétain et que, pour cette raison, il voulait voir démis. Naturellement, le Vatican donna pour instruction au nonce de s'y opposer résolument. On était au bord de l'incident diplomatique et de Gaulle avait demandé et obtenu le renvoi de Mgr Valeri auquel, rappelé à Rome, le pape envisageait de donner la pourpre cardinalice.

Le Vatican n'avait pas apprécié le comportement du général de Gaulle et, pour se venger, retardait la désignation du nouveau nonce. La susceptibilité du Général en faisait un vrai casse-tête. Et à la secrétairerie on se demandait quel représentant pourrait bien lui convenir. L'homme de la situation était introuvable. Et

1. Sa ville natale. *(N.d.T.)*

de Gaulle ressentait le retard comme une mesure de rétorsion, une couleuvre qu'il ne pouvait se résoudre à avaler.

Un jour, de Gaulle reçut les lettres de créance de l'ambassadeur de Turquie. Quand ils en eurent fini avec le protocole officiel, il s'entretint en tête à tête avec lui. La conversation glissa sur les difficultés diplomatiques qu'il rencontrait avec le Saint-Siège. Il avait évidemment trouvé à qui parler. Le gouvernement turc avait ses propres soucis avec le Vatican.

De Gaulle tendit l'oreille et lui demanda :

« Mais alors, comment vous y prenez-vous ? »

Et le diplomate turc de répondre :

« Mon gouvernement tranche au cas par cas, suivant la personne qui représente le Saint-Siège. Par exemple, le délégué apostolique que nous avons aujourd'hui est l'un des meilleurs que nous ayons connus, Mgr Roncalli : bon, humain, disponible, mais aussi un vieux renard comme tous les prêtres. »

De Gaulle en prit bonne note. Il se fit raconter d'autres anecdotes, et mit fin à l'audience. Deux heures après, Paris adressait un message chiffré au Vatican, laissant entendre que le gouvernement français se réjouirait de la venue du délégué apostolique de Turquie s'il venait au Vatican l'idée de le nommer à Paris.

Mgr Domenico Tardini, de la section des rapports avec les États extérieurs, avait une impression personnelle entièrement négative de ce délégué brouillon et bavard, et il fut stupéfié par la proposition de Paris. Étant donné les rapports tendus avec la France, Mgr Roncalli ne pourrait être à la hauteur d'une situation face à laquelle les diplomates plus habiles avaient fait chou blanc. Il décida de faire traîner les choses.

On était dans les premiers jours de décembre 1944, peu de temps avant Noël. De Gaulle devait recevoir les vœux du corps diplomatique, qui devaient être offerts par le doyen du corps diplomatique, le nonce apostolique, non encore désigné. À défaut, il serait remplacé par le vice-doyen qui, par un étrange hasard, était l'ambassadeur soviétique, ce qui était inacceptable par de Gaulle. À l'époque, les formes étaient essentielles.

De Gaulle le fit savoir au Vatican, afin qu'il régularise la situation. Il n'y avait pas une minute à perdre. Tardini adressa un message chiffré à Mgr Roncalli, alors à Istanbul, le priant de se rendre en toute hâte à Rome, puis de rejoindre la nonciature apostolique de Paris, en qualité de nonce. Roncalli, auquel on prédisait de tous les côtés sa mise à l'écart de la diplomatie, pensa aussitôt à une plaisanterie de mauvais goût ; dans son ingénuité, il répondit candidement qu'il avait bien ri de la plaisanterie et qu'il saisissait l'occasion pour souhaiter à son supérieur de joyeuses fêtes de Noël et une heureuse nouvelle année. (L'ingénu est parfois le plus raffiné des provocateurs.) Mgr Tardini dut cette fois se montrer plus explicite : il s'empressa de lui dire que l'affaire était on ne peut plus sérieuse et qu'il devait venir de toute urgence, avant Noël.

Pie XII lui recommanda de faire très attention à ce qu'il allait dire en présentant ses vœux, le jour de l'an ; et il lui suggéra de soumettre préalablement son discours à la secrétairerie d'État. Mgr Roncalli promit de faire de son mieux, mais le temps lui manquait pour mettre ses idées au clair.

À Paris, l'une des premières obligations de Roncalli fut de rendre visite au vice-doyen, l'ambassadeur soviétique, qui l'invita à dîner. Entre deux portes, entre deux verres, entre chien et loup, les relations devinrent soudain amicales et fraternelles. Mgr Roncalli saisit la balle au bond et demanda à brûle-pourpoint à son nouvel ami :

« Monsieur l'ambassadeur, qu'auriez-vous dit dans vos vœux si je n'étais pas arrivé ? »

Qu'à cela ne tienne. Le vice-doyen remit son texte dactylographié entre les mains du nouveau doyen ; celui-ci le coupa, le remania et, avec l'ardeur du néophyte, le prononça en présence du général de Gaulle et de tous les membres du corps diplomatique, éblouis de le voir aborder les points saillants avec toute la finesse d'un diplomate chevronné. Le diplomate soviétique riait sous cape.

Comme de Gaulle était satisfait, les trente évêques pétainistes ne furent pas défenestrés. Avec la France gaulliste, le climat fut dorénavant à la conciliation. Dans toutes les circonstances délicates, le nonce Roncalli jouait les intermédiaires entre le Saint-Siège, la France et tous les pays au-delà du rideau de fer, dont les problèmes politiques trouvaient une solution grâce à l'intervention du brave nonce, toujours souriant et estimé en Europe de l'Est.

Quand l'heure vint de le remplacer en 1956, pour cause de limite d'âge, Pie XII le fit cardinal et patriarche de Venise, où il aurait dû finir ses jours : une carrière à laquelle lui-même n'avait jamais songé. À la curie, tout le monde opinait : il peut être content de ce qu'il a obtenu ! Et sans rien demander, par-dessus le marché ! Enfin, il avait le vent en poupe !

À la mort de Pie XII s'ouvrit l'éventail des candidatures : le patriarche de Venise figurait à la dernière place, en dernier recours. Compte tenu de son âge – soixante-seize ans –, il ne pouvait être qu'un pape de transition. En tête de liste semblait figurer le patriarche arménien, le cardinal Gregorio Agagianian, grande et belle figure de pasteur et d'ascète qui, originaire de l'Orient, avait passé une bonne partie de sa vie en contact avec l'Occident auprès de la curie romaine, dont il connaissait les us et coutumes. Mais tous savaient que qui est donné pape quand il entre en conclave en ressort cardinal.

Le Sacré Collège jugea donc plus opportun d'élire un cardinal âgé, qui ne ferait pas trop de casse et laisserait à son successeur cette remise à jour dont l'Église avait un urgent besoin. Giuseppe Roncalli fut ainsi élu au troisième tour de scrutin ; il prit un nom auquel personne ne s'attendait, Jean XXIII. Mgr Domenico Tardini, qui le tenait en piètre estime et le retrouvait pape, s'attendait à être démis, au lieu de quoi Roncalli le créa cardinal et en fit son secrétaire d'État.

Dès ses premières apparitions, Jean XXIII se révéla au monde comme le vrai prophète qu'il était, enraciné dans son époque.

Stimulé, illuminé et nourri par les richesses historiques du passé, il prépara et inaugura le concile Vatican II, dont il prévit les ouvertures et les réalisations.

Dans ce monde misérable, Sa Majesté le *Hasard* fait les trois quarts du travail, constatait Frédéric le Grand dans une lettre à Voltaire. En l'occurrence, cependant, c'est le Seigneur qui en fit les quatre quarts pour Roncalli.

Le linge du passé

Deux monseigneurs unis par de grands liens d'amitié – un Italien et un Américain – travaillaient à la secrétairerie d'État dans le même bureau, et en parfait accord. Au début des années soixante, ils achetèrent un appartement et décidèrent d'y habiter ensemble, toujours en parfait accord, avec la même bonne de curé.

Or, le monseigneur américain s'était mis à consommer des drogues douces, puis avait glissé vers les drogues dures. Son ami italien cherchait à l'en dissuader et le tenait à l'œil. Mais, en ce domaine, promettre est une chose, arrêter en est une autre. De plus en plus souvent, il retrouvait le prélat américain prostré et le faisait raccompagner chez lui ; d'autres fois, on le découvrait évanoui et on le transportait aux urgences, où l'ami italien se rendait en toute hâte pour le faire placer incognito dans une clinique privée.

Au bureau, l'ami italien expliquait qu'il était rentré chez lui, parce que l'un de ses parents était malade ; aux connaissances du palais, il disait qu'il était à l'extérieur, en mission secrète ; et ainsi allaient les choses dans la plus grande discrétion.

Le matin, quand le monseigneur italien allait dire la messe dans un établissement religieux, l'Américain restait à la maison pour la célébrer sur place. Souvent, l'effet des drogues ne s'était pas encore dissipé, et cette liturgie domestique devenait plus pénible encore que pour lui à ceux qui y assistaient : dans un demi-sommeil pesant, il éructait et pétait, sautait souvent les moments les plus sacrés et parfois même la consécration.

Malgré certaines lettres « d'amour » écrites par le prélat américain à une amie et parues dans la presse, car son nom figurait dans le livre blanc du bureau du personnel, le puissant monseigneur italien sut si bien plaider sa cause et celle de son ami qu'ils furent tous deux faits nonces et se virent attribuer des postes fort prestigieux. À la mort du monseigneur italien, l'ami américain jouissait encore honorablement d'une retraite d'ambassadeur.

À la secrétairerie d'État, le passé des nonces est lavé à la machine pour le rendre immaculé et blanc. Impossible de trouver plus blanc ! Une blancheur pareille à celle de l'étole baptismale. Et quand la crasse ne s'en va pas totalement, on se garde bien de le crier sur les toits. Tout est propre.

7

Le dicastère où s'accrochent les évêques

Après Vatican II, la curie a pris les habits de l'internationalisme, comme si c'était une découverte toute nouvelle. En d'autres temps, elle se déclarait xénophile. Elle a toujours été internationale, au sommet comme à la base, c'est-à-dire catholique. À cela près que les Italiens, larges d'esprit et cosmopolites, tout comme les étrangers, partaient du bas de l'échelle.

De nos jours, cependant, les étrangers n'ont plus envie de faire ce parcours du combattant; ils brûlent les étapes et aspirent à des postes de prestige et de commandement; dénués d'expérience, ils laissent le soin de débrouiller les affaires aux quatre-vingts pour cent de saints et d'excellents fonctionnaires anonymes dont il a été question au début de ces pages et que Jean-Paul Ier définissait comme « l'indispensable instrument de l'horloge qui indique l'heure juste dans l'histoire de l'Église ». Le remède s'avère pire que le mal.

Pour commander, les nouveaux supérieurs étrangers, et notamment les Polonais, se laissent manœuvrer par les monseigneurs qui leur servent de secrétaires ou de factotums et qui agissent en toute liberté, l'habituel royaume des vassaux aux ordres des hobereaux mitrés qui arrivent aux postes de commandement presque toujours impréparés et sclérosés. Ainsi, le dernier laquais venu use et abuse de son supérieur, y compris dans des domaines d'importance capitale, pour les promotions comme pour les radiations.

Tous savent que l'Église est l'Église du Christ, mais Dieu la loue aux courageux. Or voici que les arrivistes se montrent prompts à prendre un bail emphytéotique pour la façonner à leur manière, leur vie durant.

Excellents, excellences et larrons

Après la secrétairerie d'État, le dicastère clé de la curie, fief absolu du cardinal Sebastiano Baggio, c'est la congrégation qui fait nommer les évêques par le pape – si l'on peut dire, étant donné que le souverain pontife paraphe uniquement le premier nom du trio des candidats éligibles et que tout a déjà été arrangé par les chefs de cordée. C'est donc un dicastère d'une importance capitale, un point stratégique au sein de l'Église, surtout aujourd'hui que, avec le synode des évêques, il tend à soustraire au pape une bonne partie de son pouvoir.

Compte tenu de la méthode en vigueur, les promus, pour accéder à l'épiscopat, peuvent se classer en trois catégories :

1) Les *excellents* : titre réservé aux personnalités ecclésiastiques qui se distinguent vraiment par la sainteté de leur vie, la qualité de leurs études et de leur ministère pastoral ; prêtres à la hauteur de l'épiscopat, bardés de diplômes diocésains et curiaux, considérés comme dépassant leurs supérieurs de médiocre stature ; hommes qui passent pour saints bien qu'ils soient tenus à l'écart ; ou qui ont refusé la nomination parce qu'ils ne s'estimaient pas à la hauteur.

2) Les *excellences*, c'est-à-dire les dignitaires qui se retrouvent évêques sans avoir rien fait pour l'être. La liste en est très courte. Nombre de ceux-ci ont même la modestie de ne pas se croire à la hauteur de la tâche qui leur a été confiée.

3) Et, pour finir, la longue liste des *excellarrons* : mérite acquis par ceux qui n'ont pas hésité à employer des moyens

douteux pour se procurer la dignité ecclésiastique, à coups d'échanges de bons procédés : attentions amicales envers qui a le vent en poupe, cadeaux intéressés aux prélats, clins d'œil et prestations en tout genre, croix d'or à chaque anniversaire et même, le cas échéant, aux amis influents de l'ami. Bouffis d'orgueil, ils sont fiers d'y être arrivés, à n'importe quel prix et peu importe comment. Même à grand renfort de fourgons bourrés de provisions pour l'intercession de Padre Pio afin d'obtenir la promotion convoitée, telle une pluie bénéfique, fût-ce avec beaucoup de retard.

Les excellences et les éminences sont des excroissances buboniques sur le séculaire arbre dépouillé de la véritable Église du Christ. Quand ils disent n'avoir rien fait pour obtenir une promotion, l'auditeur ne peut s'empêcher de penser que d'autres, donc, peuvent user de subterfuges et font toujours quelque chose pour y parvenir. La nomination épiscopale n'est inattendue, n'arrive inopinément, que pour eux, et ils ne l'acceptent que pour se soumettre à la volonté de Dieu ; mais, à force d'embrouilles et de subterfuges, il est exclu qu'elle ne soit que frauduleusement permissive.

En même temps, le dignitaire qui décide des promotions se donne du mal pour convaincre que, lui, « secoue les mains pour ne pas accepter un présent [1] » : toutefois, il n'a pas grand mérite, murmurent ceux qui le connaissent bien. De toute évidence, ce sont là les paradoxes du milieu, où les faits suivent et confirment les préjugés des mal-pensants.

Depuis la fin du concile, bien rares sont ceux qui ont été récompensés pour leurs vraies valeurs, leur mérite personnel : la majorité ont été promus à la suite de combines criantes et de prestations en tout genre.

1. Isaïe 33, 15.

Mitres sans tête

Avant Vatican II, le creuset naturel de la gestation et de la naissance d'un évêque était la congrégation des évêques, épaulée, en ce qui concerne les pays de mission, par le dicastère pour la propagation de la foi. Les Églises d'Orient ont un autre système, qui n'est pas exempt non plus d'embrouilles et de connivences.

Depuis Vatican II, le « polissage » des candidats à l'épiscopat se déroule en deux temps et sur deux niveaux consécutifs : d'abord dans les conférences épiscopales, nationales ou régionales, en accord avec le jugement du nonce apostolique du pays ; après quoi le dossier est transmis au dicastère compétent à Rome, qui vérifie que rien de grave ne s'oppose à la nomination de l'un des trois candidats, avant de soumettre la liste à l'approbation du souverain pontife.

Les faiblesses de cette procédure postconciliaire apparaissent désormais clairement, de même que les possibles obreptions, subreptions et subornations, c'est-à-dire le fait de dénaturer ou de taire la vérité sur le candidat que l'on veut ou non promouvoir. Il est nécessaire de mieux délimiter et contrôler les interférences.

Dans ce nouveau cadre, le jeu des responsabilités entre la conférence épiscopale, le nonce et le dicastère romain s'agence souvent avec beaucoup de finesse. Face à certains épiscopats nationaux jaloux de leur indépendance et sûrs de chacun de leurs choix, les nonces se résolvent à s'en laver les mains pour ne pas gâcher le reste de leur carrière, précisément au cas où la vérité sur tel candidat se révélerait différente de ce qu'en disent les évêques.

Depuis une trentaine d'années, l'Église s'efforce de choisir les évêques qui en valent la peine, avec nombre de mitres en circulation sans tête, prolongement du vide et masque de la présomption sous-jacente ; dans le même temps, elle met aux oubliettes quantité de têtes sans mitre.

La question de la nomination des évêques demande à être revue et perfectionnée car elle concerne l'Église entière et pas uniquement à la hiérarchie. Seul est de droit divin le fait de donner un évêque à chaque Église locale ; la manière de choisir les évêques relève du droit ecclésiastique et humain, qui au fil des siècles a revêtu des formes juridiques diverses. Jusqu'en 1829, la politique du Saint-Siège consistait à laisser la nomination de l'évêque du diocèse vacant aux évêques de la région environnante. À la mort de Léon XII (1823-1829), vingt-quatre seulement des six cent quarante-six évêques diocésains étaient directement nommés par le Saint-Siège, hors de l'État pontifical ; et ces nominations directes étaient dues pour la plupart aux difficultés de certaines nations comme l'Albanie, la Grèce et la Russie.

À l'heure actuelle, le pape n'est sollicité qu'en bout de course, juste pour désigner l'élu, qui est presque toujours le premier candidat figurant sur la liste. Sur la fiche, le candidat est présenté sous le jour le plus avantageux, même si en réalité il est loin du compte. Comme on l'a vu, les dossiers transmis au pape sont d'une telle épaisseur qu'il n'a pas matériellement le temps d'en examiner ne serait-ce que les têtes de chapitre. Obligé de faire confiance, il se contente d'apposer sa signature et la date : ainsi le souverain pontife est-il censé avoir approuvé la nomination. C'est en tout cas trop peu pour s'assurer que l'élu est au moins à la hauteur de la mission qu'il désire se voir confier, dans son diocèse ou auprès de la curie. A fortiori, pour vérifier si le promu fait ou non partie d'une loge maçonnique, par exemple.

On ne saurait dire que le pape décide. Cette procédure ne peut satisfaire que les malins qui s'en servent afin d'imposer le codicille dogmatique attaché à l'infaillibilité du pape. Comment le pape pourrait-il contrôler efficacement, ne serait-ce que de loin, les cinq mille nominations d'évêques ? Il n'a pas le choix. Ainsi se constituent des concentrations de pouvoir malsaines au sein d'un appareil centralisé et hypertrophié, dirigé par un clan de prélats qui souvent ne comptent pas parmi les meilleurs. Dès lors, l'information est crédible quand elle est autorisée, au-dessus des intérêts particuliers, non tendancieuse ; autrement, elle confine à l'escroquerie et à la corruption.

Pie XI était la terreur de Mussolini. Pour la nomination des évêques, il se renseignait à d'autres sources avant de donner son accord. À un éminentissisme qui ne cessait de vanter les grandes qualités de son protégé qu'il voulait évêque à tout prix, ce pape à poigne dit, avec malice et courage : « Monsieur le cardinal, il n'y aurait rien à reprocher à ce candidat, si celui qui le défend n'était aussi intéressé que Votre Éminence ! »

Avant Vatican II, le dicastère avait assez de hauteur pour se placer au-dessus de la mêlée et réussir à trouver des personnalités et des sujets qualifiés pour les diverses missions à accomplir au sein de l'Église. D'excellentes personnalités étaient ainsi destinées à diriger les diocèses et la curie.

Au cours de la dernière décennie, on a observé un renversement de tendance. Par un heureux néologisme, le « recentrage », l'épiscopat français a proposé dès 1984 de revenir soit à la centralité de Rome, soit à celle de l'évêque et de son diocèse. Désormais, égoïstement, on ne veut pas voir plus loin que son domaine territorial ; chaque conférence épiscopale, souvent régionale – comme en Italie, en Espagne, en France et en Amérique latine –, met en avant ses préférences, appartenant presque toujours au bouquet de ses préférés.

La majeure partie des choix se révèle presque toujours intéressée et concurrentielle. Comment feindre d'ignorer que le secrétaire et chauffeur de l'évêque diocésain a de bien meilleures chances de bénéficier d'une promotion à l'épiscopat ? Et, en règle générale, il y a toujours un jeune prêtre ambitieux prêt à s'offrir à l'évêque pour lui servir de chauffeur, secrétaire et homme à tout faire, dans l'espoir d'une future reconnaissance de ses bons et loyaux services.

Dans les conférences épiscopales, assemblées aussi hétérogènes qu'hétéroclites, les évêques présents tentent de contester les candidats, de crainte de se retrouver minoritaires. Quand on passe au vote, ce n'est qu'une pure formalité. On vote pour l'heureux élu, que la plupart ne connaissent pas, parce qu'on fait confiance à l'évêque qui le propose et parce qu'il est sous-entendu que celui-ci en fera de même pour les autres.

Le tri des candidats s'opère donc quasi fiduciairement, *in verbo tuo* : ce ne sont pas les hommes dignes, les hommes saints, mais les assoiffés de réussite et de pouvoir qui se retrouvent en position de monter en grade. Un homme cultivé et saint passera difficilement ce genre de compromis avec son évêque, même s'il sait qu'en ne le faisant pas, ses chances de promotion sont minimes, sinon nulles.

Quand l'évêque use et abuse des services d'un tel prêtre à tout faire, ledit serviteur finit par parvenir à conditionner son supérieur au service de ses fins préméditées. Après dix ou quinze ans d'une relation symbiotique intéressée, il n'est plus possible à l'évêque de s'en défaire sans témoigner sa reconnaissance par une récompense adéquate. Au cas où il ferait celui qui ne comprend pas, le prestataire de services ne manquerait pas de le lui rappeler, d'abord de manière détournée, puis haut et fort.

Au cardinal oublieux qui voulait se séparer de lui, son secrétaire particulier rappela la longue période passée à le servir sans autre récompense, bien maigre, qu'une charge épiscopale. Peut-être le cardinal avait-il essayé, en vain, compte tenu des antécédents de son serviteur ? Quand le pourpré embarrassé lui expliqua qu'il ne fallait pas songer à certaines ambitions, ce dernier lui répondit sans mâcher ses mots que, tardant à se voir nommé évêque puis cardinal, il avait lui-même frôlé l'infarctus à force d'attendre dans l'angoisse ; pour calmer son inquiétude, il l'avait alors exhorté à ne pas perdre patience et à garder confiance dans le pape. En conséquence de quoi il n'était pas vraiment le mieux placé, aujourd'hui, pour lui tenir ce langage.

Mais il arrive parfois que, dans sa froide indifférence, le puissant se défasse de l'instrument qui a cessé de lui servir et, se dispensant de toute obligation de reconnaissance, trouve le moyen de mettre dans son tort celui qui l'a servi jusque-là à une fin bien précise. Situation inversement embarrassante.

*

Avant de se rencontrer le lendemain en conférence, deux évêques eurent cette conversation téléphonique :

« Excellence, vous vous souvenez que la dernière fois vous m'avez demandé de voter pour votre candidat ? Cette fois-ci, je voudrais vous demander de me rendre la pareille au profit de mon brave secrétaire, qui a toutes les qualités requises pour faire un évêque. Depuis une quinzaine d'années, il me sert aussi de chauffeur et je puis témoigner de sa disponibilité inconditionnelle au service de l'Église [*que l'évêque estimait personnifier*]... Votre Excellence peut comprendre que ces prêtres soient aussi récompensés de leur dévouement envers l'évêque. Imaginez un peu, si j'avais dû faire appel à un laïc aussi longtemps ! Autant d'épargné pour le diocèse. »

Et le témoin de cette conversation téléphonique de conclure :

« Tout service a son prix. »

C'est un jeu d'agiotage et de recyclage de voix auquel se livrent les évêques avant même de se retrouver au siège de la conférence épiscopale pour compter les points du favori ; lorsque l'affaire se présente mal, on se désiste pour le reproposer à une autre occasion plus propice. Certaines conférences épiscopales en la matière sont souvent arrangées d'avance et hâtives. Dans les grandes lignes. Encore plus pressantes et déterminantes se révèlent les intrigues de certains religieux disposés à vendre leur âme pour se concilier la curie générale et provinciale, mais aussi tous les appuis possibles et imaginables de chaque secteur, légitime ou non, moral ou non. Certains religieux prêts à tout se jettent la tête la première, sachant bien qu'ils n'ont plus rien à perdre puisqu'ils ont déjà tout perdu.

Les renseignements, on l'a vu, sont habilement utilisés pour amener les francs-tireurs choisis à dire exactement ce que l'on veut. Puis, de ces informations ainsi arrangées, on ne retient que ce qui suffit à promouvoir une candidature ou à lui faire obstacle. Un cocktail de demi-vérités et de demi-mensonges, suffisant pour promouvoir les moins dignes ou, au contraire, éliminer les personnalités et les esprits les plus brillants.

Aucune enquête sérieuse ne se risquerait à combattre la brise diffamatoire des *si* et des *mais,* tant *pour* que *contre.* Rares sont désormais ceux qui croient ces renseignements tendancieux réellement crédibles et fiables. Les informations sur les *episcopabile* sont cuites à l'avance, juste à point, et les observations destinées aux experts en charge du dossier sont transmises par le rapporteur aux autres membres du dicastère ou des conférences épiscopales respectives, qui en prennent acte sans broncher.

Quelle valeur accorder à certains votes arrangés au sein de ces dicastères qui font les évêques ou des conférences épiscopales ? À quoi peut bien tenir leur crédibilité ? Les participants sont-ils conscients des responsabilités qu'ils assument ? Ce sont des questions graves et qui appellent une réponse autorisée, mais aussi adaptée à la gravité de la tâche.

Selon le cardinal Joseph Ratzinger [1], la vérité peut seulement se trouver ; elle ne sort jamais d'un scrutin. Ce serait substituer au pouvoir de la vérité la vérité du pouvoir. L'unanimité des votants ne saurait engendrer ni constituer la vérité : elle n'en devrait être que le témoignage. Ce point étant établi, il s'ensuit qu'il n'appartient pas à une conférence épiscopale de voter sur la vérité de quelque chose, comme si par son vote elle pouvait rendre digne de foi l'invraisemblable.

Dans bien des conférences épiscopales, l'esprit de groupe, peut-être la volonté d'avoir la paix, voire le conformisme,

1. Président de la Congrégation pour la foi.

poussent la majorité à accepter la position d'une minorité entreprenante, bien décidée à aller dans un sens préalablement convenu. La majorité passive se conforme à une unanimité de façade, comme si elle pensait : nous n'avons aucun espoir dans ce que nous votons, mais nous votons en ayant pour critère celui que vous, minorité, espérez. Il est certain qu'il ne viendra jamais à l'idée de cette majorité amorphe de se piquer au jeu des francs-tireurs : il ne lui manquerait plus que de se mettre à dos les puissants, pourtant minoritaires !

Et Ratzinger d'ajouter à propos de cette complicité du silence : « Je connais des évêques qui confessent en privé qu'ils auraient décidé autrement qu'ils ne l'ont fait en conférence s'ils avaient dû choisir par eux-mêmes. En acceptant la loi du groupe, ils se sont épargné la peine de passer pour des " trouble-fête ", des " attardés ", des " esprits étroits "... Il semble magnifique de toujours décider " ensemble ". Mais que de fois cette manière d'agir *ensemble* risque de faire disparaître le " scandale " et la " folie " de l'Évangile, le " sel " et le " levain " aujourd'hui plus que jamais indispensables pour qu'un évêque, investi de responsabilités précises envers l'Église des fidèles, soit l'homme de la situation, à même de résoudre la gravité des crises récurrentes. »

À d'autres occasions, on trouve divers évêques qui partagent les visées de leurs prêtres aux ambitions indomptables, qui pour les favoriser et leur donner un coup de pouce les envoient à Rome dans quelque université pontificale, en vue d'obtenir ensuite une voix supplémentaire pour leur candidat, quand viendra l'heure de le proposer. Mark Twain frappait juste quand il écrivait : « Le chou-fleur n'est jamais qu'un chou banal qui a fait des études à Harvard. » Il est certaines bouteilles vides bouchées à Rome qu'on verra mitrées à la suite d'un vote en conférence tellement secret que tout a déjà été réglé à table ou par téléphone. Chez les promus en puissance comme chez ceux qui proposent, l'appétit, la course, les préférences et les choix, tout va de pair.

Au marché des monseigneurs

Dans un collège romain, trois prêtres indiens, amis à la vie et à la mort, partageaient études et appétits, y compris érotiques ; ils regardaient ensemble des films X et, outre leurs échanges d'amitiés particulières, se retrouvaient dans divers lieux de rencontre. Un coreligionnaire les épia et les suivit, se réservant le droit de jaser sans jamais les dénoncer à qui de droit.

Une fois rentrés dans leurs pays, deux d'entre eux sont devenus aussitôt bébés-évêques auxiliaires, puis diocésains ; le troisième a attendu quelques années de plus. Personne, jusqu'à maintenant, n'a eu quoi que ce soit à redire sur leur conduite pastorale ; on murmure plutôt sur la bienveillance témoignée à de jeunes clercs un peu douteux.

*

Un religieux, atteint d'épiscopite aiguë, se fit nommer administrateur apostolique d'une communauté d'un centaine de catholiques dans un pays musulman. La frénésie frisait le pathologique et la servilité s'accompagnait des largesses de la corruption. Lui-même ne savait plus à quel moment il était sincère ou à quel moment il était faux. Pour afficher sa piété, il commençait à tirer vers le bas sa lèvre inférieure dont les tremblements automatiques laissaient échapper quelques sifflements inarticulés, tandis qu'un rosaire pendillait perpétuellement dans ses mains.

Par six fois, les cardinaux en congrès bloquèrent sa candidature au point de le mettre définitivement hors course. Mais un premier pape mourut, puis un second. Quinze jours après l'élection du nouveau, par quelque subterfuge, le nom dudit religieux fut soumis à l'auguste paraphe sans la liste des trois noms de rigueur. Le pape fut averti du piège, mais ses protecteurs le défendirent bec et ongles au point d'en faire une affaire diplomatique avec le gouvernement du pays concerné.

Une fois évêque, l'air ne lui convenait plus. Il se fit délivrer un certificat indiquant qu'il lui fallait retourner dans quelque diocèse de sa patrie ou dans le sanctuaire pontifical, compte tenu de sa dévotion mariale prononcée. Ils le firent chanoine de Sainte-Marie-Majeure tout en sachant que c'était trop étroit pour lui, qui était l'ascension personnifiée.

À force de tourner et de retourner les choses dans tous les sens, il eut un éclair de génie : se faire le promoteur d'une pétition d'évêques du monde entier à l'adresse du pape pour réclamer la définition du dogme de Marie médiatrice. Il commença à prendre contact avec les présidents des conférences épiscopales et eut un succès relatif. Les interpellés demandèrent l'avis de Rome, qui appela l'intéressé et lui interdit de poursuivre dans cette voie. Tous les vents ne sont pas toujours favorables.

*

Tous les secrétaires particuliers et les responsables des relations publiques du cardinal Achille Silvestrini, maître des grandes ondes vaticanes, ont fait jusque-là une belle carrière : récompensés par la dignité épiscopale et d'autres charges de haut prestige, prélude à mieux encore. L'actuel secrétaire particulier espère en la clémence du protecteur pour y arriver à temps, avant la dormance sacrée, comme disent les botanistes, dont l'éminentissime goûte les effets bénéfiques et relaxants. Le bon Dieu lui a fait d'abord la tête, mais, s'étant rendu compte qu'elle était malvenue, l'a remplacée par des cheveux.

Ses chouchous, se faisant les serviteurs inutiles de Son Éminence, n'ont eu aucun mal à miser sur le cheval gagnant. De fait, ils sont tous évêques, nonces et dignitaires de la curie. L'Esprit Saint leur aura suggéré le bon cheval pour la chevauchée triomphale...

*

Dans les pages ici consacrées aux aigrefins patentés, une allusion s'impose à la promotion d'un secrétaire particulier dudit cardinal Silvestrini qui, en accord avec les autres membres de la petite bande, a manigancé pour arracher au pape le paraphe qui lui valut d'être nommé archevêque pour ses hauts faits de rufian et de courtisan. Audit secrétaire, le cardinal protecteur laissait aussi espérer qu'il le ferait entrer dans quelque dicastère, ne serait-ce que celui de la santé.

On découvrit que le protégé dudit Silvestrini s'était vu décerner un diplôme de jurisprudence pour avoir présenté une thèse qu'il n'avait même pas lue. Cela n'a rien d'une plaisanterie : c'est la sacro-sainte vérité.

Quand le préfet d'un dicastère considère son administration comme son fief, sa chasse gardée, les choix arbitraires et les abus de pouvoir évidents deviennent inattaquables et impunissables. Là encore, la référence à saint Bernard s'impose : « L'impunité engendre la hardiesse, et c'est de la hardiesse que proviennent tous les excès. »

*

Un monseigneur savait qu'en raison de ses aventures amoureuses les évêques de son pays refusaient systématiquement de le proposer à l'épiscopat ; étant à la curie, il savait à quoi s'en tenir. Avec une grande habileté, il jouait sur tous les tableaux avec toupet et sans la moindre retenue, conviant à déjeuner ou à dîner cardinaux, ambassadeurs et hommes politiques. Il invitait ensuite chacun de ses convives à signer son livre d'or afin qu'ils voient qui les avait précédés. À force de persévérer, il parvint à ses fins.

Il arrangea une audience de l'ambassadeur de son pays auprès du Saint-Siège avec le chef de son dicastère, qui savait embobiner la curie et le pape lui-même. Le diplomate lui parla du monseigneur, expliquant qu'il n'était pas bon qu'on le laissât éternellement attendre l'épiscopat. Le pourpré promit à l'ambassadeur qu'il serait nommé évêque sous peu. Et le diplomate s'empressa de le faire savoir au monseigneur pour apaiser ses angoisses.

Lorsque arriva de ce pays la liste des noms des candidats élus évêques, naturellement le nom du monseigneur n'y figurait pas. En l'espace de trois jours, le chef du dicastère mena une campagne d'information burlesque, demandant à trois de ses amis évêques de vanter les mérites de celui qu'il voulait promouvoir. L'un d'eux, qui auparavant l'avait contrecarré, trouva un argument décisif pour lui accorder sa promotion : une fois, le bruit aurait couru que ledit monseigneur avait été nommé évêque dans un diocèse de son pays et les cloches de son village avaient à tort sonné la fête. Sauf que l'anecdote ne pouvait le concerner, vu qu'à l'époque des faits l'intéressé n'était pas encore prêtre. Autant pour le sérieux de l'information !

Le fait est que, nonobstant les réserves sur sa conduite, on créa de toutes pièces un nouvel organe d'investigation et, sans la liste des trois noms de rigueur, le pourpré soumit au pape, en même temps que les trois autres prêtres canoniquement élus, le nom du monseigneur, qui ainsi obtint furtivement l'aval du pape. Mais ce fut un vrai désastre, parce que le nouvel évêque commença à créer de nombreux soucis et tracas à ce protecteur. Une gaffe qui se retournait contre le pourpré par les graves intrigues du nouveau promu. Dernièrement, voyant repoussées ses demandes de transfert dans d'autres archidiocèses importants, l'évêque-catastrophe incitait certains prêtres à signer une pétition pour déplorer le choix du candidat élu au synode et se prononcer en sa faveur. La nomination resta bloquée trois mois, mais il n'y arriva pas. Il ne sera jamais serein, parce que la sérénité naît non pas de la possession, mais du don.

*

À la secrétairerie d'État et dans les dicastères les plus importants rôdait un monseigneur « franco-corsaire », un intrigant qui n'avait pas réussi à décrocher un poste important à la curie. Sa manière de se pavaner dans les bureaux afin de s'assurer des noms des candidats possibles et de leurs secrets pour en référer aux ambassadeurs respectifs et aux responsables gouvernementaux suscitait indignation et méfiance. Il n'en revenait pas moins à l'assaut, faisant intervenir les plus hautes autorités politiques, sollicitées par son frère député de la région.

Finalement, alors qu'il approchait des soixante-dix ans, celui-ci obtint de le faire nommer vice-président du Conseil pontifical pour la famille, à côté du chef du dicastère, en la circonstance affublé du titre de pro-président : autant de circonlocutions en langage chiffré.

Mais voici ce qu'écrivit un ami à ce chef : « La nouvelle de cette collaboration a provoqué l'hilarité dans les palais du Vatican, laissant babas tous ceux qui connaissaient l'élu, à l'égard duquel on ne tarissait pas de louanges en tout genre, toutes bien méritées. Les commentaires confinaient à la stupeur. Sans être perçue comme une blessure, l'idée de le faire vice-président, alors qu'il y a déjà un pro-président, paraît au moins un peu excessive. L'élu a été aussi des nôtres, mais on l'a empêché de faire son nid parmi nous. À en croire certains, sa compétence à cette fonction réside dans le fait qu'il sait se débrouiller au milieu des commérages et des manigances des familles titrées, où il continuera à se pavaner en expert corsaire. L'Église est assimilée à une diligence : qui se trouve sur le siège continuera à en tenir les brides ; les veinards restent enfermés dans la berline ; les vaincus demeurent en rade sur le bord de la route ; et le nocher, le regard fixé sur la ligne d'horizon, ne semble pas se troubler de l'eau qui pénètre dans la cale du navire ; le Seigneur la fera s'écouler. »

*

Un sous-secrétaire cyclothymique, sujet à des sautes d'humeur qui le rendaient tantôt irrésistible, tantôt ennuyeux, était connu au sein de l'administration vaticane et au-dehors pour sa vénalité. Il ne reculait devant aucune forme de corruption, allant jusqu'à faire acheter de fausses icônes russes, payées par le dicastère comme authentiques.

Un ancien curé américain s'était rendu compte des largesses dont profitaient de nombreux prélats de la curie sous forme de gratifications et de récompenses. Il avait passé toute sa vie à se rendre utile en corrompant les monseigneurs de la curie et les prélats de son pays, sans se ménager mais néanmoins sans résultats. Comme les années passaient, il les retranchait de son état civil, histoire de le mettre à jour.

Son arrivée à Rome ressemblait à celle du Père Noël : un manège incessant de visites aux plus influents et d'invitations à déjeuner ou à dîner dans les restaurants les plus chers de la capitale. Jusqu'à ce que l'un d'eux propose sa candidature à la dignité d'évêque nonobstant son âge – soixante-douze ans –, après avoir convaincu les sceptiques qu'un peu d'Esprit Saint ne fait de mal à personne et que cela ne se refuse jamais. En moins de deux, il fut donc investi des fanons épiscopaux dans les années soixante-dix.

Ce fut un scandale pour tous les prêtres et les fidèles de son diocèse et des diocèses limitrophes. Il gaspilla des sommes énormes, se chiffrant en plusieurs millions de dollars ; divers biens diocésains hypothéqués par lui furent mis en vente, dont les édifices mêmes de l'évêché et la cathédrale. Quand il mourut, on sut qu'il avait légué certains biens à sa fille naturelle qui ne cessa jamais de le faire chanter honteusement jusque sur son lit de mort.

Corrompu et corrupteur, cet évêque bourra de dollars notre blond sous-secrétaire pour avoir joué les bons offices en amenant le pape à repousser ses deux démissions alors qu'il avait atteint la limite d'âge. Déjà miné par le cancer, il obtint seulement de rester jusqu'à l'arrivée de son successeur.

En cachette du cardinal, ledit sous-secrétaire ainsi généreusement rémunéré ordonna au chargé d'affaires de la nonciature du pays d'origine de cet évêque d'écrire à tous que celui-ci ne revenait pas démissionnaire, mais pour retrouver tous ses pouvoirs dans son diocèse. Il mentait, sachant pertinemment qu'il disait le contraire de ce qu'avait décidé le pape.

Informé de la chose par des voies détournées, le cardinal préfet appela le sous-secrétaire et lui mit dans la main une photocopie de sa lettre en lui demandant de se justifier – ce qu'il fut bien incapable de faire. Puis le pourpré le somma en ces termes : « Monseigneur, puisque c'est ainsi que vous trahissez les décisions du pape, c'est moi qui le dis : il n'y a plus de place ici pour l'un de nous deux. C'est vous ou moi ! »

Pour toute réponse, le sous-secrétaire s'en alla pleurer au troisième niveau de la loge vaticane et demander ce qu'il devait faire. Pour un pauvre attaché subalterne, la solution eût été simplissime : la destitution ou l'affectation à un poste inférieur. Pour ce prélat, le remède ne fut ni plus ni moins qu'une promotion. Le troisième niveau lui conseilla de se trouver un nonce ou un secrétaire de la curie, qui écrirait au pape en le présentant comme un nonce possible, aussi excellent qu'incomparable; une fois la lettre remise entre ses mains, l'issue était acquise.

Bien que dénoncé pour avoir contrevenu aux décisions du pape, ce sous-secrétaire devint donc nonce dans un pays de l'Est, où il resta peu de temps. Il fut vite déplacé, à cause de ses malversations et commérages. Pour qui s'élève trop haut, la chute est d'autant plus brutale, même s'il retombe toujours sur ses pattes.

*

Employé du dicastère où, précisément, se rodent les évêques, un monseigneur notoirement incompétent avait cependant pour lui l'avantage d'être le neveu d'un évêque entreprenant. Ainsi était-il bien placé. Quoique limité et timide, il savait gagner la bienveillance de ses supérieurs.

Un peu coincé, il aimait s'abriter sous l'ombrelle protectrice de quelque communauté de sœurs, dont la Mère supérieure l'entourait de toutes sortes d'attentions. La chose finit par se savoir et le vicariat l'invita à se trouver ailleurs une chaperonne. Ayant atterri dans une autre communauté de sœurs et ayant reçu d'un prélat de la même instance la même injonction de s'éloigner encore une fois de cette autre supérieure, le rusé monseigneur comprit qu'il y allait de sa carrière.

Au début des années quatre-vingt, il se décida à demander un an de mise en disponibilité pour faire une expérience apostolique en tant que missionnaire au Kenya. Loin d'être un échec, l'éloignement des religieuses se transforma donc pour lui en une occasion de se rattraper.

Il n'y resta que deux ou trois mois, rejoint dans le plus grand secret par la religieuse, qu'une photo coquine devait représenter avec le prélat jouant les missionnaires en Afrique. Manifestement parce que le climat ne convenait pas à celle-ci, il se laissa convaincre de réintégrer une administration romaine, avec à son actif le mérite de cette expérience missionnaire. Entre-temps s'était libéré le poste de sous-secrétaire dans le même dicastère, qui, pour des raisons d'ancienneté, devait revenir à l'un de ses confrères du même âge. Mais laisser passer une telle charge, c'était risquer de se retrouver le bec dans l'eau. Son oncle évêque et lui surent manœuvrer habilement.

Le préfet du dicastère déclara au monseigneur qui attendait la nomination qu'il allait être nommé évêque diocésain. Un mois plus tard, c'était chose faite. Quant à l'autre, il fut récompensé de ses activités missionnaires par le poste de sous-secrétaire. Sa nomination fut annoncée en milieu de journée par Radio Vatican.

La nouvelle ne fit plaisir à personne pour cause de manque de matière grise dans le cerveau du promu. À tel point qu'il ne resta à ce poste qu'une petite année et qu'à l'inepte nouveau sous-secrétaire fut offerte une charge d'évêque dans un petit diocèse périphérique afin de l'écarter du dicastère. Les vents changent !

*

Ainsi, un autre monseigneur, neveu lui aussi d'un évêque décédé depuis un certain temps, intrigua dans les milieux romains pour se faire nommer administrateur pontifical de l'hôpital « Casa Sollievo della Soffrenza » (Maison du Soulagement de la souffrance) à San Giovanni Rotondo, lorsque s'éteignit Padre Pio, le saint religieux. Les années passaient, et personne ne songeait à le faire évêque. Il multipliait les apparitions au Vatican, mais on l'ignorait. Il devina qu'on exigeait quelque chose de plus substantiel et passa à l'offensive, les bras chargés de cadeaux propres à huiler les rouages.

Il remplissait d'élégants fourgons, chargés de tout ce qu'on veut, mis à la disposition de cette maison qui se révélait effectivement d'un grand réconfort et se faisait un devoir de les acheminer à tel ou tel cardinal ou auprès des dignitaires les plus influents de la curie afin qu'ils prennent en considération son cas, alors qu'il était déjà aux limites de l'âge canonique pour être nommé évêque. Dans les milieux du Vatican, tout le monde était désormais au courant de l'arrivée systématique des fourgons de la divine providence. Les mauvaises langues disaient : voici venus les chameaux des Rois mages chargés de cadeaux pas du tout symboliques d'or, d'encens, de myrrhe et de provisions, destinés aux protecteurs.

Alors qu'un membre de la curie lui faisait observer que le généreux monseigneur avait passé la limite d'âge et qu'il était désormais hors course pour devenir évêque, l'un de ses protecteurs, un pourpré qui profitait amplement de ses largesses, l'interrompit en plein milieu et s'empressa de le corriger : non, il n'était pas trop tard et, d'ailleurs, on entendrait bientôt parler de lui. Mammon se faisait prophète.

Le sachant sensible et vénal, et considérant que la simonie n'a jamais été un grave délit canonique, aujourd'hui pire que jamais, notre aspirant à l'épiscopat se montrait toujours plus prodigue et généreux, sans lésiner. Histoire de faire passer l'excès de présents, l'accueillant cardinal jouait facétieusement les Jérémie : « Tu m'as corrompu et je me suis laissé corrompre ! » Comme les métaux, chaque homme a sa température de fusion, au-delà de laquelle il devient corruptible.

Quelques mois plus tard, comme par hasard, tomba l'étrange nouvelle de sa nomination : lui, le généreux corrupteur de plus de soixante-huit ans, devenait évêque auxiliaire d'un archevêque titulaire qui avait quinze ans de moins que lui. En toute rigueur, et nonobstant l'incongruité des faits, lui, le vieux, aiderait le jeune titulaire, qui jouissait d'une bonne santé et qui n'aurait jamais eu l'idée de demander à Rome, pour ses cent mille fidèles, un acolyte de ce genre. Mystérieux arcanes des circonlocutions ecclésiastiques !

Le fait est que, peu après l'ordination épiscopale, l'archevêque ordinaire dut se précipiter en toute hâte au chevet de son auxiliaire pour lui apporter quelque soulagement, ironie du sort et des mots, tandis qu'il se remettait d'un gravissime infarctus qui l'empêchait d'aider qui que ce soit, à commencer par lui. Mais la chose ne fut pas rendue publique par égard pour l'Esprit Saint, qui l'avait voulu évêque à tout prix. C'est du moins ce qu'on a dit.

De là-haut, considérant la scène d'un regard sarcastique et malicieux, Padre Pio a dû sourire de bon cœur. Saint sournois, veille qu'on ne remarque pas que tu te paies la tête de certains de tes ennemis prélats, sans quoi ils sont bien capables d'ajourner *sine die* ta canonisation ! Tu peux toujours multiplier les miracles ! *Deus autem subsannabit eos !* (« Le Seigneur se moque d'eux [1] ! »)

*

Quand il voyait l'*Osservatore Romano* annoncer certaines étranges nominations d'évêques, l'insigne professeur d'histoire de l'Église au grand séminaire de Rome, Mgr Pio Paschini, ne pouvait s'empêcher d'arborer un léger sourire ironique et de déclarer à ses élèves du haut de sa chaire : « L'Esprit Saint a élu cet évêque ! Mais avez-vous pensé à toutes ces sales figures que nous faisons faire à l'Esprit Saint devant le monde ? »

Il est difficile de faire accepter par des rationalistes la mystérieuse action de l'Esprit Saint, qui souffle où il veut : ils mettent des rails pour ne pas le faire dévier et il survole de l'extérieur ; ils offrent un tuyau pour qu'il y souffle et il souffle à côté ; ils préparent un programme pastoral et il n'en tient aucun compte.

Sur ce, perdant patience, ils s'accordent pour continuer à leur compte et, le fait accompli, collent l'étiquette « poste restante » : « Dieu l'a voulu », comme s'il s'agissait d'une manifestation de tendresse de la part de Dieu. Ils en sont convaincus, ils le disent et ils le font : *Spiritus, ubi volumus, spirat* (L'Esprit Saint souffle où nous le voulons, nous). Mais ils comprennent mal quel sens donner au vent.

Corruption comprise

Les frénétiques candidats à l'épiscopat montent à l'assaut en quête des appuis les plus solides possible. Coûte que coûte, au

1. Psaumes 2, 4.

vrai sens de l'expression. Leurs protecteurs, en les appuyant, en parlent comme de perles et, au lieu d'enrichir l'entourage pastoral de leur diocèse, se disent disposés à s'en priver. Quand enfin ils y arrivent, ils deviennent des mines flottantes vers les meilleurs rivages. Mais une mine au sein d'une institution ecclésiastique est toujours dangereuse, surtout s'il manque à l'amorce un système de sécurité.

Un archevêque avait déjà fait promouvoir quatre de ses prêtres diocésains préférés. Pour le cinquième, âgé de quarante-quatre ans – une autre perle de grande valeur –, il disait l'avoir proposé dix ans auparavant, mais que les gens compétents du dicastère lui avaient conseillé de le faire encore mûrir dans son ministère : on en reparlerait le moment venu, comme on l'avait fait régulièrement. Le contrôle du temps et le sens de la mesure sont des choses qui se perdent : lui, le protecteur, jugeait que son protégé était déjà mûr pour être promu à l'épiscopat, à trente ans seulement et après huit ans de sacerdoce. Tais-toi, cher « excellarron », sans quoi on ne manquera pas de te compter les années depuis que tu as commencé à hanter les bureaux en vue du croc-en-jambe obligé...

Vous, les fauteurs de ce système corrompu de courants et de concurrence qui défigure l'Église, preuves en main, vous donnez à entendre que vos perles se révèlent grossièrement cultivées et vicieusement manipulées à votre usage personnel.

*

Bien entendu, il faut aussi prendre en considération le cas opposé, celui de ces évêques qui, soit excès de scrupule, soit jalousie innée, ou au moins parce qu'ils n'arrivent pas à trouver dans leur clergé un homme à la hauteur de leur génie, bloquent tous les départs pour la longue durée de leur épiscopat, presque toujours plus de trente ans. Et ce sont les plus beaux esprits et les meilleurs prêtres qui en font les frais.

« En des temps moins gracieux et plus féroces, a-t-on pu écrire, les larrons s'accrochaient aux croix ; en ces temps moins féroces et plus gracieux, les croix s'accrochent aux larrons. »

Les mots ne sont pas toujours plus éloquents et plus convaincants que le silence empreint de dignité pour dénoncer l'absurdité de certaines situations. L'Église doit savoir se défaire continuellement de ses vieux systèmes compliqués, de ses privilèges, de ses assurances d'un autre âge pour s'adapter à plus de transparence.

Il n'est permis à aucun chrétien d'être croyant sans être en même temps crédible ; il l'est encore moins à celui qui choisit de vivre l'angoisse apostolique de l'Église dans le sacerdoce et, a fortiori, dans l'épiscopat.

8

Clientèles épiscopales et baronnies cardinalices

Pendant deux mille ans, pour nommer les évêques, l'Église s'est contentée de prendre des renseignements sur le candidat signalé et recommandé par le protecteur le plus influent. Du moment qu'il n'a pas d'enfants en circulation ni de maladies héréditaires, qu'il est assez obéissant, qu'il n'est pas fou à lier et qu'il est un bon administrateur, on le juge apte à devenir l'évêque de l'un des diocèses éparpillés sur la surface de la terre.

Au seuil du troisième millénaire, où hommes d'affaires et hommes d'Église se retrouvent mêlés dans le tourbillon de la sphère de Dieu et de Satan, cela ne suffit plus. Alors que la société s'applique déjà à préparer l'avenir de l'informatisation, de la télématique, de la programmation interplanétaire de l'informatique, de l'astrophysique et de l'astronautique, il est impossible que l'Église se contente encore de choisir ses évêques à travers les recommandations de personnes directement intéressées, confiant ainsi le clergé et les fidèles à l'improvisation et à l'inventivité d'un individu mal préparé, qui du soir au matin se demande de quelle manière il doit faire l'évêque de tel ou tel diocèse qu'on lui a confié ou, mieux, qu'il a convoité et obtenu avec force blandices et abus.

Pour ce qui est de la formation du clergé dans les divers diocèses, les autorités de l'Église, jusqu'au Ve ou VIe siècle, avaient compris que sans prêtres bien préparés elle ne pouvait affronter les problèmes pastoraux et spirituels complexes des fidèles. C'est alors qu'elle imagina des lieux de formation pour les clercs, diocésains et religieux, avant de les ordonner. Avec le temps, elle perfectionna ces instituts, par la suite baptisés séminaires et noviciats. Le concile de Trente marqua la réforme la plus sévère de ces lieux de formation.

Mais, depuis deux mille ans qu'elle existe, comment se fait-il que l'Église n'en ait jamais fait autant pour instruire et former les candidats à l'épiscopat, se contentant des recommandations des prélats amis ? Est-il encore possible de s'en tenir à la bonne vieille méthode qui revient à faire évêque celui qui désire le plus ardemment le devenir, sans l'indispensable formation, sans un apprentissage digne de ce nom, qui le forme et l'informe sur les moyens d'être un bon évêque qui soit en même temps un vrai pasteur et un père ?

Non, on ne saurait plus longtemps se satisfaire de ces critères mesquins et arbitraires pour distinguer certains prêtres, presque toujours carriéristes et intrigants, et, dès le lendemain, les croire aptes et capables de s'exercer dans l'art d'être évêque. Derrière les recommandations et le consentement, on ne fait jamais qu'assurer le succès des benjamins. Tout cela a trop duré. Après deux mille ans d'arrangements, l'Église devrait se rendre compte de ce si nécessaire changement de cap. Il est bien étonnant qu'au seuil du troisième millénaire elle n'ait pas encore imaginé la formule la plus appropriée à cette nécessité pressante. Étrange que, jusque-là, ni le pape ni ses collaborateurs n'aient jamais pensé à instituer l'indispensable creuset. Il faut mettre en place une école de formation pour les futurs évêques, une sorte de cours de spécialisation ecclésiastique.

Sans se donner le temps de la réflexion, d'aucuns rejetteront aussitôt cette proposition sous prétexte qu'elle serait irréalisable et irréaliste. Ne serait-ce pas que, soucieux de poursuivre en toute liberté leur manège, ils se verraient ainsi empêchés de manœuvrer pour leur compte les leviers de commande aujourd'hui concentrés entre leurs mains peu propres ?

De même qu'il est juste que le peuple voie et apprécie les jeunes clercs qui s'apprêtent à embrasser la vie sacerdotale, en sorte que, s'il a quelque chose à signaler, il puisse le faire en temps opportun, il est bon que les mêmes fidèles soient impliqués et amenés à participer au choix des prêtres que l'Église tout entière, de la base au sommet, prépare à diriger en tant qu'évêques la barre de l'embarcation à bord de laquelle, tous ensemble, nous bravons les lames, les bourrasques et les périls ordinaires de la traversée.

Pourtant, si, pour l'élévation d'un simple clerc au sacerdoce, l'Église demandait il y a peu de temps encore l'avis du clergé et du peuple, jusque par une dénonciation publique (« si quelqu'un a quelque chose à dire contre lui, qu'il se lève devant Dieu et le dise »), comment se fait-il que, pour un prêtre destiné à diriger un diocèse, elle continue à baisser le rideau du silence pontifical le plus absolu afin que nul ne puisse fourrer son nez dans les petites magouilles du système ?

Il faut en finir une fois pour toutes avec cet imbécile secret pontifical qui fait uniquement le jeu des manipulateurs. Par l'institution d'une école chargée d'instruire tous les jeunes aspirants, ceux-ci seraient ainsi portés à l'attention de tout le peuple de Dieu, pour être délibérément jugés et approuvés par tous ou au contraire, le cas échéant, dénoncés pour quelque fait relevant de leur vie privée, sans exclure une éventuelle appartenance à une secte maçonnique, mafieuse ou partisane, comme cela s'est malheureusement vu.

Librement demandée ou conseillée, leur inscription à cette future école ne donnerait pas en soi aux élèves quelque titre à faire carrière. Ils ne sauraient non plus faire valoir le moindre droit de préemption ni passer devant d'autres candidats éventuellement plus dignes et plus capables. L'usage convaincra les postulants que nombre d'entre eux devront continuer à exercer leur sacerdoce sans autre fantaisie sur la tête.

Cet enseignement supérieur pourrait être organisé en deux sessions consécutives. Une *première session* pour apprendre aux inscrits comment peut et doit se conduire l'évêque en général, les qualités qu'il doit posséder, le comportement qu'on attend de lui face aux problèmes en tout genre et aux cas particuliers, la préparation pastorale, spirituelle et culturelle, la gestion complexe du diocèse, les qualités pédagogiques d'un pasteur, les relations sociales et personnelles, en particulier avec ses confrères prêtres du diocèse, et bien d'autres choses encore. La *seconde session* serait réservée aux seuls candidats déjà sélectionnés pour achever leur formation épiscopale et donc appelés à suivre un second cycle de cours théoriques et pratiques sur la manière d'asseoir leur action pastorale dans le cadre des diocèses auxquels ils sont destinés ou d'exercer leur pouvoir avec leurs collaborateurs.

Au cours de cette seconde phase de formation, l'élu serait spécifiquement préparé à ce qui l'attend : comment se conduire en tant qu'évêque, qui sont ses confrères prêtres avec lesquels il devra vivre pendant dix, vingt ou trente ans, qui sont les fidèles qui lui seront confiés, les problèmes dont il va hériter, les entreprises à poursuivre, les programmes déjà mis en chantier et à mener à terme, les biens à gérer, les difficultés à surmonter, les obstacles à affronter, les qualités et les vertus dont il devra faire preuve, les déformations à corriger, et ainsi de suite.

*

De nos jours, consciemment ou non, et même s'il se garde bien de le dire ouvertement, le nouvel évêque à peine arrivé cherche à tout rénover, à faire le contraire de son prédécesseur pour bien apposer sa griffe.

Un évêque toujours en exercice avait la manie de détruire pour tout reconstruire à la base; et, se trouvant toujours aux abois, il mettait sous pression le clergé et les fidèles afin de leur soutirer leur argent. Sur le cachet épiscopal, ils écrivirent : *Veni, vidi, ruppi !* (« Je suis venu, j'ai vu, et j'ai cassé ! »)

Mais, de grâce, quelle entreprise sérieuse change de système chaque fois qu'arrive le nouveau directeur des travaux au détriment des profits déjà acquis ? Et si cette pratique est interdite à tout organisme qui se respecte, n'est-ce pas tout aussi raisonnable pour l'organisme diocésain qui s'occupe du salut des âmes et qui doit résoudre des problèmes autrement plus graves et complexes ?

À l'ère du voyage dans l'espace, il ne reste plus guère de place à l'improvisation. En toute chose, on s'en remet à l'acculturation et à la programmation calculée pour l'avenir. L'Esprit Saint ne se donne pas non plus la peine de se substituer au fur et à mesure à l'élu dans toutes ces impardonnables carences sans lesquelles l'élu n'aurait pu être désigné. Le psychopathe, le déséquilibré, le fat, l'arriviste, l'ambitieux ou, pis, l'homme indigne dénué de scrupules, tous peuvent dormir tranquilles, jamais ils ne subiront les violences du Divin Paraclet. Il n'en irait pas de même avec une école adaptée et une population attentive : ou elles les transformeraient ou elles les recaleraient.

Aujourd'hui plus que jamais, l'Église doit supporter les évêques choisis suivant une méthode dont deux millénaires ont révélé toutes les lourdeurs et les manipulations, derrière les recommandations intéressées de personnages cachés par un secret pontifical qui n'est que secret de polichinelle. L'évêque improvisé du jour au lendemain navigue entre deux eaux : soit il est convaincu d'être à la hauteur de la situation et fait des efforts d'imagination ; soit il est conscient de ne pas être à la hauteur et s'en remet à son secrétaire entreprenant qui le manipule à loisir aux dépens de ceux qui rempliraient mieux cette mission.

Depuis des siècles et des siècles, ces risques et ces excès sont allés croissant dans l'Église centrale comme dans les Églises locales. À l'heure où elle s'engage dans le troisième millénaire, il est indispensable de les éliminer en totalité ou au moins en partie grâce à une formation ou un autre système. On n'a plus le temps de se mettre des œillères et d'affirmer que ces problèmes n'existent pas en refusant d'en mesurer l'étendue et la gravité. À quoi bon ensevelir la vérité, quand tôt ou tard elle ne manquera pas de resurgir de manière encore plus véhémente et impérieuse ?

L'Église du Christ doit devenir agile, se délester de tout ce qui l'élingue dans l'enveloppe d'un vaticanisme tarabiscoté. Les papes du millénaire à venir ne peuvent pas faire moins que de s'attaquer à ces questions urgentissimes, qui touchent à l'essence même de l'Église. Il faut tenir tête à ces présomptueux qui, si divers soient-ils par leur tempérament et leurs habitudes, nourrissent l'ambition maladive affichée de se distinguer dans leur carrière et dans l'exercice du pouvoir.

Ce Dieu infini, qui versa Son sang sur le calvaire pour sauver toute l'humanité, ne peut en aucune façon permettre que la plus grande de Ses œuvres, l'Église universelle, soit toujours et de plus en plus livrée à des gangs, assujettie à une bande de filous, de conspirateurs en robe écarlate. Ce Sang infiniment précieux se salit et se gâte entre des mains intéressées et souillées.

L'heure est arrivée de libérer l'Église de Dieu des entraves d'un système qui l'emprisonne !

Baronnies, cordées et clans

Il convient de souligner le caractère corrosif des baronnies cardinalices, en s'arrêtant sur certaines d'entre elles, plus précisément sur celles qui à l'heure actuelle sont en pleine effervescence et se déchirent. Chacune cherche à convaincre les autres que Dieu lui aurait confié la mission de faire passer l'Église sur son canot pneumatique pour la soustraire autant que possible aux dangers que lui font courir des mouvements telluriques. Pour nombre de ces éminents barons, Dieu serait comme un puits de pétrole infini, et l'Église une compagnie pétrolière habilitée à l'exploiter.

Au sommet, la curie se scinde comme le rocher du calvaire. Presque toujours se forment deux crevasses : l'une rassemble ceux qui détiennent les leviers de commande, l'autre ceux qui attendent impatiemment leur tour. Selon les membres de ces deux blocs, cette scission aurait des origines apostoliques : les douze apôtres ne se disputaient-ils pas souvent la première place dans le gouvernement de l'Église ? Pour eux aussi, l'escalade du sommet relèverait donc de la mystique divine.

Quand ça les arrange, ils répètent jusqu'à la nausée que les supérieurs représentent l'autorité de Dieu. À la curie, cependant, ils ont obtenu une dispense pour se représenter plutôt eux-mêmes : privilège commode qui facilite leur carrière malgré une orientation divine différente.

Les monseigneurs de la curie restent difficilement isolés. Le prélat qui décide de rester à part se coupe le cordon ombilical et se met hors course. Il n'est qu'un merle blanc, une anomalie, un eunuque misogyne. Le filet de la complicité et de la servilité, tenu serré par la collusion suffocante qui les pousse à s'agglomérer en famille, a pour effet d'isoler les marginaux, auxquels il est facile ensuite d'assener de grands coups qui les mettent hors service.

Les membres de la curie qui veulent s'affirmer doivent choisir sans tarder leur famille adoptive et leur souche, pour les entourer de toutes leurs attentions et leur rendre l'hommage inconditionnel du vassal. Il faut démontrer par des faits et des paroles sa fidélité absolue au clan ; une forme d'allégeance qui exclut par la suite toute possibilité de passer dans l'autre camp.

Aucune dissension n'est admise : le « repentirisme » est un néologisme proscrit du vocabulaire officiel. Les *tifosi* doivent se conduire en supporters inconditionnels de leur équipe pour gagner le championnat. Tous pour un, un pour tous, exactement comme dans Cosa Nostra. Dans cette forme d'alpinisme, leur devoir est de s'entraider pour avancer. Des hommes qui entraînent des hommes, en file indienne.

Dans tout cela, il y a toujours un habile jeu de contrepoids et d'acrobaties virtuoses pour essayer de maintenir un équilibre instable entre les courants et les personnalités des clans opposés. Les adversaires s'abaissent à pactiser quand ils se rendent compte qu'ils ne peuvent s'éliminer. Ils se partagent alors les charges comme une proie suivant la méthode du partage du pouvoir : d'accord pour cette promotion, mais ce poste doit revenir à ma cordée, suivant les critères retenus.

Les dignitaires de la curie qui appartiennent à un clan poussent dessus en grappes comme des cerises. Choisis-en un, et en voilà dix, vingt, qui s'accrochent, sans compter la pléiade des flagorneurs qui rôdent autour. Une multitude de petites factions qui ont tendance à se rassembler pour défendre leur petits intérêts, avides de carrière et d'argent sous la forme de petites corruptions et de faveurs personnelles, en elles-mêmes insignifiantes. Des centres de pouvoir pour avoir de l'importance, contenter et escalader le sommet, tous dominés par la figure du chef de cordée – presque toujours un cardinal.

Dans ce climat, la curie ne devient pas seulement glaciale : elle nourrit en son sein des rancœurs et des divisions, qui la mettent à la merci de partages ecclésiastiques peu reluisants. L'avertissement de saint Paul à Timothée ne les concerne pas : « Je t'adjure d'observer ces règles avec impartialité, sans rien faire par favoritisme [1]. »

Pour les membres du clan, catégorie privilégiée comme un symbole de son rang, la leçon est claire : quand tu reçois un cadeau, une promotion, une récompense, sache que quelqu'un l'a payé pour toi ; et cela appelle au minimum une disponibilité totale. Dans le monde de la curie, rien n'est gratuit. Avec un petit homme et une haute idée du clan, Dieu fait Ses chefs-d'œuvre ! C'est du moins ce qu'on enseigne.

---

1. Ire épître à Timothée 5, 21.

« Nous lisons dans l'Évangile, disait saint Bernard, qu'il s'éleva parmi les disciples une dispute pour savoir lequel devait passer pour le plus grand. Quelle chance serait la tienne [*Jean Paul II*] si l'on comprenait les choses autour de toi de cette manière ! Mais en voilà assez là-dessus. Je n'ai fait que sonder le mur sans le percer. Toi, successeur du prophète, tu as le droit de le percer et de regarder ce qu'il cache. Pour moi, je ne saurais en dire plus. Lassés désormais de ta cour, sortons de ton palais. »

9

Luttes pour le pouvoir à la curie romaine

Le psittacisme de la curie est une litanie récurrente. Mais, comme chez les perroquets, la langue est au service du bruit, non pas des idées : il suffit pour faire carrière de savoir agiter sa langue et médire, que l'on pense ou non. Le bon employé est celui qui ne dit pas le fond de sa pensée, parce que l'expression de sa pensée est déjà pensée et prépensée par son supérieur, à tel point que les commandements impérieux qui se prodiguent recouvrent les mots d'amitié accusateurs. C'est dans cet étroit couloir de liberté que se faufile l'ambiguïté.

L'humanité est désormais fatiguée de paroles sans point de référence certain, c'est-à-dire sans Dieu. En ces temps de tourmente, une religion de paroles, de documents, d'édits pontificaux à oublier sur le papier ressemble à un édifice construit sur le sable. Quant aux faits concrets, traduits dans la vie humaine, ils restent sur le rocher à défier la bourrasque.

On a pu dire que la vie est le modèle des mots. « La sagesse de ce monde, observait saint Grégoire le Grand en son temps, consiste à dissimuler habilement ses vrais sentiments, à noyer sa pensée sous les mots, et à faire passer le vrai pour le faux et inversement. » De même trouve-t-on sous la plume de Bacon : « Les hommes croient que leur esprit domine la langue ; en vérité, il se trouve que c'est la langue qui gouverne leur esprit. »

Les mots exercent sur nous une véritable tyrannie, jusqu'à faire de nous des victimes ignorantes de notre cervelle vide.

George Orwell a souligné les dangers de la double pensée, cette pratique qui consiste à manipuler l'esprit des hommes en remplissant les mots comme de bons petits plats, d'un autre sens. Cette méthode amène le milieu à présumer que toutes les motivations valables et toutes les expériences valides résident dans le corps dirigeant et dans le chef ; dès lors, les sujets idéaux et les personnalités accomplies, qui veulent s'épanouir dans leur humanité, s'identifieront à ceux qui raisonnent uniquement en conformité avec le chef. Obéir dans le mutisme, en l'absence de tout développement mental et social, est la seule façon d'éviter de se voir reprocher des fautes ou des erreurs.

Le jargon de la curie perpétue un langage privé, avec des lexiques privés et son code corporatif : un véritable idiome en circuit fermé, des mots d'ordre, des slogans à déchiffrer, des locutions de groupe, une diffusion mondiale *via* Internet, même si l'accès au site chiffré est réservé.

Ainsi, l'atmosphère de la curie engendre une forme technique de pensée avec un vocabulaire bien particulier. Les diverses formes de mots – mots fétiches, mots préjugés, mots sentences, mots rhétoriques – ont cessé d'inquiéter et de troubler ; bien au contraire, ils rassurent le destinataire. Un jargon intégré qui euphorise la pensée, par la réflexion, suspend la responsabilité, au point que c'est le groupe qui pense au lieu et place de la personne. À l'intérieur du clan, le dialogue visant à clarifier et convaincre n'a pas sa place. Dans ce langage, tout est blanc ou noir et il n'y a pas de place par le doute ; chaque expression est douée d'une force de conviction qui a déjà intégré les schémas idéologiques et communicatifs de la famille.

Verba ligant homines, taurorum cornua funes, disaient les Latins. « Les paroles lient les hommes comme les cordes les cornes des taureaux. » Des restrictions mentales qui comportent des promotions ou des renvois, des avances ou des retards, des solutions ambiguës qui peuvent s'éteindre en attentes sans espoir. Qui n'emploie pas le langage du groupe se voit marginalisé et passe, aux yeux des autres, pour un individu qui pense « contre » ou « autrement » plutôt qu'« avec ». Alors même qu'ils vivent en un temps de dialogue proclamé à ciel ouvert et à tous les niveaux de la société, qu'ils sont étourdis par une abondance de moyens de communication interplanétaires et ensevelis sous une avalanche de documents pontificaux à jet continu, les employés de la curie – les ecclésiastiques, plus que les laïcs – se retrouvent désarmés face à la dictature d'une pensée qui domine et asservit l'esprit de celui qui lutte pour ne pas succomber au climat ambiant.

Le chauvinisme de la curie a pour effet de transformer l'ecclésiastique en photocopie certifiée conforme, hypocrite, lisse, imperméable et papelarde. À la longue, la pression crée une éthique cathodique, qui soumet l'intégré à un lavage de cerveau et le prive de sa conscience.

Que dire alors de la langue latine, vieille de plus de deux mille ans, dans laquelle l'Église s'exprimait encore voici quelques décennies ? L'usage de ladite langue a totalement disparu de la curie romaine. Les vrais latinistes disparaissent ; ceux qui comprennent le latin se font de moins en moins nombreux. Or Schopenhauer estimait que le latin affinait les fonctions linguistiques. Bergson affirmait que la langue latine habituait l'étudiant à pénétrer le sens des mots. Plus personne n'en parle comme de la langue de l'Église.

Pour les préposés aux activités de la curie, toute cette double pensée est d'une telle transparence et d'une telle évidence qu'il ne sert à rien de l'expliciter. Pour les profanes, quelques explications s'imposent.

Les mécanismes du partage du pouvoir

Pour escalader les sommets de la curie romaine, il faut être toujours en groupe compact et soudé, derrière un chef de cordée auquel ses collaborateurs cooptés doivent demeurer attachés, toujours à sa disposition. Il faut des années, voire des dizaines d'années, pour réunir des ecclésiastiques d'une même tendance, si possible originaires d'une même région, sinon d'un même diocèse et de diocèses limitrophes. C'est toutefois une règle très élastique, qui admet diverses exceptions, avec l'agrégation de prélats extérieurs au gré des intérêts, des sympathies et des convenances.

Ainsi assiste-t-on à un cycle d'alternance des prélats et dignitaires d'un certain groupe qui, pour accéder les premiers au sommet, doivent entraver l'escalade et, si possible, couper la route aux autres cordées. Tous les moyens sont bons pour leur faire obstacle [1]. Quand les mirliflores supérieurs atterrissent pimpants au dicastère assigné, ce n'est pas parce qu'on les juge compétents, mais en raison de la règle de primogéniture. Ainsi, loin d'illuminer l'administration en question de leur présence, ils la désorientent et l'encombrent comme autant de bouteilles non consignées. Le prophète Osée les apostrophe ainsi au nom du Seigneur : « Comme une bande en embuscade, une troupe de prêtres assassine sur le chemin, commet des horreurs [2]. »

La rafle doit lancer ses grains comme autant de satellites tout autour de l'univers ecclésiastique interplanétaire afin de tenir soudée la famille du cirque et pianoter l'alphabet morse en concurrence avec les autres. Dans le même temps, la petite

1. Ces mauvaises habitudes ont de lointaines origines et remontent à la fin du Moyen Âge. Tout le monde connaît les manigances des familles et des têtes couronnées de l'époque, qui se livraient de véritables batailles et se trucidaient pour asseoir sur le trône pontifical l'un des leurs. La princesse Marozia du duché de Tuscolo en est un bon exemple. Au Vatican, c'est aujourd'hui la maçonnerie qui a pris la relève.

2. Osée 6, 9.

grappe doit, telle une pieuvre, étendre ses tentacules dans tous les départements, dans la curie ou au-dehors, dans ceux qui comptent le plus, dans les nonciatures, les dicastères et même les organismes internationaux, pour s'y coller fortement et le plus longtemps possible avec toutes ses ventouses, puis, le moment venu, faire valoir l'appui et l'influence de ses membres dans les décisions des dicastères, principalement dans celui qui choisit les évêques.

Naturellement, au signal du chef de cordée, les seigneurs cardinaux et les excellentissimes évêques du clan, membres de ce dicastère, influent pesamment sur les orientations et les décisions pour ou contre le candidat de telle partie !

Dans ces manœuvres pour le partage du pouvoir se mettent en place des mécanismes plus ou moins légaux avec de petites et de grandes guerres de bureaux et de familles. Les VIP *(Very Important Persons)* de la curie qui se disputent les postes clés cherchent à éliminer les candidats adverses. Très habilement et en douceur, ils retirent le siège sous l'ayant droit, qui reste ainsi en suspens sur un coussin de nuages. « Nous avons conçu, nous avons été dans les douleurs, mais c'est comme si nous avions enfanté du vent [1]. »

Les exclus alimentent en sourdine les bisbilles et le commérage, essayant de deviner les compagnons de cordée, les jeux d'équipe, les appartenances des tifosi, le sprint en vue de la ligne d'arrivée. Insatisfaits et critiques, ils bougonnent et se disent hostiles aux intrigues. Il n'y a rien d'autre à faire. À la curie, ça ne coûte pas grand-chose de rouler quelqu'un dans la poussière et la fange de la calomnie. C'est un trépignement ennuyeux au détriment de la dignité des personnes droites, dénigrées ou flattées, à défaut de pouvoir faire autrement. Elles restent un signe de contradiction pour qui agit dans le sens contraire, puis finissent par être une gêne jusque pour elles-mêmes.

1. Isaïe 26, 18.

Une nichée qui pronostique le temps de l'escalade, qui ne perd pas de vue les principaux postes à occuper, auxquels il faut introduire des candidats patients prêts à suivre la bonne filière. Tout cela n'est jamais une preuve de force dans l'Église. C'est une preuve de vraie faiblesse, signe des temps que nous traversons.

*

La préfecture de la maison pontificale, par exemple, est un poste qu'aucun chef de cordée en jambe ne souhaite voir lui échapper. Par ordre d'importance en termes de pouvoir, il vient juste après celui de secrétaire d'État. Pour peu qu'il sache s'y prendre, le préfet de la maison pontificale guide le pape au doigt et à l'œil.

Si l'on y réfléchit bien, c'est lui qui détermine les dates et la forme des entrevues papales, que ce soit avec les laïcs ou surtout avec les cardinaux de la curie, qui pour beaucoup de cardinaux doivent poireauter des mois durant, parce que le préfet refuse de leur accorder un rendez-vous, fût-ce entre deux audiences. À l'opposé des autres cardinaux et des prélats de leur petit groupe qui n'ont aucun mal à être reçus par le souverain pontife, même en cachette et à l'insu du secrétaire d'État lui-même, quand celui-ci n'appartient pas au même nid. Quand le clan compte parmi les siens le chef de la maison pontificale, il sait qu'il peut se fier à l'homme juste au juste poste pour régler des problèmes du groupe sans passer par le crible de l'État.

C'est dans cette perspective qu'il faut interpréter l'attribution de cette préfecture à un membre du clan des Placentins [1], Nasalli Rocca, au cours du règne de cette famille ; et, sous le règne de la famille romagnole [2], à un ressortissant de Brisighella, Dino Monduzzi, maintenant cardinal régnant de la curie, électeur

1. Originaire du diocèse de Piacenza (Plaisance).
2. Originaire de la région de Romagne.

d'évêques et conclaviste en herbe. Ce petit jeu de relations échappe totalement aux prélats étrangers non initiés et plus enclins à se faire jouer qu'à jouer au milieu du terrain.

Cependant, la promotion de Monduzzi, passé du poste de préfet au rang de cardinal, aurait laissé ce poste dégarni si on ne lui avait aussitôt trouvé un remplaçant. Aussi lui fut-il substitué de toute urgence un autre fidèle membre du clan romagnol. Et qui ont-ils trouvé ? Comme de bien entendu, le dernier des trois frères De Nicolò, Paolo, ainsi devenu régent.

Monduzzi étant devenu cardinal, le pape a fait entrer trois pions, l'un sur l'autre, dans cette seule et unique case du préfet de la maison pontificale ; trois nouveaux évêques, tous affublés d'un préfixe, « pré », « pro » et « sous » : un Américain, un Polonais et un Placentin, qui laissent fort peu de place au pape.

Sachant bien ce qui arrivera et sous peu, au cours de la passation des pouvoirs au nouveau pape, le nouvel élu placentin, Piero Marini, fit ce que commandaient les rubriques, s'acquitta des révérences et des génuflexions d'usage, puis, avec sa croix incrustée sur la poitrine, s'empressa de faire savoir qu'il ne lui convenait plus de jouer les enfants de chœur du pape infirme dans les moments où il ne tient plus debout. Il avait droit à un secrétariat dans quelque dicastère. C'est ce qui s'appelle « parler clair » à la romaine !

Jeu divino-maçonnique qu'aucun n'aura le courage d'assimiler à l'action de l'Esprit Saint. Il est simple, lui, et ne sait pas jouer aux dames et aux échecs. Satan, si ; c'est son passe-temps.

*

Il suffit de comparer les annuaires de ces vingt dernières années de cordées pour se rendre compte de leur immense zone d'influence sur l'Église, asphyxiée par les tentacules de ces dangereuses pieuvres.

Dans ce système de minorité majoritaire, les voies du Seigneur sont en vérité peu nombreuses, si peu nombreuses que les membres des cordées se retrouvent un peu partout, ornant de leur présence tous les dicastères de la curie. Ces personnages appartiennent presque tous aux deux petites « grappes » des Placentins et des Romagnols dont il sera question plus loin. Leurs noms, alors qu'ils n'étaient que simples monseigneurs, figuraient déjà il y a vingt ans sur la liste des prélats francs-maçons. Prophétie du troisième secret de Fatima ? Ou secret de Polichinelle ?

Il suffit de parcourir l'index de l'annuaire pontifical de 1998 : on y trouve, par exemple, les noms des cardinaux Achille Silvestrini, Carlo Furno, Dino Monduzzi, Edoardo Martinez Somalo, Vicenzo Fagiolo, etc., sans oublier les innombrables renvois, pour chacun de ces noms, aux pages des dicastères les plus importants de la curie. Celui-ci douze, celui-là quinze, jusqu'à Pio Laghi, qui arrive carrément à dix-huit ! Grâce au système des factions et des castes, on devine le caractère tentaculaire, le conditionnement et l'efficacité des dignitaires coordonnés – l'union fait la force – pour « orienter » l'essence et l'existence de l'Église divine, dont ils réussissent à faire correspondre le parcours politique avec l'enveloppe, que tous appellent le « vaticanisme ».

Écoutons de nouveau le maître saint Bernard, qui met la puce à l'oreille de chaque pape : « Ceux-là – qui te pressent plus instamment, fondent sur toi avec plus de violence, menacent de te réduire à l'impuissance – te voient de manière plus familière, ils s'adressent à toi plus fréquemment, leur importunité à te solliciter est plus grande. Ceux-là, on peut dire, ne craignent pas de réveiller la bien-aimée plus tôt qu'elle ne le veut. Pourrais-tu me citer un seul habitant de cette très grande ville qui t'ait reconnu pape sans que le gain ou l'espoir d'un gain l'ait gagné ? Dès lors, tu n'auras point de conseil d'où ils acceptent d'être exclus, tu n'auras point de secret où ils ne prétendent s'ingérer... Je te dirais, si je l'osais, que ce sont là pâturages des démons plutôt que des brebis... Oui, si je suis entré dans d'aussi longs détails, c'est qu'il faut, à mon avis, que tu sois pleinement et clairement instruit de cet aspect particulier des choses qui t'entourent », ô Jean-Paul II.

De cette façon, le protecteur, qui veut élargir son cercle d'influence, et le protégé, qui attend de lui considération et promotion, élargissent leur camarilla à grand renfort d'intrigues et de favoritisme. Il y a presque toujours un marionnettiste pour tirer les fils. Qu'on ne mette pas toujours en cause le supérieur ! Le secrétaire particulier envahissant fait aussi bien l'affaire.

Selon Richelieu, qui détient le pouvoir doit s'entourer d'hommes de confiance. À cet égard, le vaticanisme est irréprochable : la curie les choisit, Dieu les confirme. Il n'y a pas à dire, les courants sous-marins de la haute mer vaticane conditionnent la vie de l'Église de Jésus.

Les exemples s'étalent sous nos yeux ; inutile de les énumérer tous : on se contentera des derniers prélats encore en selle. L'apparente collaboration des clans semble idéale, mais chacun œuvre en coulisse au désarçonnement de l'autre, si possible indolore. La nouvelle glisse comme une alternance ordinaire, presque toujours autour du 15 août pour celles qui sont impossibles et choquantes.

La plupart des promotions vaticanesques sont dites *aoûtiennes* parce qu'elles ont lieu pendant le mois où les prélats évincés sont en vacances. Les plus curieux restent collés à leur téléphone portable, où qu'ils soient : sur les monts enneigés ou sur les plages ensoleillées, en croisière sur les océans ou disséminés ailleurs. Pour rien au monde ils ne manqueraient un bulletin de Radio Vatican à la mi-août, cherchant à déchiffrer les maladresses et les formes abusives de ces déraillements vacanciers, choisis exprès par les promoteurs d'injustice qui les jugent plus propices à faire passer certaines nominations, qui à d'autres époques feraient couler bien plus d'encre.

Chaque chose à sa place : toutes les promotions ecclésiastiques ont leur code ; les plus critiquées ont leur date. Celles d'août et des autres équinoxes de la curie sont les gourmandises des vaticanistes les plus expérimentés. Les interstices ne servent que pour les prudents démunis qui ne savent pas lire entre les lignes la juste interprétation de certains lancements promotionnels. Ceux d'août se révèlent donc les plus absurdes et ressemblent à des courses truquées, habilement ou effrontément, mais toujours impunissables en vertu de l'axiome suivant lequel les supérieurs n'ont jamais tort même quand ils trompent le pape.

Au temps de Pie XI et de Pie XII, la curie a été dirigée par des cardinaux prestigieux comme Pietro Fumasoni Biondi, Pietro Ciriaci, Paolo Giobbe, Luigi Traglia, Alfredo Ottaviani et autres. Des dignitaires romains respectés de tous pour leur fidélité au service du pape et de l'Église et pour leur élévation d'esprit. Au fur et à mesure que ce groupe romain s'est clairsemé, les deux clans cadets, ceux des Romagnols et des Placentins, prenaient de l'importance. Sous le secrétariat d'État de Tardini, ceux-ci se regardaient de travers et s'affrontaient tous azimuts pour se partager à tour de rôle les postes clés de la curie.

Les Placentins et les Romagnols

La cordée des Placentins

Pour prendre l'image du système stellaire, cette famille est aujourd'hui la Petite Ourse dans l'hémisphère boréal de la curie romaine, même si elle demeure toujours bien visible.

Dans les années soixante et soixante-dix, l'archidiocèse de Plaisance s'est honoré d'avoir cinq cardinaux vivants, dont un secrétaire d'État, Casaroli, entouré d'autres cardinaux placentins : Nasalli Rocca, Oddi, Rossi et Samoré, auxquels sont venus s'ajouter par la suite Poggi et Tonini. Si, dans leur apparence, certains d'entre eux ne manquent pas d'être distrayants, ils se gardent de céder et tiennent bien leur rôle ; du reste, même les affreux font des cardinaux sympathiques. De toute manière, la formation en cordée constitue en soi un conditionnement particulier dans la curie et l'Église dans la mesure où elle en vient à assumer des rôles d'une importance capitale, à commencer par celui de secrétaire d'État.

Attachés à chacun d'eux vivent en symbiose beaucoup d'autres ecclésiastiques des alentours de la curie et du monde, qui se soutiennent et s'épaulent mutuellement ; sinon, ils ne seraient pas nombreux à gouverner au sommet. Sept cardinaux, presque tous de la curie, et autant d'évêques et de prélats choisis dans un seul diocèse, il faut admettre que comme providence c'est un peu trop. Les observateurs ont remarqué la présence de trop nombreux Placentins à la cour du pape. Trop de vent en poupe de ce côté-là.

En règle générale, le vent favorable dure une vingtaine d'années avant que se lève un autre vent. C'est suffisant pour acheminer la barque de Pierre vers le prochain conclave et laisser entrevoir de manière codée quel sera le prochain successeur sur la chaire de saint Pierre.

La cordée des Romagnols

Au Vatican, c'est la constellation de la Grande Ourse qui, dans l'hémisphère céleste de l'Église, a actuellement le plus d'influence et de chances pour la candidature du prochain pape. Les conclavistes en ont déjà été ponctuellement alertés.

Les Romagnols, parmi lesquels s'intègrent toutes sortes de monseigneurs d'autres localités, étaient bien placés avec les frères Cicognani ou Mimmi, comme évêques, et le renfort de Cantagalli (élu avant de mourir archevêque de Pompéi, fauché par une embolie), Sabattani, Silvestrini, Laghi, Monduzzi, Bettazzi. Et les trois frères De Nicolò : Piergiacomo, Mariano et Paolo, arrivés à Rome de Cattolica et accrochés aux trousses de l'énigmatique secrétaire d'État, avides de soldes et de carrières ; tous les trois, avec l'épiscopat en poche, exercent aujourd'hui de hautes responsabilités à la curie. Au dire même du clan, le dernier sorti à découvert est l'Excellence Claude Celli. Quelle abondance !

Chemin faisant, la cordée romagnole s'est enrichie d'autres augustes affiliés : Renato Martine, observateur à l'ONU ; Riccardo Fontana et Edoardo Menichelli, tous deux secrétaires de Silvestrini ; Mario Rizzi, dont le nom figurait dans la liste des prélats francs-maçons en 1978 [1] : déloyal, fielleux, perfide, opportuniste, ne reculant devant rien, des commérages faciles aux calomnies les plus hargneuses. Puis Pietro Giacomo Nonis, Arrigo Miglio, Lorenzo Chiarinelli, Attilio Nicora, Benito Cocchi, Cesare Bonicelli, Italo Castellani, Silvano Montevecchi, etc. Tous promus par le chef de cordée Silvestrini, pour faire contrepoids au groupe placentin.

Des gens qui se répandent et étendent leurs tentacules dans les postes de prestige, dont l'ombre pèse comme un drap funéraire sur l'Église, qui repose sur un volcan immergé dont les éruptions se répètent à intervalles réguliers. C'est d'ailleurs là une caractéristique des pouvoirs incontrôlés, parce que occultes : ils étendent leurs racines toujours plus loin jusqu'à envahir tout le corps mystique de l'Église, ainsi assaillie de tumeurs et de métastases.

Depuis peu, un membre de la cordée des Romagnols, Mgr Lanza, intime de Silvestrini, a été fait nonce d'Italie, dans le but – nous le disons pour les non-initiés – de lui faciliter les nominations d'évêques en faveur de ses amis et repousser au contraire celles de leurs adversaires.

En février 1988, le cardinal Siri jugeait probable la manipulation d'un pape indiqué par la secte maçonnique. Mais, en admettant même qu'au prochain conclave soit élu un pape d'une autre origine, le nouveau pape, avec les postes clés de la curie

1. Sur ce sujet, voir le chapitre 18, « La fumée de Satan au Vatican ».

occupés par cette si influente cordée des Romagnols, devra nécessairement compter avec eux et consentir à des compromis pour assurer la régence et la gouvernabilité de l'Église.

Dans son texte intitulé « Le service, non la carrière », le même Silvestrini confirme cette thèse : « Au séminaire de droit de Saint-Apollinaire, nous étions trois de Faenza : don Dino Monduzzi, Laghi et moi ; tous fréquentant la faculté " Utriusque Iuris " du Latran. À quatre pas de là, au Capranica, don Franco Gualdrini terminait ses études de théologie à l'Université grégorienne. Tous les quatre liés d'une amitié fraternelle qui a continué dans la vie. Telle est la carrière dans laquelle don Pio Laghi et d'autres comme lui, mais moi aussi sommes entrés. » Vive la sincérité ! La famille de Faenza a eu depuis lors le vent en poupe, apprend-on de la bouche de son porte-parole et chef de cordée lui-même, convaincu ou croyant convaincre qu'il est la « mesure mesurante » des hommes et des choses dans le monde de l'Église. Une poignée de dignitaires arrivistes, d'appellation et d'origine assez contrôlées, aux ordres de leur « ancêtre », boussole qui oriente, baguette à la main, tous les affiliés à la famille des Romagnols, afin qu'ils demeurent soudés et unis en vue de ce qui ne manquera pas d'arriver d'ici peu, lors du prochain conclave.

Encore des signes des temps. En tant que chef de file au Vatican, le prestidigitateur Silvestrini extrait de son cornet de promotions ecclésiastiques des candidats qu'il a tout intérêt à « préconiser » à une promotion subreptice, soumise avec astuce et fourberie à la signature du pape. Une fois mandatés, il ne leur reste plus qu'à végéter comme des saprophytes sur le tronc séculaire de l'Église. Tous ces choix sont le fruit d'intérêts humains et de pressions injustifiées, qui tranchent nettement sur la volonté de Dieu. Le complexe de supériorité dudit chef de clan ruine toute réciprocité avec ses collègues cardinaux, tandis que le complexe d'infériorité gâte les relations avec tous les autres prélats de la curie.

Dans le drame humain et divin du calvaire se devine le remue-ménage des soldats romains occupés à se partager sous la croix les maigres effets du Crucifié. Deux mille ans plus tard, l'Histoire continue : *Diviserunt sibi vestimenta ecclesiae et super vestigia eius miserunt sortem* (ils se divisèrent les vêtements de l'Église en les tirant au sort à tour de rôle).

Comme les frères Cicognani, mais aussi Cantagalli, Silvestrini, Monduzzi, venaient tous de Brisighella avec le renfort de l'ambitieux don Renato Bruni, aussi équivoque que maléfique, les bons esprits des autres nichées de la curie ne manquaient pas d'ironiser : *Christus brisighellatus esu* (Le Christ est de Brisighella). Ce qui signifie en substance : ils avaient contraint Notre-Seigneur à prendre la citoyenneté honoraire de Brisighella et Lui, au contraire, nous a envoyé son cousin et sosie, Judas Taddeus ; Il faisait toujours ainsi même quand ils voulaient le faire roi. Mais, quand il s'est agi de souffrir et de mourir, il a permis à Judas Iscariote de bien l'identifier en lui donnant un baiser dans la nuit.

Dernier arrivé, Renato Bruni a servi et s'est servi de la cordée romagnole pendant une vingtaine d'années, faisant la pluie et le beau temps sur l'encadrement et les priorités, jusqu'à se substituer à eux sous l'interrègne de trois cardinaux, préfets malléables, fragiles, imbéciles, d'un important dicastère de la curie. À la base comme au sommet, celui-ci inspirait un dégoût universel, mais aucun magnat n'osait dénoncer son indécence. Le sujet était bien trop précieux pour tisser la toile d'araignée invisible de son clan.

L'affront de la sclérose se manifeste plus souvent dans la grande pompe du Sacré Collège cardinalice, jetant son dévolu sur les éminences les plus indiquées « pour faire des rimes simples » avec leurs démences respectives. Quelle amère désillusion attend celui qui a passé sa vie à chevaucher une haridelle promise à la démence sénile. Adieu, rêves de gloire emportés par le vent !

De temps en temps, les membres des deux manipules, les Placentins et les Romagnols, s'affrontent ouvertement, quand il y va d'un poste de grand prestige. Ce sont des duels qui se livrent à fleuret moucheté : alors que les épées restent au placard, ce sont les fourreaux qui se battent en silence. Puis chacun regagne son camp.

Gladiateurs et bêtes féroces

Au nom de l'alternance au sommet de l'Église, on le sait, le secrétariat d'État est revenu d'abord au Romagnol Amleto Cicognani, puis au Placentin Agostino Casaroli, auquel, pour cause de ronflement, n'a pu succéder le Romagnol Achille Silvestrini, qui le désirait ardemment et était prêt à tout pour cela, en dépit de sa proverbiale somnolence.

Quand les deux Cicognani ont disparu de la scène vaticane, Silvestrini, pourtant bien placé comme secrétaire du conseil pontifical pour les affaires publiques de l'Église sous le secrétaire d'État placentin Casaroli, considérait que sa nomination à la dignité de cardinal se faisait un peu trop attendre. Afin que nul, au sommet, n'ignorât rien de ses attentes, il avait imaginé d'organiser chaque année en grande pompe à Brisighella une messe solennelle à l'intention des âmes bienheureuses de ses deux grands-oncles cardinaux, se faisant alors passer pour un neveu des Cicognani, alors même que les paysans qui le connaissaient démentaient la moindre parenté, même lointaine.

Le jour dit, le vaillant Achille chargeait ses responsables de l'agit-prop, Renato Bruni (pas encore en disgrâce) et Mario Rizzi (Émilien de la pire espèce), de préparer un convoi exceptionnel pour faire venir à Brisighella le plus grand nombre possible de supporters – d'un tout autre genre que sportif – afin qu'ils prient jusqu'à nouvel ordre pour les deux âmes, ce dont le petit-neveu confiant estimait qu'ils avaient encore grand besoin. « Les pauvres ! Que Dieu les garde en paix ! » vociféraient-ils dans les couloirs de la curie. C'est donc par l'*Osservatore Romano* que le pape a pris connaissance du message codé et découvert quels VIP s'étaient rendus là-bas pour prier en vêtements de deuil. « Celui-là pleure les morts et se fout des vivants », disaient les laïcs, authentiques Romains, de permanence à la secrétairerie d'État.

Quelqu'un, peut-être l'un de ses faux oncles Cicognani venu le visiter en songe, conseilla à l'impatient « neveu » de cesser de dire des messes à leur intention. Et ce, comme par hasard, le jour même où Sa Sainteté Jean-Paul II le fit cardinal lors du consistoire du 28 juin 1988. Investiture obtenue non pas tant grâce à ses oncles présumés, désormais sans influence, que par l'intercession de l'honorable Bettino Craxi [1], socialiste proche des francs-maçons, avec lequel don Achille avait collaboré pour mettre au point le fameux concordat de 1984 entre le Vatican et l'Italie, conclu juste avant que celui-ci prenne précipitamment la poudre d'escampette pour élire domicile à Hammamet.

Tout vient à point à qui sait attendre. Tout arrive comme marée en carême juste avant qu'il soit trop tard. « Le vent souffle où il veut et personne ne sait d'où il vient et où il va », expliquait Notre-Seigneur à Nicodème, au seuil de cette nuit.

*

À propos du Concordat, la presse observa en son temps la vigoureuse opposition de tous les cardinaux et évêques de la Conférence épiscopale italienne au texte rédigé par l'entourage de Bettino Craxi et de Silvestrini. L'opinion publique eut vent de la très violente entrevue dudit prélat de la curie et du placide patriarche de Venise, le cardinal Albino Luciani, qui se faisait le

1. Bettino Craxi : dirigeant socialiste italien, président du Conseil d'août 1983 à mars 1987, mis en cause dans l'opération « Mains propres » et réfugié en Tunisie pour échapper aux poursuites pénales.

porte-parole des ecclésiastiques et des laïcs farouchement hostiles à ce projet de concordat.

Pour ses détracteurs, c'était l'exemple même du document rédigé par des technocrates au mépris du contexte historique et social, sans consultations, notamment du clergé diocésain, au seul profit des auteurs du texte.

Quand Mgr Luciani, sans la mesquinerie des complications bureaucratiques et sans rencontrer l'opposition des laissés-pour-compte, fut contre toute attente élu pape sous le nom de Jean-Paul Ier, Silvestrini, qui, si raffiné fût-il, n'aurait pas eu l'idée d'apparaître devant le pape entièrement converti, comprit qu'il y allait de son cardinalat. Il connaissait suffisamment la rigueur morale du nouveau pape pour savoir qu'il n'avait aucune chance de le manœuvrer.

C'est donc avec un long et profond soupir de soulagement qu'il reçut confirmation que, après seulement trente-trois jours de règne, le souverain pontife avait été retrouvé mort dans son lit. Dieu soit béni ! L'excellent Romagnol pouvait sereinement se reprendre à espérer escalader les sommets : ô mort heureuse, jamais elle ne fut mieux venue que cette fois ! Mais, comme les opposants ne baissaient pas les bras même après la signature du Concordat, il imagina un petit stratagème : confier au prélat Vincenzo Fagiolo, comme s'il était la plume de don Giuseppe De Luca et de don Lorenzo Milani, esprits libres affranchis de toute servitude, le soin de vanter les mérites du pacte dans la presse, tout en enrôlant les ecclésiastiques du clan pour en faire ses messagers, avec force conférences et séminaires, auprès des prêtres et des évêques diocésains les plus inquiets.

En réalité, le Concordat souffrait d'incohérences et de son caractère superficiel qui aujourd'hui, sans fioritures et sans salamalecs, apparaissent toujours plus graves et préoccupants, en particulier sur le plan de la formation scolaire. Même s'ils sont pourprés, les protagonistes de cette intrigue sont aujourd'hui à la barre de l'Histoire et donc aux commandes, sur les deux rives du Tibre.

*

Pour en revenir à la succession de Casaroli, les deux prétendants de l'époque, Silvestrini et Martinez Somalo, étaient à couteaux tirés, échangeant des lettres d'insultes pour se discréditer mutuellement, épaulés par leurs partisans, directement intéressés par la victoire de leur gladiateur aux prises avec la bête féroce. Le gouvernement de l'Église suivait le cours de ces sourdes luttes de factions. Les combats qui se déroulent au grenier ne manquent jamais de déranger les copropriétaires des étages inférieurs.

Voici notamment ce qu'on pouvait lire dans un texte de Silvestrini contre Somalo adressé à de nombreux dignitaires de la curie : « Tout occupé par la lutte des professionnels pour faire carrière... on reste interdit quand on pense avec quelle habileté et vaillance tu as discrédité ton possible concurrent, Achille Silvestrini, jamais las de fabriquer contre lui des inventions de ton cru... mauvaise langue, la perfidie est la plus grande de tes vertus... » Le mordant Somalo se contenta de réexpédier le texte photocopié aux dignitaires, accompagné de ce simple commentaire en bas de page : « Avis mafieux. »

Dans leur bréviaire, ces jours-là, les prêtres lisaient : « Rien dans leur bouche n'est sûr, leur cœur est plein de crimes ; leur gosier est une tombe géante et leur langue une pente glissante. Dieu, fais-les expier ! Que leurs projets causent leur chute ! Pour toutes leurs fautes, expulse-les, puisqu'ils Te sont rebelles [1]. » Des prélats aussi haut placés en viennent à se taquiner avec acharnement, sans reculer devant les coups bas, quand il y va de la première place. Le croc-en-jambe, même s'il est maladroit et grossier, est tellement à la mode à la curie comme à l'extérieur qu'il en perd toute saveur.

---

1. Psaumes 5, 10-11.

Ces gens-là, qui ont la vésicule biliaire et la prostate en piteux état, s'invitent volontiers à déjeuner pour ensuite se défier en un duel rustique. À l'approche de la ligne d'arrivée, quand il s'agit d'éliminer l'adversaire, la lutte se fait féroce, même si elle reste subtile et avisée. Le digne et le capable succombent, l'habile et le fourbe triomphent. Quand l'affrontement se durcit, les durs sortent à découvert et se jettent dans la bataille. Qui a le dessus fait l'opinion, peu importe qu'elle corresponde ou non à la vérité. Dans ces derniers échanges, la force du droit cède toujours devant le droit de la force.

*

À propos de Giovanni Coppa, le lecteur pourrait justement s'étonner de sa présence dans la cordée des Romagnols, puisqu'il est d'Albe. Il était l'un des plus proches collaborateurs de l'autrefois tout-puissant substitut Giovanni Benelli, qui mettait habilement Paul VI et son secrétaire d'État, Jean Villot, devant le fait accompli, au point de mériter le surnom de « Son *Excedence* » ! La bande à Benelli était tout autre chose.

Mgr Benelli appela Coppa à la secrétairerie d'État et, le destinant à la « salle des boutons » pour contrôler le déroulement des jeux, le fit assesseur. Il lui faisait une confiance aveugle, bien que sa vue fût compromise des suites de trop nombreuses opérations de la rétine. Son substitut, Giambattista Re, prétendait aussi être nommé assesseur puisqu'il vivait désormais à demeure dans cette salle. Mais ni Benelli ni Coppa ne voulaient céder. Se gardant en réserve la succession à Florence, ce substitut cherchait à rester le plus longtemps possible à ce poste de direction de l'Église, en ces mois décisifs où Paul VI était à l'article de la mort.

Aucun chien n'abandonne volontiers l'os qu'il a dans la gueule. C'est exactement ce que fait aujourd'hui le successeur de Benelli, qui a refusé de rejoindre Gênes comme cardinal, préférant conserver son poste de substitut à la secrétairerie d'État. Il y a cinquante ans, la secrétairerie de Pie XII, alias Paceli, était plus maigre et plus efficace sans aucun cardinal à sa tête ; de nos jours, Sodano et Re n'y suffisent même pas, puisqu'ils sont toujours avec le pape, à tourner autour du pot.

Un jour, alors qu'elle faisait la queue au bureau d'approvisionnement, la bonne de Coppa confia en grand secret à son amie que, ce matin-là, son prélat dormait encore parce qu'il était resté de garde jusqu'à deux heures du matin, histoire d'éviter que le sieur Benelli ne prît la relève. Le même scénario se répéta plusieurs nuits d'affilée, car le vieux Paul VI souffrait de fortes fièvres et pouvait succomber d'un instant à l'autre : il fallait être sur ses gardes et préparer les dossiers à transporter ailleurs en cas de décès. Un monseigneur cancanier qui la précédait dans la file tendit l'oreille et s'empressa de distiller la nouvelle, comme cela se fait pour tous les secrets pontificaux.

Le pape allant un peu moins mal, Mgr Benelli se rendit compte qu'il n'y avait pas de temps à perdre et pressa le vieux pontife de convoquer un consistoire de toute urgence pour le nommer sur-le-champ cardinal-archevêque de Florence et procéder en même temps à trois autres nominations, préparées à la hâte uniquement pour faire nombre. Un an après, Paul VI mourait.

Avec le départ de Benelli de la secrétairerie d'État pour Florence, Coppa et tous ses autres protégés, demeurés orphelins, se lancèrent à l'abordage comme des croisés sans condottiere : sauve qui peut ! Chacun se chercha un protecteur bienveillant et accueillant, et Coppa se choisit Silvestrini, qui le coopta volontiers dans son wagon. Il fit même en sorte de lui faire attribuer directement la charge qu'il exerçait déjà, la plus secrète et la plus importante de la secrétairerie d'État, le « bureau du personnel », où se préparent les dossiers des plus hauts dignitaires destinés aux sommets de l'Église, naturellement conditionnés et pilotés suivant les orientations dictées par les chefs, que le pape approuve sans se méfier.

Dans ce bureau, les accrédités à faire carrière sont inscrits au *registre blanc* avec les dossiers les concernant, par ailleurs blancs et transparents ; en revanche, les rejetés, c'est-à-dire ceux qui sont destinés aux catacombes, même s'ils ont droit à beaucoup de publicité, sont promis au *registre noir,* avec force notes opaques, sombres et douteuses. Il va sans dire que ceux du *livre blanc* sont voués à escalader les cimes enneigées des diverses carrières ecclésiastiques.

L'ingérence excessive de Coppa dans les affaires de l'Église, y compris dans les nominations arbitraires de prélats originaires d'Albe à l'Université pontificale et dans les dicastères, lui a valu d'être finalement éloigné et relégué comme nonce en République tchèque (1990), d'où il se débrouille pour se faire représenter lui-même, toujours par son protecteur Silvestrini. Il suffit de dire qu'en un peu moins d'un an et demi il est parvenu à faire venir trois fois le pape dans ce petit pays sans motif politique ou religieux bien probant. En attendant patiemment que le vent tourne et le porte.

Dans ce manège, l'intrigant cardinal romagnol est toujours là pour en profiter, prêt à présider le gouvernement fantôme de l'Église, estimant qu'il est plus que compétent pour en assumer la direction, que les porte-parole de la secrétairerie d'État soient présents ou non.

10

Lazzis, divertissements et manigances sacrées

Paul VI mourut le 6 août 1978. Selon les mass media et la presse, l'archevêque de Gênes, le cardinal Guiseppe Siri – un vrai géant au Sacré Collège pour son action pastorale, sa formation intellectuelle, la cohérence entre sa vie et sa foi, sa fidélité aux traditions de l'Église – était déjà élu pape avant même d'entrer en conclave. Au cours des jours précédents, à Rome, on s'était bousculé à sa porte : cardinaux, ambassadeurs, hommes politiques et prélats de toutes origines et de toutes tendances. Modeste, s'exprimant d'un ton calme et précis comme une lame à double tranchant, Mgr Siri écoutait sans trop d'illusions : il se savait mal vu de la coterie maçonnique au Vatican. Il ne pouvait cependant deviner le mauvais tour que cette clique lui préparait en coulisses, afin d'infliger un démenti aux pronostics qui le plébiscitaient. Naturellement, les géants se voient de loin : leur stature cyclopéenne saute aux yeux et on ne risque pas de les assimiler à des monstres.

Le matin du conclave, Siri eut à peine le temps d'apprendre par les titres des journaux la publication sous son nom d'un entretien qu'il n'avait jamais accordé, concernant le caractère incisif de l'action du pape à venir et des tâches qui l'attendaient. On lui prêtait notamment certains propos susceptibles de compromettre ses chances de *papabile.* L'archevêque de

Gênes eut à peine le temps d'apporter un démenti que les portes du conclave se refermaient déjà derrière lui. Le message du gang rencontra un écho jusqu'en plein conclave. Les cardinaux s'empressèrent d'en tirer la leçon et par prudence, a-t-on dit, mirent le cardinal sur la touche.

*

Mais Siri ne fut pas seulement un pontife manqué. Tout le monde ne sait pas qu'il fut aussi un secrétaire d'État manqué au début du pontificat de Jean-Paul II.

Dans les archives secrètes du cardinal de Gênes se trouve une lettre d'un prélat romain, écrite après l'élection de Jean-Paul II : on y lit que certains cardinaux avaient fait valoir l'opportunité d'avoir pour secrétaire d'État une personnalité de la stature de Siri, et l'archevêque était ainsi exhorté à consentir l'énorme sacrifice de renoncer à Gênes pour donner avec courage le plus énergique coup de balai contre des prélats suspects dans les angles les plus reculés de la curie romaine pour ensuite, le cas échéant, se porter volontaire pour la relève de la garde. Le cardinal répondit à la missive le lendemain de Noël, s'excusant du retard pour ajouter aussitôt : « En ce qui me concerne, j'ai toujours obéi même quand obéir coûtait cher ; je n'ai aucunement l'intention de changer de comportement à la fin de ma vie. Je suis aux ordres. Mais j'ai l'impression que les " ordres " ne viendront pas. » Sa rigidité n'aurait pas été appréciée dans les étages de la curie et dans les loges raphaélesques.

Benelli et Baggio furent des protagonistes du premier et du second conclave, mais leurs courants respectifs firent montre l'un envers l'autre d'une résistance providentiellement acerbe au point de laisser échapper d'un cheveu l'élection d'un pape à leur goût. Les deux bandes, intransigeantes sur leurs candidats, ne voulurent pas que leurs voix se reportent sur l'autre et choisirent une solution de repli : pour l'instant, il suffisait d'éliminer le colosse de Gênes. Le blocage bureaucratique permit à la Providence de frapper une première fois avec Jean-Paul Ier, le souriant Luciani, mort au trente-troisième jour de son pontificat. D'une mort naturelle ?

Au conclave réuni pour la seconde fois, les factions s'affrontèrent à couteaux tirés plus encore que la première fois. Prises au dépourvu, les pieuses camarillas firent de rapides calculs et prirent la mesure du danger : Siri risquait de l'emporter haut la main même si quelques-uns s'étaient entre-temps rangés derrière Baggio. Aux ordres de l'écurie, les votes des deux courants se reportèrent en toute hâte sur un étranger qui avait obtenu dix-sept voix au précédent conclave. Peut-être est-ce un nombre qui porte chance ?

Tandis que la curie se réjouissait d'accueillir l'accent polonais, elle prenait de bon cœur acte de la mort inopinée du vice-pontife Jean Villot. Pour lui aussi, les mages et les voyants se demandèrent si c'était une vraie maladie qui l'avait étendu raide mort aussi vite.

*

À chaque relève, au Vatican, on assiste à un phénomène de composition et de recomposition des éphémères agglomérés par familles : là, c'est bien connu, il n'y a que le provisoire qui dure et l'illusoire qui soit fiable. Et l'éphémère, disait Caton, coûte cher.

Quand il apparaît que pour des motifs secrets un courant en selle doit succomber, les prélats de la cordée se préparent à entrer dans la chambre froide, où ils attendront avec modestie et patience le retour du printemps espéré. Cela peut durer une papauté ou le temps suffisant pour que le destin d'un des leurs, un cardinal, change du tout au tout.

La fin de chaque pontificat, lorsque le crépuscule approche, est toujours funeste pour l'élite de l'Église, comme la longue agonie du Crucifié entre les larrons. C'est pourquoi la mort du pape polonais, désormais infirme, s'accompagnera d'une suprême espérance à laquelle est liée l'attente d'un changement radical. À en croire Aristote, l'espérance est le rêve des gens éveillés. Sous la croûte de glace, dans l'attente, ils préparent cependant leur plan d'attaque, mesurant le temps sur le cadran d'une horloge planétaire. L'heure venue, tels des termites s'éveillant de leur torpeur, ils sortiront au grand jour, plus pimpants et agressifs que jamais.

Au cours de cette hibernation, la pointe émergée ne représente qu'un neuvième de l'iceberg : les neuf dixièmes demeurent invisibles et sans nom ; ce sont pourtant les parties les plus dangereuses, qu'il faut éviter sur sa route. Les grands caméléons demeurent ainsi camouflés à l'intérieur du mécanisme de la porte tournante, prêts à entrer dans le jeu au moindre changement de vent. Seuls sont exclus ceux qui, par malheur, restent coincés.

Chaque fois que le Christ revient au seuil de l'Histoire, que ce soit à Fatima, avec Padre Pio, ou bien à Medjugorje, tous les membres de la curie se précipitent à Sa rencontre, soucieux de Le retenir par la manche, insinuant qu'il vaudrait mieux changer de route et taire d'éventuels secrets, qu'il serait opportun d'adoucir le ton et de repenser les choses. Sous couvert de prudence, c'est la déviance qui triomphe. Exactement comme l'observait saint Bernard : « Tout le clergé, cela est visible, ne brûle que d'un seul zèle, celui de bien tenir son rang. Tout est donné à l'apparat ; rien, ou presque rien, n'est donné aux choses de Dieu. Si, pour quelque raison, tu te risques à t'abaisser un peu et à te rendre plus accessible : attention, s'écrie-t-on autour de toi, cela n'est pas de mise ; cela ne convient pas aux temps actuels, cela ne convient pas à votre majesté ; ne perdez pas de vue le rang que vous devez tenir ! »

Dieu, au Vatican, S'amuse à créer des paradis contrastés, où les puissants dignitaires profitent des postes d'observation des factions en lice, mais les laisse dépourvus d'un enfer commun où ils puissent se retrouver, comme au bar.

Intrigues, clientèles et recommandations

Les mauvaises mœurs sont propices à la corruption et à la concussion. Les magistrats de l'opération « Mains propres », à Milan, ont eu le courage de dénoncer sans ambages à la face de l'Italie et du monde l'ampleur de la corruption. La dénonciation est gravissime pour toute la société civile. Les menottes ont été passées à des personnalités de la politique, de l'aristocratie et du monde industriel, impliquant de manière transversale les partis, la maçonnerie et l'Église. Un coup de balai salutaire, même s'il n'a pas eu l'heur de plaire à l'*Osservatore Romano.*

Dommage qu'un pool anticorruption de ce genre ne puisse jamais surgir au cœur de la citadelle vaticane ! Le doigt appuierait sur la purulence cancéreuse qui infecte çà et là tout le corps mystique du Christ. Mais qui n'en dénoncerait point l'existence resterait suffoqué dans le silence de tous ceux qui sont descendus au tombeau.

La morale, au Vatican, est infestée par les intrigues, la corruption, le clientélisme et les recommandations. On l'a déjà vu dans le cas des recommandations pour les candidats à l'épiscopat, système de désignation unique en son genre. Il en va de même pour toutes les promotions au sein de la curie : à la place des concours et de la promotion suivant les mérites règne l'indécence du clientélisme et des recommandations.

La curie, on le sait, préfère le saint chrême au charisme quand il s'agit d'accorder des promotions. Mais qu'importe ? Cela se passe aussi ailleurs. Combien d'évêques, intéressés par certaines promotions ecclésiastique, fournissent au nonce des renseignements truqués ? De là vient que d'aucuns aient conclu que deux catégories seulement d'individus ont besoin de protecteurs pour aller leur chemin : les belles-de-nuit qui tapinent sur les trottoirs et les monseigneurs impatients de faire carrière au Vatican.

Comme tout employé, celui de la curie a toujours un rêve en réserve. Se sachant cependant incapable de le réaliser par ses seuls moyens, il se met frénétiquement à la recherche d'un prélat protecteur, si possible le plus thaumaturge sur la place. Il ne néglige aucun effort, quitte à prendre des libertés avec l'éthique et à sacrifier tout ce qui est sacrifiable. C'est ainsi que les étalons entrent en piste et que les pur-sang sont contraints de tirer la charrette inexorablement. La promotion devient un objet de troc et se marchande à un prix équivalent comme un cheval de course.

Des Grecs sollicitèrent de Philippe et de Thomas une recommandation pour être présentés à Jésus : dès lors, les membres de la curie en ont déduit l'origine divine des recommandations, s'en remettant au plus prestigieux prélat qui a le vent en poupe pour obtenir des avis favorables. Il ne s'agit pas pour eux d'évaluer la préparation ou non d'un candidat, même s'ils s'accordent à en parler : ce sont plutôt des échanges de faveurs entre les puissants au bénéfice de leurs protégé. Du fait d'habitudes indécrottables, chaque officiel de la curie romaine, voie royale au sein de l'Église, n'en est pas moins homme et demeure ainsi à la merci de son supérieur. Celui-ci a le pouvoir de faire avancer, de rétrograder ou de mettre sur la touche chacun de ses subordonnés. Il n'est pas tenu de donner des explications à qui que ce soit. Sa volonté fait loi : *Stat pro lege voluntas*. De la sorte, l'entreprenant employé de la curie finit par se convaincre qu'il accomplit la volonté de Dieu quand il réussit à converger ou, mieux, à sinuer vers l'accomplissement de sa volonté, y voyant une confirmation d'en haut, comme celui « qui veut réduire Dieu en son pouvoir [1] ».

Le monarque supérieur n'est pas toujours équanime et juste ; il ne s'estime pas tenu de récompenser ses collaborateurs suivant leurs mérites, leur ancienneté ou leur compétence. En prenant ses décisions, il n'est pas tenu de respecter un code de déontologie : il peut s'en remettre à l'arbitraire de ses sympathies et de ses antipathies, se fier à l'appartenance à un clan ou à une famille ou encore vouloir récompenser d'autres prestations.

1. Job 12, 6.

Dans le climat médisant et suspicieux de la curie, se voir refuser la collation d'un bénéfice équivaut à une dénonciation publique diffamatoire, et tous aussitôt s'interrogent : quels crimes a-t-il dû commettre pour être ainsi mis au pilori ! C'est pourquoi une promotion refusée ou un honneur retardé prend des allures d'accusation publique : l'intéressé l'attend ou la reçoit non pour ce qu'elle lui apporte, mais pour ce qu'elle retire.

« J'ai écrit un mot à l'Église, mais Diotréphès, qui convoite la première place, ne veut pas nous accueillir [1]. » Depuis lors, les Diotréphès se sont multipliés au sein de l'Église et visent les plus hauts postes auxquels ils puissent accéder et, pourquoi pas, à celui de pape.

*

Les déjeuners et les dîners de certains prélats sont restés dans l'Histoire. Ceux de notre époque n'ont rien à leur envier. Il suffit de rappeler le banquet pharaonique organisé à la face du monde pour les cinquante ans de sacerdoce de Jean-Paul II à l'initiative de Mgr Crescenzio Sepe, alors secrétaire du dicastère pour le clergé. Il avait veillé aux moindres détails du succulent menu, le pape étant attablé au milieu de deux mille allègres contemporains en sacerdoce, avec plat de résistance, vin et cure-dents.

Entre les temps forts et les repas copieux, il n'y a qu'un pas. Combien de fois ce qu'on ne parvenait à résoudre avec la cervelle a été tranché comme par enchantement autour d'une assiette de soupe et d'un bon verre de vin ! Il existe un authentique ministère des repas...

C'est aux repas et aux buffets que se fabrique l'Histoire, après de plaisantes dégustations, d'abondantes libations et en compagnie de braves gens avec lesquels le temps semble arrêté depuis Josué tant que ne triomphe pas le candidat de service ou la thèse gagnante. À cette table, on parle volontiers de tout, de réforme

1. IIIe épître de saint Jean 9.

et de progrès à réaliser presque tout de suite après les ripailles, faisant ainsi cheminer l'Histoire comme la digestion et réglant les destins une fois passé l'heure des ripailles. Tout semble concourir à un heureux dénouement, scellé par une généreuse rasade de vin dans un verre scintillant.

À quelques exceptions près, les monseigneurs ont un solide coup de fourchette, surtout quand c'est l'autre qui régale. Invitants et invités savent que derrière ce rite, l'heure de solder les comptes ne se fait jamais beaucoup attendre. En attendant, ils font honneur au repas, en l'occurrence sans hâte ; pour chasser la faim et sentir le goût de la satiété, ils continuent à manger comme quatre.

Les repas offerts aux supérieurs de la curie tiennent bien souvent lieu de concours internes. Réussir à obtenir l'accord d'une partie des quatre-vingts reviendrait à s'assurer de sa promotion ou à avoir sa licence en poche. À la table centrale ne doit pas manquer le candidat, c'est-à-dire l'aspirant, assis comme par hasard (si l'on peut dire) à côté de l'examinateur, de celui qui décidera. Le candidat doit savoir jouer aussi bien d'habileté que de sa fourchette : cela suffit pour donner à entendre qu'il est méritant. Le second, l'examinateur, joue lui aussi à passer du rôle de délégué à celui de délégant, à qui appartiendrait le dernier mot. Mais, si la dégustation est réussie, l'affaire est entendue.

Beaucoup de prélats se retrouvent volontiers à des déjeuners de travail, pour les besoins, précisément, de la digestion gastronomique et alcoolique. À la faveur de ces rencontres, les promotions des recommandés avancent plus vite. Les camériers de métier, les plus sûrs, observent à la dérobée que les prélats les plus hautains lèvent aussi le coude avec le verre à mesure que leur moral s'élève à la hauteur de leur suffisance. Les habitués des mélanges de fumées parient sur la victoire : et voilà !

Dans des lieux réservés, à l'abri de salles loin des oreilles indiscrètes et dont l'intimité est rigoureusement préservée, servis par un personnel d'une retenue à toute épreuve, le spirituel fait mieux confiance au matériel : au milieu des blagues, des amusements et des combines sacrées, mission accomplie ! Après les premières confidences filtrent les informations intéressantes ; on se promet la plus grande discrétion ; puis viennent les évaluations personnelles ; on passe en revue les noms des candidats, on examine la marche à suivre, les prélats à mettre dans le coup afin de parvenir à ses fins. Ceux auprès de qui prendre des renseignements en toute sécurité. Quand le pape donnera son aval, le Seigneur sera aussi de leur côté, ne serait-ce que pour ne pas donner tort à Son vicaire.

À la fin, le garçon apporte la note. Celui qui la règle, si salée soit-elle, peut se dire satisfait : après tout, Paris vaut bien une messe !

Compromis, pressions et délations

La prédominance de l'ambition la plus débridée, le règne de la mégalomanie, de l'effronterie la plus cynique, du favoritisme jusqu'à la corruption : on trouve tout cela au Vatican.

Habiles à demeurer en équilibre sur la corde, ceux qui sont arrivés aux échelons supérieurs, quand bien même ils se révéleraient inaptes au poste qu'ils occupent, font savoir au-dessus que, par dignité et par respect pour leur charge, ils ne bougeront qu'en vue d'une meilleure place. D'où ils pourront ensuite intriguer et resurgir le moment venu. Un phénix qui renaît continuellement de ses cendres, et qui se sert habilement de ses défaites comme d'un tremplin. Au lieu d'expier, ils réussissent à obtenir des promotions et des applaudissements grâce à un admirable mécanisme dont le secret est connu de tous.

Si un préconisé ou un promu, pour dire les choses simplement, parvient à ne pas perdre l'appui de son protecteur, il recourt soudain, comme à une *ultima ratio,* à la règle d'or : *promoveatur ut amoveatur,* c'est-à-dire pas de destitution sans promotion. Cette maxime même ne va pas sans une grosse part d'injustice, mais elle est toujours utile pour occulter les vices dans les mystérieux rouages de la curie. Sur le revers de chacun d'eux, on lit en dialecte romain : *Dejantri nun ce ne frega gnente !* (« On n'en a rien à cirer des autres ! ») Au détriment de qui de droit, celui qui doit s'élever, si coupable soit-il, sera de la même manière récompensé, en se taisant et en couvrant les mêmes méfaits de précieux mérites. À la curie perce celui qui se débrouille le mieux dans l'ombre de son protecteur. L'agaçante rumeur a tôt fait de divulguer la candidature du préconisé ; le bruit se répand.

Dieu, dans Sa simplicité, sait mettre le bien aux antipodes du mal. Les hommes, dans leur habileté, réussissent au contraire à faire se rejoindre le mal et le bien : ils en intervertissent les rôles autant de fois qu'il le faut. Et, lorsqu'il est repoussant de faire accepter l'opposé du contraire, ils masquent le bien sous des paroles impudiques, des calomnies, et le mal sous d'excellentes idées fausses. Sous ce camouflage, ils ne sauraient les présenter à Dieu omniscient, qui ne manquerait pas de les rejeter avec dégoût. À défaut, ils se rabattent sur Son vicaire sur terre, innocent, afin qu'il choisisse le mal travesti en bien et rejette le bien noirci par la calomnie. Une fois le dessein approuvé, il écrit que tout cela a été inspiré par l'Esprit Saint, lequel se garde bien de tremper dans ces embrouilles.

Ainsi se produisent certaines concordances promotionnelles : compromis, pressions, manœuvres et délations. Ce n'est pas en jouant sur les mots, comme on fait d'habitude, que la substance des choses change. Et s'il est question de reconnaissance, celle-ci a presque toujours donné dans l'espérance de faveurs ultérieures, naturellement réciproques.

Ces Rambo et ces mœurs ramboesques de curie sont désormais aussi connus des « abattis » de service. Dans l'Église, dit Pascal, il y a assez de lumière pour qui croit et assez d'ombre pour qui doute.

*

Par le biais de ces jeux douteux, un prélat américain était parvenu à occuper un poste en vue au sein de la curie, précisément là où se prépare la cuisine épiscopale. Depuis peu dans cet important dicastère, il se fit remarquer par une étrange manière de régler des dossiers en compagnie de quelque beau jeune homme, enfermés tous deux dans ce dicastère jusqu'à une heure tardive.

Mais les portiers des deux immeubles, de la maison et du bureau, n'étaient pas du même avis : on parlait beaucoup des raisons de cette réception nocturne. Le prélat était destiné à un grand archidiocèse dans sa partie. Il accepta, mais à une condition : que *pro hac vice* (pour ce vice) il ait aussi un siège de cardinal. Peu après, comme par consentement divin, le prélat américain, habitué des travaux « extraordinaires », fut proclamé cardinal de la sainte Église romaine.

*

Au Vatican a eu lieu un festival pour le clergé : « Manifestation à l'occasion du colloque organisé par la Congrégation pour le clergé pour le trentième anniversaire de la promulgation du décret conciliaire, *Presbyterorum Ordinis* », avec l'intervention du pape en conclusion du festival. Tout commentaire est superflu. Il suffit de savoir lire entre les lignes de la presse internationale ce qui, désormais, appartient à l'Histoire.

Tout fut à l'enseigne de l'exhibitionnisme mal dissimulé du prélat secrétaire, homme ordinaire qui se retrouva dans des conditions extraordinaires au point d'apparaître exceptionnel. Pour ce qui est de la mise en scène, il avait imaginé toute cette entreprise pour se mettre en position de se hisser aux commandes de son dicastère puisque le cardinal préfet était sur le point de franchir la barre de l'âge canonique.

Mais ce festival lui permit d'organiser les festivités ultérieures pour les cinquante ans de sacerdoce du pape, si bien réussies qu'elles lui valurent d'être promu au secrétariat général de la Commission pour le jubilé de l'an 2000.

La pompeuse manifestation du cinquantenaire fut retransmise en mondiovision pendant plusieurs jours et devait faire la une des journaux. On préféra oublier discrètement le destin des trois peuples de la Corne de l'Afrique qui s'entre-tuaient à quelques centaines de kilomètres afin de ne pas distraire le reste du monde de ce spectacle absolument carnavalesque.

L'Église est trop souvent détournée des choses matérielles et terrestres au point de prendre notre éphémère passage sur la planète pour une éternelle palestre d'aspirations égoïstes et de satisfactions corporelles. Bien que chacun sache que la félicité n'est point dans l'avoir mais dans l'être, le prélat qui a le sprint dans le sang sera plus enclin à tenir ce langage : donnez-moi le superflu et je me passerai du nécessaire.

En ces jours de fête, on aurait cru entendre le rejet de Dieu par la bouche du prophète Malachie : « Maintenant, à vous, prêtres, cet avertissement : Oui, je vous jetterai des excréments à la figure, les excréments des victimes immolées dans vos solennités, afin qu'on vous enlève avec eux [1]. »

Pour un autre exemple récent de déplacements de pions ratés sur l'échiquier de la curie, il suffit de lire les quotidiens de la capitale, dont les collaborateurs, sollicités exprès par les prélats intéressés, ont présenté à l'opinion publique le changement de garde « en cours » – le changement du secrétaire général de la Commission centrale pour l'année sainte, Sergio Sebastiani cédant la place à Crescenzio Sepe – comme une heureuse décision, quasiment un miracle. Deux avancements, deux préconisés à la pourpre cardinalice, deux heureuses promotions, dans une partie d'échecs qui a même vu surgir un fou turbulent, un certain Mgr Liberio Andreatta, avec la dureté de langage des

1. Malachie 2, 1-3.

Sardes, aspirant à entrer dans le tourbillon des grands événements religieux de ladite commission, comme la conséquence logique d'une donnée de fait : qui a voulu Sepe a prévu aussi Andreatta. Tant de prévoyance en sa faveur : pourquoi ?

Il s'agit du monseigneur placé à la tête d'une lucrative organisation plurimilliardaire active dans ces milieux et qui se fait remarquer à travers un office de tourisme religieux économiquement fort avantageux [1]. Tourne manège ! Ainsi a-t-il imaginé de distribuer un foulard coloré, compris dans la facture, que portent autour du cou et à la main les pèlerins ignares censés l'agiter à plusieurs reprises et jusqu'à épuisement au cours des cérémonies et des audiences générales, histoire de donner à entendre à qui de droit quels étaient les buts promotionnels cachés : « Veillez-y bien ! Partout où ils sont, j'y suis ! »

Qui sait lire ce qui se cache derrière ces faits voit on ne peut plus clairement que le choix de Mgr Sebastiani pour cette commission fut une erreur. L'homme ne fait pas l'affaire : il n'a aucune initiative, mais il est imbu de lui-même. Comment réparer ? Par un changement qui donne satisfaction à tous, en vue de la pourpre. On ne sait pas où naît le vent de la curie, mais on peut prévoir où il va, par ces jeux de funambulisme ecclésiastique qui entretiennent le spectacle sur la place.

Pauvres mortels, ces prélats iront un jour frapper à la porte de l'Époux en fête : « Seigneur, Seigneur ! Ouvre-nous parce que nous avons prophétisé en Ton nom, nous avons chassé les démons en Ton nom, accompli des miracles en Ton nom. » Après s'être tant démenés, tant exhibés, tant penchés à la fenêtre, après tant de fanfaronnades, quel affront que de s'entendre répondre d'une voix lointaine : « Éloignez-vous de moi, vous qui commettez toutes les œuvres d'iniquité [2]. »

---

1. Liberio Andreatta est président de l'Œuvre romaine des pèlerinages, dont les ressources, qui se comptent en milliards, proviennent des voyages en Terre sainte, à Lourdes, à Fatima et ailleurs. Il serait un parent de l'honorable Beniamino Andreatta, politicien catholique.

2. Matthieu 7, 22-23.

11

Le javelot de l'homosexualité

Dans le milieu ecclésiastique, et particulièrement à la curie, l'homosexualité est soit une calomnie qui met la victime hors course pour le restant de sa vie, soit une forme de tir au javelot qu'il faut, pour vaincre, lancer le plus loin possible. C'est de toute façon un sport fatigant, pratiqué par les moins raffinés.

Dans certains cercles du Vatican, le phénomène de l'homosexualité – condition devant laquelle nous avons aujourd'hui une attitude plus clémente et compréhensive – est un moyen de favoriser l'avancement des uns ou faire obstacle à celui des autres en les noyant sous un monceau d'ordures propre à les décourager de faire le moindre effort pour obtenir une promotion.

Pour ce qui est des promotions, qui travaille sous la ceinture a parfois plus de possibilités que celui qui met son cœur et son cerveau au service de Dieu et des frères. La grâce l'emporte sur le mérite...

Chez maints prélats de la curie, par certaine faiblesse inavouée, il arrive que le beau inspire plus de bienveillance et de prédilection que le courageux. Au fond, on devine toujours un soupçon d'éphébisme dans certaines sympathies du supérieur. Pour son premier engagement, le sujet se met au courant de ses prérogatives et y recourt volontiers à son avantage. L'apparence du *madonno,* de l'efféminé qui du mâle possède l'indispensable et de la femme le port agréable, finit souvent par le tromper lui-même, qui joue d'équivoque avec profit, grâce à l'harmonie de ses charmes cachés. Du moins tant que son faible ne lui brûle pas les ailes par excès de minauderies.

Lanceurs de javelot

Dans un diocèse italien, un jeune homme porta plainte contre son évêque pour abus sexuel. Naturellement, l'évêque nia tout en bloc, mais le juge lui infligea tout de même une condamnation avec sursis. Invité à se démettre, le monseigneur demanda une nomination à la curie, sans quoi il ne bougerait pas.

Dans les codes pénaux des États, cette forme de chantage est un délit passible de poursuites judiciaires. Dans le code de l'Église, cette prétention est justifiée en vertu de la règle d'or : *promoveatur ut amoveatur.* La promotion est un moyen d'éloigner la personne en question du poste où elle a fait scandale. En conséquence, avec beaucoup de désinvolture et de naturel, ledit évêque obtint son transfert à Rome avec le titre purement formel de délégué auprès d'une administration, inventé exprès pour le mettre sur la touche. Sans effet fut la réticence du chef de ce dicastère, qui s'obstinait à ne pas vouloir donner au coupable ne serait-ce qu'une chaise derrière un bureau.

L'évêque tout à la fois promu et déplacé commença aussitôt à tirer parti des conflits de compétence, jouant avec habileté et effronterie la carte de l'embarras dans lequel il se trouvait sans y être pour rien. Si la règle du *promoveatur ut amoveatur* vaut pour toutes les situations inconfortables, pourquoi ne s'appliquerait-elle pas aussi dans son cas ? Un beau jour, ledit délégué fut promu secrétaire d'un autre dicastère chargé des migrations, peut-être parce que aujourd'hui les homosexuels aspirent à vivre aussi en noyaux de transhumance. Jusqu'à maintenant, le vent lui a fait du bien.

*

Il y a quelque temps, à Rome, la police approcha de nuit d'un véhicule garé le long d'une voie latérale, sous les arbres, au voisinage du Circus Maximus : remarquant les deux occupants à moitié déshabillés, les policiers les invitèrent à les suivre au commissariat pour vérification d'identité. Le lendemain, la presse publia le nom du prélat, dont on connaissait les faiblesses, et celui de son ami.

À compter de ce jour, les pervers de la curie se mirent à paraphraser cet aphorisme : *Si non caste, saltem caute* (si tu n'es vraiment chaste, au moins sois prudent), pour le remplacer par cet autre, *Si non caste, saltem castel,* allusion au nom du protagoniste et à sa posture érotique. Cependant, avec le vent en poupe, ce grand fils de diplomate avait beau mener une vie un peu singulière, il était sur une voie de dépassement qui le conduisit d'abord à un poste de sous-secrétaire, puis finalement à celui d'archevêque secrétaire de dicastère. Seigneur, comme Tu es prodigue, même avec les invertis !

En guise de châtiment, Dieu fit dire à Israël : *Et dabo pueros principes eorum; et effiminati dominabuntur eis* (« Je leur donnerai pour princes des enfants et les efféminés les gouverneront [1] »).

*

Personne n'ignore, au Vatican, le cas de ce grand prélat qui a tenu la curie en échec pendant près d'une quarantaine d'années. Fils unique, il se découvrit à l'âge adulte la vocation du sacerdoce que, sans formation adéquate, il embrassa un peu par lassitude et un peu par ravissement. Il intrigua pour servir l'Église

1. Isaïe 3, 4.

précisément à la secrétairerie d'État, où il aboutit directement, alors même qu'il ne faisait pas l'unanimité.

Ne sachant si on allait le garder ou pas, il fut placé à l'essai aux côtés du substitut Giovanni Battista Montini, qui en fit son secrétaire particulier et, aussi longtemps qu'il vécut, le protégea envers et contre tout. Subtil, le prélat sut garder l'estime de son protecteur, fier de sa précision, de sa ponctualité et de sa rigueur. À la curie, il avait la réputation d'un homme peu enclin à attendre son tour.

Égocentrique, rigide et rugueux de tempérament mais doué d'une intelligence brillante, il se conduisait en tyran absolu : expéditif et rude par moments, il savait aussi se montrer généreux et, parfois, bienveillant et compréhensif. Il avait acquis le défaut de son patron : partial et partisan jusqu'à la morbidité, pour protéger autant que pour persécuter. C'était un parfait concentré de vertus et de défauts en un juste mélange ; or, à la curie, on le sait, on excelle à habiller en vertus les vices du supérieur. Contre toute logique, la décadence morale porte à cet état d'esprit.

Dans la carrière diplomatique, il eut à Berne une liaison avec une jeune sœur de la nonciature, qui voulait sincèrement se marier. La sœur ayant été transférée ailleurs, le prélat fut envoyé dans une autre nonciature avec un grade plus élevé. Le problème, c'est que la religieuse appartenait à la même congrégation que sœur Pasqualina, qui était au service de Pie XII : tant qu'elle demeura auprès du pape, celle-ci réussit à barrer la route de l'épiscopat au prélat. Il fallut attendre la mort du pape et la mise à l'écart de sœur Pasqualina pour qu'il fût fait évêque et nonce par le nouveau pape, Jean XXIII.

Quand Montini de Milan devint pape sous le nom de Paul VI, son ancien secrétaire particulier à la nonciature en Égypte lui fit savoir par des voies détournées qu'il était désireux de le servir plus près de Rome. Se présentant à la curie, le prélat arriviste se vit offrir un dicastère non cardinalice, qu'il refusa. Entre-temps arrivèrent ses bagages qu'il avait fait expédier. Il refusa de repartir et fit savoir qu'il attendait les ordres.

Les chefs des dicastères firent cependant comprendre au pape qu'ils ne voulaient pas de lui. Mais quand Paul VI voulait une chose, il fixait l'interlocuteur de ses yeux impénétrables et perçants, pareils à un trépan, au point que l'autre, glacé et désarmé, acceptait en silence.

Il se trouvait que, devenu cardinal, le même nonce qui l'avait tiré du pétrin de Berne était désormais à la tête d'un dicastère. Lui seul était en mesure de lui lancer à nouveau le canot de sauvetage. L'auguste protecteur conseilla au prélat ambitieux de rejoindre tel cardinal dans sa villa de Bergame où il passait de longues périodes d'oisiveté au frais ; il parla au nom du pape et cette fois il accepta.

Deux jours après, l'*Osservatore Romano* publiait le nom du successeur de Mgr Giovanni Scapinelli, qui avait jusque-là vécu des jours d'angoisse dans l'agitation des démissions sans pourpre. Voici ce qu'il advint. Le dignitaire promu resta en surnombre à la curie pendant encore vingt ans, se vantant de l'appui et du crédit sans limites du pape Montini. Tous les membres de la curie, y compris le puissant Benelli, également gratifiés de faisans royaux, étaient convaincus qu'à ce poste il ne pourrait finir que cardinal.

La puissance exorbitante du dignitaire promu se traduisait par un favoritisme grossier et des amitiés particulières, jusques avec des domestiques d'aspect juvénile, à la limite de la décence, donnant à entendre qu'il avait tout pouvoir sur le cœur du maître des lieux. Un après-midi, éméché et chancelant dans les couloirs de l'administration, celui-ci chantait : « Quel secrétaire vous avez ! » Les portiers le prirent par le bras pour le conduire dans son appartement voisin, tandis que, contrarié, il rabrouait ces énergumènes pour le peu de respect avec lequel ils le forçaient à regagner ses pénates...

À la suite d'une sévère enquête sur son compte, les conclusions furent portées à la connaissance du pape, mais le souverain pontife se refusa à intervenir. Tandis que Dieu veut uniquement tout ce qu'Il peut dans le bien, ce prélat pouvait tout ce qu'il voulait dans le mal. Il embobina tous les cardinaux préfets qui se succédèrent au dicastère au cours de sa longue suppléance, se les mettant dans la poche comme des marionnettes pour parvenir à ses fins.

L'heure approchait du consistoire convoqué par Paul VI pour la création des nouveaux cardinaux. Dans la liste des nouveaux pourprés figurait à la troisième place le nom de son protégé et ancien secrétaire. Le cardinal Dino Staffa, préfet du tribunal suprême de la Signature apostolique, voulut s'assurer par lui-même des faits attribués au secrétaire archevêque et en obtint confirmation.

« C'eût été pourtant une bonne occasion de débarrasser le Sacré Collège de ce personnage. C'est une insulte pour tous ses membres ! » disait-il avec regret en se frappant les genoux de la main.

Mais il est bien connu que l'homme propose, Dieu dispose. C'était en 1975, l'année de la plus forte dévaluation de la lire italienne. Jour après jour, la chute de la lire s'accélérait, pour la plus grande inquiétude de ceux qui avaient mis un pécule de côté. Les chanceux s'efforçaient de transférer leurs avoirs à l'extérieur. Certains se firent cependant arrêter à la frontière suisse et jeter immédiatement en prison. La presse en informait systématiquement l'opinion publique afin de décourager tous les autres d'en faire autant.

Pour mettre en sécurité ses économies, notre dignitaire décida alors de les transférer ailleurs la veille même de sa nomination. Une opération de routine et sans grande difficulté pour lui, citoyen du Vatican : du moins le croyait-il. Il se fit accompagner par un capitaine de la garde des finances, un vrai mirliflore, frère d'un monseigneur de son administration. Le vaillant militaire avait cédé au prélat à seule fin de donner un coup de pouce à la carrière de son frère, lequel, avec tant d'appuis, avait le vent en poupe à la secrétairerie d'État, qui lui avait accordé un visa d'ambassadeur itinérant dans les pays de l'Est ; les salamalecs des membres de la curie profitaient à l'heureux protégé, désormais promis à des avancements célestes.

Toujours est-il qu'à la frontière suisse un douanier voulut fouiller la voiture. Faisant montre d'un flegme insolent, le prélat sortit son passeport du Vatican. Sans doute trop jeune dans le métier pour saisir pareilles finesses diplomatiques, le garde frontière préféra demander conseil à son chef ; il revint embarrassé, mais avec ordre de mener à bien la fouille.

Les pires ennuis s'annonçaient pour le capitaine de la garde des finances, qui risquait d'être déféré devant un tribunal. Vu l'inflexibilité de ses collègues douaniers, le capitaine raconta aux policiers de service que, pour ce qui le concernait, il s'agissait d'une simple promenade, qu'il accompagnait le prélat à la frontière sans autre intérêt personnel. Étant l'ami du prélat, il lui tenait compagnie, sans manifestement se soucier du but de l'excursion. Cela ne l'empêcha pas d'être arrêté lui aussi.

Devant la valise pleine à craquer de billets italiens et étrangers, le prélat déclara qu'il transportait cela en Suisse pour le compte du Vatican. Il demanda à passer un coup de fil au substitut de la secrétairerie d'État, Mgr Benelli, qui, étant donné l'heure tardive, ne put être joint ni à son domicile ni au bureau. Le prélat et le capitaine restèrent en garde à vue toute la nuit ainsi que le lendemain, dimanche.

L'incident devint une affaire diplomatique : le Vatican n'avait rien à voir avec ce transfert de devises italiennes à l'étranger. Mgr Benelli monta sur ses grands chevaux. Mais il se rendait bien compte qu'on ne pouvait laisser un archevêque secrétaire de la curie romaine en état d'arrestation avec tous les risques de scandale que cela comportait. Les deux ministères de l'extérieur furent alertés, y compris la police et la nonciature.

Pour tirer le prélat et le capitaine d'affaire, il fut convenu d'adopter l'unique solution diplomatique : élargissement, pécule intact dans la valise, sans rien qui soit écrit noir sur blanc. On leur dit simplement :

« Monseigneur, vous n'êtes jamais passé par là, bien entendu ! »

Dès le lendemain, la presse publiait cependant des entrefilets sarcastiques : un prélat fouillé et relâché. Du rififi au poste pour une grosse poignée de dollars et de lires. Au Vatican, les bruits prirent de l'ampleur : *Dal galero alla galera,* observa un cardinal d'un ton sarcastique. Du chapeau (de cardinal) à la prison !

Pendant ce temps, une main auguste rayait bien malgré elle le troisième nom de la liste des futurs cardinaux. Le déclin du prélat et de ses protégés était désormais inexorable.

À plusieurs reprises, le cardinal manqué demanda à ses supérieurs de lui accorder au moins un diocèse, en considération des services rendus. Ce fut impossible : il apparut que certains scouts, en particulier ceux de la Montanina, n'approuvaient pas sa direction spirituelle, très poussée, et s'en étaient ouverts à leurs parents. Le protégé fut donc dirigé vers un autre dicastère, suivant la règle *promoveatur ut amoveatur* de la promotion-sanction, qui permet à la curie de se sortir de toutes les situations embarrassantes.

Ainsi se terminait la trajectoire de ce dignitaire dont la vie ressemble à une opérette piquante, du premier au dernier acte. Pour s'en aller, il attendit le dernier jour de l'*ingravescentem aetatem,* autrement dit d'avoir atteint la limite d'âge. Mais les choses ne devaient pas s'arrêter là. Il fallait que la succession fût la plus paisible qui soit afin de ne pas chambouler les services : comme qui dirait, l'ineptie du successeur aurait mis en relief l'intelligente fourberie du prédécesseur.

En coulisse, hors du périmètre de sa maison, un dîner copieux fut organisé. Cinq grands prélats, dont deux de Brisighella, prirent place dans une petite chambre à part : l'habituel dîner de travail pour décider du candidat à désigner. Étant donné ce qui précède, ce ne pouvait pas être le seul imbécile et incapable. Le choix se porta sur un Ukrainien, faraud comme un renard et rusé comme un serpent, que le régime communiste estimait au point de lui donner la liberté d'entrer et de sortir de sa patrie : créature dépouillée que le protecteur démissionnaire avait fait jadis revêtir des habits épiscopaux.

Dans les temps d'incertitude et d'indécision, celui qui paraît négligé, bien que *minus habens,* a sa carrière plus ou moins toute tracée, à plus forte raison s'il n'est pas fait pour la tâche qu'on veut lui confier. Ainsi fut-il désigné par les cinq dans le secret de leur chambrette isolée. Quelques jours plus tard, la nomination du saint homme reçut l'auguste approbation du pape qui, ignorant tout, jugeait la succession on ne peut plus naturelle et heureuse.

Dépourvu de titres universitaires, le nouveau secrétaire allait se mettre à collectionner toute une ribambelle de diplômes *honoris causa* auprès des universités européennes. Une collection de ce genre est toujours une prime commode pour qui aspire à la pourpre cardinalice. Tout au long de ces années, il a fort bien expliqué aux employés ce qu'il ignorait.

Si la nomination ainsi arrangée fut expéditive, il ne fut pas aussi facile de se débarrasser du poids mort du dignitaire d'opérette, qui resta longtemps malodorant. On voulait le donner à l'Église d'Ukraine, mais ses évêques, qui avaient toujours sur le dos la moisissure des camps et dont les plaies n'étaient pas encore cicatrisées, se refusèrent absolument à le subir en tant que métropolite. Que la curie elle-même en profite ! Un cardinal de plus ne lui ferait pas de mal . elle en avait vu d'autres ! Pour qui n'est pas encore tout à fait sorti des catacombes, mieux vaut le vieux que le neuf !

C'est pour eux que le prophète Osée écrivait : « Ils sèment le vent, ils récolteront la tempête [1]. »

1. Osée 8, 7.

Histoire fausse et mensongère

À la différence de la Renaissance, cette époque n'est pas en mesure de faire surgir, fût-ce en négatif, des personnages de la stature d'un Jules II, mécène magnifique et guerrier audacieux, ou d'Alexandre VI Borgia, celui des loges commandées à Raphaël, malgré le fruit monstrueux de son inceste. Sous les ailes de l'Église de cette époque, trop centralisée pour être touchée par les erreurs extrêmes des suivants, la vérité divine reparaissait dans toute sa splendeur par le truchement de leur esprit hors du commun ou à travers les personnages, réellement géniaux, dont ils s'entouraient. De nos jours, au contraire, ces sorciers que sont nos prélats mesquins infectent les chambres des Borgia de poisons pestilentiels.

Il arrive, prévient Virgile, que l'Histoire rende justice à travers l'écoulement du temps : *Forsan et haec olim meminisse invabit* (« se souvenir de ces choses sera utile par la suite »). Mais les faits et les événements historiques de l'Église sont difficilement perceptibles par tous dans toute leur ampleur. Il faut les faire sédimenter sur le vaste fond du temps tridimensionnel : terrestre, ecclésial et divin. Sur ce fond apparaît une réalité que l'histoire de façade ne retient pas toujours, tandis que ce qui est réellement authentique demeure caché et dissimulé dans les plis de la chronique au premier degré qui se borne à rapporter les faits marquants sans se soucier de regarder derrière les présupposés et les subterfuges que ces faits produisent. Tout autre chose que la mère de la vie ! Elle ne connaît plus que la flagornerie, dans un contexte où même le mensonge n'est plus vraiment mensonger. Ainsi comprend-on qu'au commencement était le Verbe, mais qu'à la fin il ne restait plus qu'un moulin à commérages.

L'envers de l'histoire est d'autant plus piquant qu'il est grossier. Ce filet à mailles serrées d'anecdotes autour des promotions forme le substrat et le support en même temps que la contre-épreuve du papier de tournesol sur certains phénomènes, événements et personnages, sous l'angle de vue de qui a réussi à ne pas contracter de mauvaises habitudes.

Un exemple parfait serait la seconde version du concordat de 1984, déjà signalé, en comparaison du sérieux avec lequel furent préparés les accords du Latran de 1929 que le pape Ratti suivit personnellement, afin de suppléer à l'insuffisance de Mgr Giuseppe Pizzardo et au sans-gêne de Benito Mussolini. Ce supplément de doctrine et d'expérience ne devrait pas échapper à l'historien, pour peu que la vérité soit examinée du bon côté. À quoi bon l'enterrer quand, d'une façon ou de l'autre, elle finit toujours par resurgir et s'imposer ?

Le train de l'Histoire ne circule pas facilement à toutes les heures ; quand il passe sans préavis, il faut y monter tout de suite. Arrêtez le monde, je veux descendre ! criait le comique Toto, tout en s'affligeant qu'il n'y eût pas d'arrêt facultatif.

Beaucoup d'arrivistes avides de pouvoir dissimulent sous le clinquant de la fausse modestie de secrètes ambitions, un désir effréné d'avancement et de cumul de fonctions, toutes choses qui, une fois obtenues, mettent à nu le paroxysme des protagonistes sous les feux de la rampe dans les palais sacrés de la curie romaine et diocésaine. Un scénario en béton, derrière lequel la vérité est bien différente, rigoureusement cachée à tous en sorte que l'Histoire qui émerge des documents est fausse et mensongère. Chaque homme est un mystère ; plus il est grand, plus l'empreinte de son mystère devient indéchiffrable.

Le difficile travail de l'historien consiste à discerner l'authentique de ce qui a été créé de toutes pièces, tout en sachant que le fantastique fait aussi partie de l'Histoire ou, mieux, qu'il est aussi de l'Histoire fermentant dans le champ de la légende.

Pour consolider son pouvoir au Vatican, il faut faire étalage de prestige, de faste et de pompe face aux éternels charmes païens, orientalisants, renaissants, espagnols, qui à la veille de l'an 2000 marquent encore l'Olympe de la cour pontificale, impatiente d'occuper la première place et avide de pouvoir : *Romae omnia venalia* (à Rome, tout est devenu vénal). « Le cours du vent a changé : il passe et poursuit sa route... Voilà la puissance de mon Dieu [1] ! »

On voudrait qu'au prix d'un grand renversement tous rejoignent le Christ à la dernière place. Il n'est pas caution de nos choix égocentriques, pas plus qu'il n'authentifie certaines marchandises avariées par des calculs trop intéressés. « À l'affût, ils épient toujours mes paroles, ils ne pensent qu'à faire le mal, ils observent mes pas pour attenter à ma vie [2]. »

Dans les luttes en cours, aimer son prochain comme soi-même devient un prétexte, un subterfuge pour se placer au centre de l'attention, porté par un piège égoïste. Aimer est l'un des verbes les plus difficiles à conjuguer : comme disait Coc teau, son passé n'est pas simple ; son présent n'est pas indicatif ; il n'a de futur qu'au conditionnel.

1. Habaquq 1, 11.
2. Psaumes 56, 6-7.

12

Ceux qui émergent et ceux qui sombrent

Les employés du Vatican sont classés en deux catégories. Ceux qui sont toujours à l'affût de tout, tout de suite, sans donner grand-chose d'eux-mêmes ; ceux-ci font partie de la minorité majoritaire, ceux qui émergent, dont on parle et dont on suit les discours.

Puis il y a ceux qui, discrètement, donnent tout, sans bénéficier de la juste reconnaissance des droits naturels les plus élémentaires. Ce sont les quatre-vingts pour cent de sans-visage, ceux qui sombrent, les hommes-grenouilles qui ne doivent pas émerger, les sans-droits bien définis, ceux qui en sont réduits à former une colonie de fourmis. Ceux-là sont voués à l'anonymat : on rejette sur eux les soupçons, le cas échéant en les montant en épingle, on les accuse sans preuves, on se mêle arbitrairement de leur vie privée, on multiplie les coups bas qui portent atteinte à leur honneur et à leur réputation. Ce sont ceux que l'on siffle doucement, lentement, en secret. Aucune preuve, partant aucun droit de se défendre, comme des attardés jugés par personne interposée, à l'amiable.

Eux, les parias de la curie, les derniers des derniers, conscients de n'avoir aucune chance de promotion, se résignent à leur infériorité. Ils resteront toute leur vie au clou, avec en main les fausses poignées. Cultivés tels des bonsaïs dont on surveille la croissance pour produire des fruits comme ceux des grands arbres, mais nains. Convaincus que certains postes promotionnels au Vatican sont pareils à ceux réservés aux handicapés dans les services publics, autrement dit qu'ils ne devraient jamais parvenir à les occuper ; qu'il appartient à leur supérieur, si et quand il le veut, de prendre soin d'eux et de défendre leurs droits.

Au Vatican, quand on est catalogué, on l'est une fois pour toutes : s'il doit rester immergé, quand bien même il serait un génie, il demeurera de toute façon ignoré, jusqu'à ce qu'on parvienne à se débarrasser de lui, en l'exhortant parfois à se retirer, quitte à lui accorder même quelques années de retraite. Celui qui refuse ce schéma, la curie le rejette purement et simplement par divers moyens : exclusion, déclassement, avertissement, sinon directement mise à la retraite anticipée. Autour du récalcitrant, c'est soudain le règne de la terre brûlée et de l'ostracisme ; les collègues prennent leurs distances, les amis se font rares.

De quelque façon qu'il réagisse, l'ecclésiastique ainsi blackboulé ne fera que démontrer qu'on a eu raison de l'écarter. S'il se tait, le supérieur dira à qui veut l'entendre que son silence même en est la preuve : qui ne dit mot consent et ne se reconnaît pas digne d'émerger. S'il proteste, c'est la preuve qu'il a été exclu en prévision de son insubordination. On applique la méthode préventive de don Bosco : prévenir en châtiant. Et ainsi chacun a la conscience en paix.

*

L'autre catégorie est celle des « émergents », c'est-à-dire des préconisés aux promotions par la volonté d'un dieu terrestre. À eux, tous les privilèges : les préférences et la renommée leur sourient, gommant les défauts tout en leur créant des qualités ou en les exagérant. Une équipe d'impunis qui ont pour eux leur réputation de gens bien, de quelque manière qu'ils se conduisent.

Même si c'est dans le désordre, c'est à eux qu'est réservée la course préférentielle avec un droit de préséance en toute chose, du bureau d'approvisionnement aux appartements, des administrations aux habitations et aux nominations de prestige. Aux cadets de cette écurie est permise l'allègre expérience de survoler l'apprentissage pour s'immerger aussitôt dans les compétences des échelons supérieurs.

La méthode requiert du doigté et de la ruse quand il s'agit de promouvoir un favori : afin d'exalter les qualités et les mérites du candidat, on brouille les cartes à sa guise pour faire parvenir le dossier à qui de droit. Le cas échéant, on lui obtient même un rendez-vous dans le bureau pontifical : et pourquoi pas, puisque tout est permis ? Le reste vient en temps voulu, en brossant le supérieur dans le sens du poil et en brûlant de l'encens en sa présence. Quand le promoteur d'injustice a eu le dessus sur les autres pour faire avancer indûment son favori, il prend la peine de convaincre les mauvais coucheurs qu'il ne sert à rien de se rebeller, parce que la promotion est on ne peut plus régulière puisqu'elle a déjà été approuvée par les instances supérieures, qui le plus souvent en ignorent tout.

Pour nourrir les soupçons autour de celui qu'on veut destituer, on fait exactement le contraire. Ainsi certains plans, si mesquins soient-ils, se réalisent à l'enseigne de la surprise, des subterfuges et du mensonge. « Terriblement nuisible est l'injustice qui a les moyens de nuire », disait Aristote.

Du moment qu'il a le vent en poupe, le prédestiné, même si c'est un abruti, abordera au port en toute sécurité. Il a la parole de ses protecteurs assermentés pour placer leurs préférés, ils choisissent d'œuvrer à l'abri du secret pontifical qui, on l'a déjà vu, leur sert de bouclier.

La tentation de concentrer entre les mains de l'autorité le monopole de toutes les promotions et de toutes les exclusions est beaucoup plus forte dans l'Église, semblable à un régime étatique, que dans les autres sociétés. Chacun de ses choix, surtout quand il est discriminatoire et injuste, l'autorité l'attribue, comme un coupe-jambon au laser, à l'inspiration du Paraclet. Sa décision est infaillible, donc incontestable. Sans connaître les milieux de la curie, Einstein affirmait qu'il est plus facile de briser un atome qu'un préjugé.

En somme, ils sont presque toujours sur l'estrade, quand les autres sont cités à comparaître, en totale contradiction avec la Déclaration universelle des droits de l'homme. Les uns et les autres – ceux qui émergent et ceux qui coulent – s'avancent en chantant de manière dissonante la même partition, mais sur des cordes diverses : « Le Christ S'est fait comme nous, pour nous faire comme Lui. »

Le jeu du palais s'inspire du jeu de l'oie : si on tombe dans la case du Saint-Office, on fait six pas en arrière ; dans celle de la maçonnerie, on gagne un tour ; dans celle de l'audience pontificale, on avance de trois cases ; dans celle de la revendication d'une promotion, on a droit à un avertissement et on retourne à la case départ ; dans la case du bureau du pape, on est sur la ligne droite précédant l'arrivée ; et en concurrence avec d'autres qui émergent, on joue avec un seul dé... Le jeu continue librement, sans arbitre, mais avec beaucoup d'arbitraire et de coups de coude.

*

À Auschwitz, en Pologne, à peine est-on entré dans le premier pavillon qu'on aperçoit une immense photographie : de la pointe de son bâton, un S.S. de dos indique aux déportés dans quelle file interminable ils doivent prendre place. Au gré des imperceptibles oscillations de sa baguette il décide de la destination de chaque déporté : les douches, c'est-à-dire les chambres à gaz, ou les travaux forcés. Décisions terrifiantes qui donnent encore des frissons d'effroi aux visiteurs. Certains préjudices et certaines promotions de la curie font penser avec horreur à l'oscillation du bâton du S.S., sans visage et sans scrupules.

L'Église doit craindre plus les ghettos en son sein que les persécuteurs de l'extérieur : alors qu'elle réussit à convertir les seconds et à les sanctifier, les premiers l'étranglent et accélèrent sa décomposition. La télécommande supérieure tranche à sa convenance, une fois pour toutes ou au coup par coup, du sort à réserver à chacun de ses sujets : la remontée ou l'abaissement. Il suffit d'ajuster l'instrument optique pour que les vertus et les vices, l'équilibre et les passions, les amours et les haines aient ou non le même poids ou la même mesure.

Au gré du vent, certains peuvent se trouver retenus par la toile d'araignée comme de simples objets « à jeter après usage », tandis que les promis aux hautes sphères sont au contraire poussés en avant sans pudeur et avec une arrogance moqueuse. Dans ce contexte, les mérites, les droits naturels acquis, les précédents sont comme des grains de poussière sur le plateau de leur balance, dont la justice biaisée est réglée par l'ambivalence du moment.

Encore ces fragilités humaines s'interprètent-elles différemment selon les personnes : chez ceux qui sont au sommet, ou qui sont appelés à y accéder, elles sont autant de manifestations positives d'un grand tempérament ; si au contraire il est question du reste de la glèbe, il faut les traquer implacablement et les éliminer à la manière des Soviétiques.

Trop de procès de réhabilitation devraient se tenir au Vatican afin de préserver les vivants d'une injuste codification individuelle, toujours aux aguets. Pour l'heure, c'est le goût codifié de détruire le bien, à seule fin de le recommander ensuite, réhabilité, à la postérité : *On méprise la vertu quand elle vit, on la loue quand elle est morte.*

On ne fait rien sans rien

Le système de la curie a tendance à tenir à l'œil tous les subalternes, soumis à la main pesante de leurs supérieurs qui décident pour eux. Gare à qui s'élève sans l'accord de rigueur : oser signifierait tomber en disgrâce. Une arrogance qu'il convient d'éviter à tout prix.

Une terreur psychologique qui rappelle celle des parents de l'aveugle de naissance, que Jésus avait guéri. Alors qu'ils auraient dû se réjouir du miracle, c'est au contraire récalcitrants et timides qu'ils se dérobèrent devant les membres du sanhédrin. « Mais, tant qu'ils n'eurent pas convoqué ses parents, les Juifs refusèrent de croire qu'il avait été aveugle et qu'il avait recouvré la vue. Ils posèrent cette question aux parents : " Cet homme est-il bien votre fils dont vous prétendez qu'il est né aveugle ? Alors, comment voit-il maintenant ? " Les parents répondirent : " Nous sommes certains que c'est bien notre fils et qu'il est né aveugle. Comment il voit maintenant, nous n'en savons rien, pas plus que nous ne savons qui lui a ouvert les yeux. Interrogez-le, il est assez grand, il s'en expliquera lui-même. " Ainsi s'exprimèrent les parents parce qu'ils avaient peur des Juifs. En vérité, ceux-ci avaient déjà décidé d'exclure de la synagogue quiconque avait reconnu le Christ dans Jésus. Voilà pourquoi les parents dirent : il est assez grand, interrogez-le [1]. » Être expulsé de la synagogue signifiait perdre tous ses droits et ses privilèges. Exactement comme à la curie, tomber en disgrâce, c'est perdre tout espoir d'avancement.

« Celui qui jette le discrédit sur les puissants [2] » semble leur dire : à n'importe lequel d'entre vous qui a péché de quelque manière que ce soit, je donne aussi le privilège d'être le premier à lancer des pierres de toutes tailles contre le malheureux tombé

1. Jean 9, 18-23.
2. Psaumes 106, 40.

en disgrâce, que je place au centre de votre cercle. Lapidez-le sans relâche, jusqu'à ce que vous l'ayez détruit dans ce qu'il a de plus cher : l'honneur, la dignité, la réputation.

Qui prendrait la peine de défendre celui qui, tout en étant parfaitement dans son droit, a déjà sa carrière bloquée ? Chacun sait qu'il aurait à en supporter toutes les conséquences. Pourquoi se ruiner ainsi son avenir ? Ils ne sont pas nombreux ceux qui, à l'instar de saint Maximilien Kolbe, se sentent la vocation du martyre pour autrui ! Dans le climat de la curie, les officiels ont tôt fait de tomber malades de trouille.

Si jamais, par malheur, quelque courageux avait l'audace de protester, on lui ferait comprendre que sa présence serait désormais à peine tolérée et que, en cas de récidive et de nouvelle entrave à leur pouvoir, il serait radié, au minimum muté à un poste subalterne. Il est évident qu'un tel épouvantail les réduit tous à un silence servile. S'il te manque la fortune, ne joue pas au malin. Dans la tourmente, la meilleure des solutions redoutées équivaut à la pire des solutions possibles.

Ainsi disparaissent désormais les responsables qui ont une idée haute et sacrée de leur mission, qui sont inflexibles mais sans morgue, complaisants mais sans faiblesse, solidaires mais sans flatterie. Jugés insubordonnés, ils empoisonnent la vie du malheureux père, patron et supérieur, qui ainsi n'a pas les mains libres pour réorganiser ses cadres à sa guise.

Tandis que les astres nous guident, les météores nous frappent et nous anéantissent. Churchill disait qu'un homme de caractère a toujours un caractère difficile, qui le rend peu malléable et manœuvrable par les despotes. Dans les moments de fatigue et d'abattement, lui aussi comprend que, pour vivre tranquille, il doit s'abaisser à des compromis auxquels, dans un autre contexte, sa conscience n'aurait jamais aisément consenti.

Pour les Romains, les esclaves étaient un bien à défendre ; pour la curie, un subalterne vaut moins qu'un esclave. Pour bloquer une carrière ou promouvoir un membre de la curie, l'enfoncer ou le faire sortir du lot, on pratique des méthodes semblables à celles des botanistes : s'agissant de certaines plantes rampantes, on élimine tous les bourgeons de la cime pour éviter qu'ils ne poussent trop haut ; pour d'autres, on leur laisse occuper un espace indu.

*

Un excellent père de famille, pratiquant et bien connu dans sa paroisse, se présente un jour à son directeur de conscience, afin de lui demander conseil sur la conduite à tenir dans une certaine affaire.

Il avait un appartement à vendre Via Carlo Veneziani, aux alentours de la Magliana. Se présente alors à lui un jeune homme de dix-neuf ans, qui désirait voir les lieux. Il l'accompagne. L'appartement plaît au jeune homme, qui décide de l'acheter. Ils conviennent d'un prix de tant de millions et rédigent la promesse de vente qui prévoit un acompte et les modalités de paiement. Le jeune homme promet de régler par chèque. Deux jours passent, et il revient avec deux chèques correspondant à la somme convenue. Le propriétaire demande une photocopie des chèques pour s'assurer que tout est en ordre auprès de la banque. Le directeur, qui est de ses amis, s'empresse de le rassurer : ils ont été émis on ne peut plus régulièrement, et comment ! Ils proviennent d'un compte ouvert au nom d'un cardinal. Sur ce, le propriétaire fait observer au jeune homme que le titulaire du compte est en fait un dignitaire ecclésiastique : sans se troubler, il lui répond, avec une évidente fierté, qu'il est un grand ami du pourpré.

Homme de scrupule, le propriétaire demande au prêtre s'il pouvait conclure la vente de son appartement avec le jeune acquéreur, malgré l'étrange provenance de la somme payée comptant, ou s'il valait mieux en chercher un autre. Le prêtre le rassura : il pouvait conclure l'opération avec ce jeune acheteur, d'autant que, quel que fût son comportement dans l'affaire, le soupçon ne serait jamais dissipé.

On ne fait rien sans rien, telle fut la conclusion. C'est comme dans les sociétés par actions : si tu ne sers à rien, personne ne t'offre rien.

*

À l'abri de la salle de presse du Vatican, le monseigneur directeur de la bibliothèque Leoniana informa un ami prélat que Fiore, un évêque effronté, avait eu gain de cause : dans quelques jours il serait nommé cardinal.

« Pas possible ! ne disait-on pas des choses graves sur son compte ? demanda le prélat, surpris.

– Parce qu'il a mené une vie de bâton de chaise ? Monseigneur, quelle ingénuité ! lui répondit le directeur, avant d'ajouter : Une fois arrivé à ces niveaux, on efface tout ; ce ne sont plus que des bagatelles. Tout est parfait : l'innocence personnifiée. La pourpre repasse l'étole baptismale. Personne ne lui rappellera plus son passé ; rien que les mérites et les honneurs, en raison de l'aide généreusement apportée à la Pologne ! »

Tout en débloquant une cinquantaine de petits milliards au profit de Solidarnosc et d'un hôpital, ledit Fiore fit savoir au pape par des personnes de confiance que, si beaucoup d'autres désiraient être faits cardinaux mais ne le disaient pas, lui au contraire, avec ce petit billet de bienfaisance, s'attendait à recevoir la pourpre à titre de reconnaissance. Ce dont Wojtyla fut informé sans détour. Pour le récompenser, le pape se fit un devoir de combler les aspirations cardinalices de l'influent bienfaiteur.

À cette époque, le bruit courait à Rome que le président de la République italienne, ne pouvant nommer Fiore sénateur à vie, nomma Giulivo ; tandis que le pape, ne pouvant faire celui-ci cardinal, nomma celui-là, en signe d'amitié, ce qui fit pâlir d'envie plus d'un homme politique. Dans les batailles électorales en cours, n'importe quel candidat aurait bien aimé qu'un petit angelot orientât les électeurs à son profit, et il n'est pas de prélat carriériste qui n'eût souhaité qu'un chérubin ne le portât vers le sommet, peut-être jusqu'à la pourpre. Une parfaite symbiose de vie mise en œuvre avec courage et effronterie.

Systématiquement, à chaque élection législative, les aumôniers, les religieux et le personnel hospitalier s'attendaient à être appelés par Fiore qui, sans ambages, leur imposait en conscience de voter et de faire voter pour le rusé président, lequel à son tour se portait garant de l'octroi de la pourpre. Le lendemain, dimanche, les fidèles récitaient cette prière : « Seigneur, libère Ton Église de la lutte des classes, du triomphalisme, des privilèges du cléricalisme, des postes de prestige, de tout ce qui l'éloigne de l'égalité et du partage ; défends-la de la frénésie et de la présomption de valoir plus, d'en savoir plus, de pouvoir tout : nous Te prions ! » Les communistes, à leur messe du matin, et les démocrates-chrétiens, à celle du soir, marmonnaient sans enthousiasme et sans conviction : « Écoute-les, Seigneur ! »

Investissements affectifs à but lucratif

Le chapitre de l'amitié requiert la plus extrême prudence, car la plus angélique pourrait être dénigrée et jugée scandaleuse, et inversement, suivant certains objectifs prédéterminés. Les amis de qui réussit à prendre son envol sont toujours légion. Ils ont tendance à se mettre en évidence et à offrir leurs services de manière désintéressée. Rare est en revanche l'ami de celui qui est en perte de vitesse ou en disgrâce ; le milieu conseille la prudence et la réserve. L'amitié à la curie a des odeurs de lucre camouflé. Quantité d'investissements affectifs injustifiés ont un but lucratif et promotionnel.

*

Un jeune laïc fut affecté comme huissier dans un dicastère dont le personnel était déjà au complet. Brave garçon réservé et gentil, le jeune homme finit par être en confiance avec un monseigneur du même dicastère. Il lui dit se trouver dans une situation familiale embarrassante. Depuis toujours, il avait vu un haut prélat de la secrétairerie d'État fréquenter sa maison et s'était rendu compte que sa mère était sa maîtresse. Maintenant qu'il était majeur, c'était sa mère qui s'absentait pour aller retrouver le prélat. Il voulait donc savoir quel comportement adopter dans une situation aussi scabreuse.

Commençant par dire qu'il fallait faire montre de la plus grande prudence en la matière, l'ecclésiastique laissa au jeune homme toute liberté d'en référer au moins aux supérieurs auxquels il jugeait prudent de se confier. Mais le jeune huissier n'eut pas le courage de dénigrer sa mère et le prélat dont il admettait tant bien que mal la paternité. L'affaire n'eut pas de suites.

La corruption s'insinue jusque dans les recoins les plus reculés et les plus secrets du sanctuaire de Dieu. Dans la curie comme à l'extérieur, beaucoup s'habituent tranquillement à mener une double vie, même s'il leur arrive de jouer les censeurs envers des confrères qu'ils ne craignent pas de montrer du doigt en cas de pesants soupçons et de possibles destitutions.

*

Derrière l'enceinte d'une villa romaine, entourée de hauts murs qui rappellent ceux des anciens haras de l'État, on observe un va-et-vient continuel d'universitaires, de grands garçons invités là tous frais payés et de quelques autres parents, tous aux ordres d'une soi-disant professeur, Mme Groppelli, et de son souriant bienfaiteur pourpré.

En vérité, Mgr Tardini, l'inventeur et le fondateur de l'institut, avait créé cette école pour favoriser les enfants surdoués à la formation desquels veillait la fine fleur des universitaires de Rome. Il était interdit aux garçons de sortir de l'enceinte et les membres de leur famille devaient se contenter de droits de visite limités. Rares étaient les visiteurs, presque tous des notables, que Mgr Tardini invitait, faisant exception à la règle. La discipline resta aussi sévère jusqu'à sa mort subite, puis elle commença peu à peu à se relâcher. À l'heure actuelle, on est visiblement plus attentif aux jeunes gens sous-développés qu'aux garçons surdoués.

Les rentrées ne sont jamais suffisantes pour cette jeunesse de premier choix. Pour récolter des offrandes plus substantielles, on a eu l'idée de réaliser un spot publicitaire de qualité supérieure. C'est pourquoi, à intervalles rapprochés, le cardinal protecteur a autorisé d'abord le pape, puis le président de la République, à en franchir le seuil. Il semble qu'il ait atteint son objectif : jamais le vent n'a soufflé si fort !

*

Au début des années quatre-vingt, dans ce jardin fermé, arriva de l'arrière-pays de Vérone un étudiant qui réussit soudain à gagner la confiance et l'affection de son protecteur pourpré. Le bruit courait que le responsable du recrutement du « Vaisseau » – ça ne s'invente pas – fit comprendre au jeune homme qu'il avait tout intérêt à frapper à la porte de cette villa s'il voulait vraiment assouvir son voluptueux désir de faire carrière. À grand renfort de minauderies et de sourires, adoptant un comportement hypocrite et faux au détriment de toute décence, de sa dignité et de son équilibre, le vaniteux parvint à passer devant ses condisciples avec une arrogance écœurante. La vérité aussi bien que le mensonge, tout lui était bon pour les dépasser. Ses camarades disaient que, pourvu qu'il reste au centre de l'attention, il aurait pris la place d'un mort dans son cercueil.

L'arrivée du jeune homme fut une vraie manne du ciel pour ce pourpré, alors abattu par sa mise à l'écart de la secrétairerie d'État et relégué au tribunal de la Signature apostolique, lui qui ignorait du droit jusqu'aux notions les plus élémentaires. Le jeune malin devina tout de suite l'embarras et les appréhensions du pauvre protecteur : il en épousa la cause et se mit totalement au service du pourpré pour le faire apparaître sous son meilleur jour dans toutes les circonstances, tant publiques que privées. Il rédigeait des programmes, écrivait des discours, préparait des homélies, organisait les rencontres avec les journalistes et les retransmissions à la télévision. Tout à fait l'homme de la situation pour ce protecteur somnolent doublé d'un funambule acrobatique.

Il s'éleva soudain au-dessus de tous les autres pensionnaires de la villa, tel un faon impatient d'arriver le premier au sommet. Ses camarades, vis-à-vis desquels il avait pris ses distances, lui avaient donné le sobriquet de « Bouquetin » en raison de sa propension morbide à grimper toujours plus haut. Son comportement suscitait des remarques ironiques, des sourires entendus et des allusions diverses, même s'ils lui reconnaissaient une intelligence et une présence d'esprit certaines dans sa suractivité frénétique.

« L'onction glisse de sa bouche, mais son cœur fait la guerre. Ses paroles sont plus douces que l'huile, mais ce sont des poignards [1]. » Le danger qui guette l'homme intelligent, c'est l'amour-propre, qui se perd lui-même en blandices et en extravagances. Désormais, le protecteur se rendait compte à quel point étaient indispensables les services rendus par son jeune secrétaire laïque. Il lui conseilla la carrière ecclésiastique, qui semblait faite pour lui. Un invité au mariage : la soif de pouvoir phagocyte le désir érotique.

Il existe un ascétisme qui libère l'esprit des passions de la chair pour le soumettre aux passions spirituelles plus tyranniques, dès

1. Psaumes 55, 21-22.

lors que la volonté de Dieu passe après celle de l'homme, la sienne propre ou celle de son protecteur. Freud, le mal-pensant, dirait que l'avidité du pouvoir sacré les contamine et les « sublime » comme une sorte de compensation à la physiologie, en admettant qu'elle soit défaillante. Il arrive que la vie frigide de certains prélats ne suffise pas à les empêcher de commettre certains péchés matériels tels que la luxure, la violence et certaines relations interdites. Leur vie s'épanouit mieux dans la soif de pouvoir, l'ambition, l'orgueil, l'égoïsme et la goinfrerie.

Le Bouquetin accepta l'idée d'un pacte : s'il pouvait éviter de perdre son temps à suivre une bien inutile formation cléricale au séminaire. Celle de l'école pastorale était bien suffisante. Ils en convinrent l'un et l'autre.

À l'heure actuelle, la villa Nazaret est plus qu'une prélature qui n'est soumise à aucune autre institution ecclésiastique, et surtout pas à la secrétairerie d'État ; pour autant, le cardinal protecteur n'a toujours pas la faculté de mettre des prêtres en selle. Pour ordonner le Bouquetin prêtre, il lui fallait donc trouver un évêque diocésain qui, pour l'incardiner, autrement dit lui donner une affectation, aurait dû demander l'avis de son conseil presbytéral avec toutes les explications de rigueur. Hypothèse promptement écartée.

Il se replia sur une solution plus expéditive : faire du Bouquetin un membre d'une communauté naissante *in fieri* (en chantier) formée d'une dizaine de prêtres sans obligation de vie commune, errant librement à leur guise. Bref, une fraternité sans domicile fixe : chaque membre choisit de vivre là où il se plaît le mieux. En moins de temps qu'il n'en faut pour le dire, l'étudiant devint donc *don* Bouquetin afin de pouvoir s'installer dans la villa Nazaret.

Pendant ce temps, se rendant compte que le poste de secrétaire d'État n'était pas accessible à brève échéance et prenant acte de l'impossibilité d'avoir les commandes de la Congrégation des évêques, le pourpré fit savoir qu'il se sentait trop à l'étroit dans le cadre de la Signature apostolique. À ce cardinal, qui avec les collaborateurs de la cordée voulait se porter à la tête du gouvernement fantôme du Vatican, il fallait un dicastère plus en vue avec des contacts nationaux et internationaux aux plus hauts niveaux : l'unique disponible était la Congrégation des Églises orientales.

Il devait donc y envoyer, en avant-première, la meilleure estafette à sa disposition, en l'occurrence don Bouquetin qui, grâce aux manigances de deux affiliés, Rizzi et Bruni, y fut introduit en douce un mois avant que n'arrive le cardinal indien, auquel il ne resta qu'à prendre acte du fait accompli. En attendant l'arrivée de son protecteur, don Bouquetin agit avec prévoyance et montra de la suite dans les idées. La succession de son nouveau préfet intervint après quelques années tout en douceur, comme la rosée du ciel, lorsque l'Indien fut victime d'une attaque.

À peine nommé préfet, son protecteur permit à don Bouquetin de s'adjoindre les services d'une secrétaire, puis d'un autre secrétaire, un prêtre cette fois, pour suivre les dossiers des relations publiques du cardinal. Étrangeté qu'on ne retrouve dans aucune autre administration du Vatican.

Dans le même temps, voyant que don Bouquetin arrivait en bon dernier dans l'organigramme du dicastère, après tous les autres employés, son protecteur, toujours bien assisté, étudia un plan pour y remédier. Bien que religieux sur le papier seulement, il le nomma monseigneur. Il se mit à l'envoyer partout à travers le monde en missions extraordinaires, dont le jeune prodige rendait compte au pape en personne au cours de petits déjeuners en présence du cardinal qui, charmé, s'empressait de tout confirmer. De toute évidence, le pape mordait petit à petit à l'hameçon.

Avec cinquante-six fonctionnaires sous sa coupe, don Bouquetin n'était plus le dernier des cadres ; pendant ce temps, le cardinal convainquit trois subalternes de prendre une préretraite avantageuse ; et don Bouquetin grimpa encore un peu plus haut.

Deux autres se firent élever à la dignité épiscopale, tandis que trois autres monseigneurs trouvèrent opportunément ailleurs des postes plus gratifiants, permettant au Bouquetin de continuer son ascension. Quand approcha l'heure de la retraite pour trois autres monseigneurs, et au mépris des droits d'ancienneté, le cardinal protecteur jugea que l'heure était désormais venue d'aider le Bouquetin à prendre son envol et, de simple employé, en faire un supérieur de premier rang.

Mais, pour cela, il fallait, en recourant au subterfuge du *promoveatur ut amoveatur,* libérer le poste de sous-secrétaire, occupé par un franciscain avide, le père Marco Brogi, qui mourait d'envie de devenir archevêque secrétaire du même dicastère. Dans une note destinée au Saint-Père et *via* la secrétairerie d'État, ledit cardinal préfet suggéra de nommer Brogi nonce en Éthiopie. La secrétairerie d'État repoussa la proposition.

Le cardinal digéra son échec et se prépara à la contre-attaque. Il laissa passer quelques mois et fit préparer une autre note, non sans avoir préalablement recueilli l'avis de certains prélats informateurs auxquels il dicta l'esprit des réponses à donner. Cette fois, il ne fit pas d'erreur. Il ordonna à son camarade de Brisighella, préfet de la chambre pontificale, Dino Monduzzi, de lui fixer une demi-heure d'audience pontificale, le temps de faire signer au pape, désinformé et indisposé, la nomination du père Brogi, cette fois à la nonciature de Somalie ; et au poste de sous-secrétaire, désormais vacant, devinez qui il proposa ? Don Bouquetin lui-même, déjà bien connu du pape par tous les petits déjeuners pontificaux !

Entre-temps, cependant, la secrétaire de don Bouquetin dut s'acquitter sous pression de la rude tâche consistant à assembler sur son ordinateur tout un fatras d'extraits et de bribes de textes juridiques censés constituer une thèse de doctorat tout à fait originale et inédite. Bouclée juste à temps, elle fut transmise en grand secret à l'institut supérieur complaisant qui, avec mention spéciale du jury, le déclara aussi docteur mensonger en fausse jurisprudence.

D'aucuns, à ce stade, pourraient croire que les deux promoteurs d'injustice, le cardinal et le nouveau sous-secrétaire, s'en sont tenus là. Ce serait une grossière méprise. L'ambition et l'avarice sont pareillement insatiables : c'est bien pourquoi le malheureux Bouquetin ne sera jamais en paix.

En fait, pendant tout ce temps, le cardinal préfet avait rendu inamovible l'archevêque secrétaire, l'Ukrainien, bien que sa proverbiale stérilité mentale, déjà décrite ailleurs, fût connue de tous et propice aux promotions révérencielles. Aujourd'hui, ce stratagème, aussi factieux que rationnel, est clair comme le jour pour tous : non encore vacant, ce poste d'archevêque secrétaire est en réserve pour don Bouquetin.

Ô très pure expression divine, qui ne met sur le chandelier que l'élu d'un dieu silvestrinesque, lequel met ensuite tous les autres sous le boisseau afin qu'ils attendent en silence leur tour, si jamais il arrive ! Comment pareil bouleversement est-il possible si Dieu ne Se laisse pas piéger par la bonne conduite de l'hypocrite et par son appartenance à la caste pontificale ? Il s'agit là du croche-pied de Satan, lorsqu'il dribble son divin Adversaire.

Don Bouquetin, qui sait résister à tout sauf à la tentation carriériste, appâté par son protecteur à grand renfort d'amabilités dangereuses, avait eu connaissance de toutes ces choses par une vision prophétique. Mentalement, il les ruminait en son cœur, tel un prophète ses voyances. Sa nomination divinement obtenue sans aucune intrigue de qui que ce soit – si l'on peut dire –, il ordonna de stériliser la salle des boutons de tous les germes maléfiques, pathogènes ou non, et s'y enferma avec un chapelet d'interphones, par lesquels sa secrétaire expliquait à tous les fâcheux monseigneurs les humeurs et les disponibilités de son jeune maître, promu nouveau sous-secrétaire à lumière rouge et pilier incontournable du dicastère, qui tient à passer pour un homme d'un grande finesse, titulaire de plusieurs doctorats. Alors qu'il s'agit d'une canaille de banlieue qui se vante de son crédit dans les hautes sphères et auprès du pape, grâce à son protecteur pourpré.

Lorsque viendra l'heure de déplacer l'inutile et encombrant archevêque secrétaire en invoquant son mandat qu'il n'a jamais exercé, le pape sera tout préparé à la manœuvre et signera avec insouciance l'accession naturelle de don Bouquetin au poste d'archevêque secrétaire, lui ouvrant ainsi les portes du cardinalat. Quand on parle de hasard !

Le meilleur expert du moment en vaticanologie a jugé le cas plus unique que rare, *fugue en do majeur – maestoso con brio.* Le protagoniste gratifié, reconnaissant au grand architecte du monde maçonnique, lui répète : « Tu m'emportes à cheval sur le vent [1]. »

Certes, Dieu peut permettre tout cela, comme en d'autres temps Il a permis que des cardinaux indignes intriguent pour se faire élire à la tête de l'Église. Bien que tout cela soit d'actualité, nous sommes en comparaison beaucoup plus mesquins.

Condamné à la prison à vie, le cardinal Joseph Slipyj fut remis en liberté après dix-huit ans de prison grâce à Jean XXIII. Vers la fin de ses jours, il confia à des amis : « L'odyssée passée dans les camps soviétiques et ma condamnation à mort demeurent à jamais gravées dans mon esprit. Mais à Rome, dans l'enceinte du Vatican, j'ai vécu des moments pires. »

---

1. Job 30, 22.

13

Vers la flèche de Saint-Pierre

Le phénomène est plus ou moins marqué, mais quasi général. Un dicastère, suivant qui le gouverne, peut être transformé en un milieu feutré fait de fuites en catimini, d'humiliations ineffables, de terreur tacite et d'extorsion subtile, bref, en un lieu clos où errent des fantômes insaisissables et fuyant les protégés recommandés. Les autres officiels, isolés et amorphes, ne peuvent individuellement rien faire. Et, collectivement, ils constatent qu'en vérité il n'y a rien à faire non plus. Même s'il reste en suspens sur les sables mobiles de l'inégalité et de la prévarication, le bon plaisir fait de chaque extravagance du chef une loi qu'il convient d'exécuter à la lettre.

Quand bien même il aurait tous les atouts en main, si la volonté du prince est de le faire taire pour qu'il ne passe pas en tête, le disgracié subira le sort des damnés. L'écho du cri des décollés ne revient jamais troubler les chastes oreilles des partisans cyniques habitués des clins d'œil et des roublardises. Il arrive cependant qu'on marchande sa croyance religieuse même pour les besoins de sa carrière ou de sa promotion : voyez les affiliés à la maçonnerie. Les carriéristes et les protecteurs agissent de concert tout en sachant parfaitement se répartir la charge, entre le devoir et l'avoir.

Comme on le voit, dans le sous-bois de la classe bariolée des prélats, le clergé est un corps mou dans lequel il y en a toujours un pour tricher aux dépens des autres. Et qui ne s'adapte pas a tôt fait d'être refoulé dans l'anonymat, à la différence des poids lourds en pleine ascension qui prennent un malin plaisir à faire des croche-pieds et flottent à fleur d'eau comme des excréments malodorants. Il est scientifiquement établi que le strontium [1] et ses dérivés continuent longtemps de polluer l'atmosphère.

À Rome, Lucrèce Borgia habitait dans le palais voisin de l'église Santa Maria in Portico, où se rendait la fine fleur de la noblesse souhaitant être reçue par le pape Alexandre VI (1492-1503). « La majeure partie de ceux qui veulent obtenir une grâce du pape passe par cette porte », écrivait un témoin de l'époque. Jusqu'à aujourd'hui, la méthode de franchissement est demeurée exactement la même, à ceci près que le personnage est de couleur violet sylvestre dans ce sanctuaire d'extraterritorialité. « Partout rôdent des impies et le vice gagne parmi les hommes [2]. » La conscience tranquille, il suit son petit bonhomme de chemin, bien certain qu'il ne sera jamais poursuivi par aucun tribunal humain, constitué uniquement pour les subalternes, non pas pour le supérieur, lequel a toujours raison, surtout quand il a tort, comme disait avec conviction Mgr Domenico Tardini avant d'être fait secrétaire d'État.

À les entendre, ces supérieurs, dans la curie comme à l'extérieur, s'identifient à la nature immaculée de l'Église, *Ex maculatis ipsi immaculati* ; parmi tous les maculés, eux seuls s'estiment immaculés. Fragile mannequin sur de robustes soutiens, l'émule de Mgr Silvestrini considère les humiliations infligées à sa sottise pourprée comme autant de coups portés au siège apostolique, dont il se fait le principal représentant. Cyclothymique en demi-sommeil, psycholabile par nature, il a toujours un mot de mépris pour qui ne se prosterne pas à ses pieds. Conscient d'être

1. Jeu de mots à partir de l'italien *stronzo*, étron.
2. Psaumes 12, 9.

dépourvu des qualités indispensables pour gérer au mieux les problèmes administratifs et de n'être pas à la hauteur de la fonction qu'il s'attribue, il se débrouille au dicastère avec force alibis et amnésies, toujours en rodage sur tapis roulant entouré de serviteurs obséquieux.

Ce nouveau dieu, avec un cerveau qui se retrouve sans endroit ni revers comme le disait Mazarin, et sans la préparation juridique nécessaire, manœuvre des années durant un dicastère très complexe, que le bon pape Jean comparait à un guêpier privé de reine. Don Bouquetin, qui en fait office, dicte les lois, les pactes et les conditions à respecter et à récompenser.

Un éditorialiste, fort aimable et respectueux des desiderata de ce pourpré, l'excusait en ces termes : « Pauvre homme, il était déjà au bout du rouleau et il avait besoin d'un bon coup de fouet revigorant pour supporter ce lourd travail intellectuel. Si l'héroïsme bureaucratique l'avait demandé, nous aurions pu glisser sur la vie privée du personnage ; mais on ne peut s'empêcher de se demander comment cacher tout cela au sévère juge de l'Histoire ! »

Se servir de l'Église pour se faire mieux servir. Huissiers, chauffeurs, subalternes, employés et magasiniers, jeunes hommes hardis en service extraordinaire de nuit et de jour, tous font partie de l'escorte du supérieur silvestrinesque pour l'accompagner, hors du cadre réglementaire, avec familiers et domestiques jusqu'au bout du monde, au-delà de Brisighella : le coût des déplacements sera ensuite à la charge de l'administration. Il vit tranquille et s'arrange sans mal avec sa conscience : aucun contrôleur n'ira éplucher les comptes dans les administrations respectives, pour ainsi dire opacifiées. L'humble sert, l'orgueilleux se fait servir.

Un pouvoir, comme on le voit, même s'il est très secret, où l'on exploite tous les espaces et les fissures, où s'infiltrent négligence, étourderie ou complicité, voire tout cela en même temps. Il semble que les dons du bon Dieu, toujours précieux, se fassent plus rares si c'est le grand pourpré à tout faire qui en hérite.

Les premiers de la classe

Dans l'Église de Dieu, l'expression « faire carrière » devrait être rayée du vocabulaire. Qui embrasse la vie ecclésiastique en se donnant pour but, ouvertement ou de manière plus voilée, de réussir à percer ne devrait jamais être ordonné prêtre. S'il y est arrivé, il devrait être résolument bloqué au stade où il se trouve, sinon directement expédié dans une petite paroisse perdue de campagne. Dieu n'a que faire des superbes et des présomptueux : Il les vomit avec des haut-le-cœur. Il Se contredirait Lui-même s'Il voulait ensuite leur confier les rênes de Son Église.

La carrière est inhérente à l'arrogante volonté de l'aspirant qui, pour aller de l'avant, serait capable de contrarier la volonté même de Dieu, qui fait des humbles et des derniers Ses vrais candidats : « Car, maintenant, est-ce que je cherche la faveur des hommes ou celle de Dieu ? Est-ce que je cherche à plaire aux hommes ? Si j'en étais encore à plaire aux hommes, je ne serais plus le serviteur de Dieu [1]. »

À nombre de prélats, dont les vingt pour cent d'employés qui grimpent vers la flèche de Saint-Pierre, manque la fibre de la résignation. Il est inconcevable pour eux de se coucher là où ils sont arrivés, car rien n'est jamais assez digne ni à la hauteur des grandes capacités de leur petite personne. Ils font de l'Évangile un moteur auxiliaire de leurs ambitions humaines. La morgue, l'adulation active et passive, le carriérisme, l'esprit hiérarchique, l'ambition, l'indiscipline intérieure, la culture superficielle, la suffisance sont autant de vertus pour le carriériste, et il tient à le faire savoir. Dans ses actions, il feint la religiosité sans jamais perdre de vue l'objectif à atteindre et rapporte tout à lui-même, comme ces dépliants de pompes funèbres qui réservent les guirlandes aux morts.

---

1. Épître aux Galates 1, 10.

Ce n'est pas l'ascétique [1], mais l'ascèse qui explique aujourd'hui la pauvreté des fruits que diverses vignes du Seigneur ont cessé de produire. Un maniérisme de façade propre à la curie et qui s'insinue partout.

Seules les intelligences privilégiées réussissent à dépasser l'épaisse patine du charme collectif, au-delà duquel se trouve l'anachorète seul au milieu de son désert. Il est tout naturel que ce soit d'un Père du désert que vienne cette critique mordante à l'adresse des membres de la curie : « Notre bouche sent l'adulation ; nous savons de mémoire presque toutes les Écritures ; nous marmottons tous les cantiques du psautier ; et pourtant nous n'avons pas ce que Dieu recherche : la charité et l'humilité. »

L'expérience nous enseigne que – allez savoir pourquoi – les orgueilleux qui, selon les préceptes évangéliques, devraient être les derniers se trouvent toujours en pole-position à jouer les premiers de la classe et y parviennent à merveille. Ce sont encore eux, les entreprenants, qui accaparent les postes clés, même s'ils ne sont quasiment jamais les meilleurs. Et tous savent que rien n'est plus dangereux que les grandes missions fermentées dans leurs petits cerveaux adultérés.

« De quoi discutiez-vous chemin faisant [2] ? » Si Jésus interrogeait aujourd'hui la curie romaine, beaucoup de prélats se trouveraient bien embarrassés pour Lui répondre, à Lui qui scrute les reins et les cœurs. En chemin, ils continuent à discuter pour savoir qui doit être le plus grand : d'origine sociale modeste, ils rêvent d'avancements prestigieux dans les dicastères les plus importants, de promotions qui les placent à des postes de pouvoir.

« Si quelqu'un veut être le premier, qu'il soit le dernier de tous et le serviteur de tous [3]. » Pendant ce temps, Mère Teresa de Calcutta, à sa mort, a eu droit à des funérailles royales parce

1. Partie de la théologie qui traite de la perfection chrétienne. *(N.d.T.)*
2. Marc 9, 33.
3. Marc 9, 35.

qu'elle a su vivre la dernière parmi les derniers, pauvre entre les pauvres, servante parmi les rejetés de notre société du bien-être. Dans l'Église, les chefs n'ambitionnent pas des positions d'autorité, sinon pour servir l'homme dans la fidélité à l'Évangile des humbles ; étant tous également pauvres d'esprit, ce n'est pas la pauvreté qui fait peur, mais le déséquilibre entre pauvreté et richesse qui règne au sommet de l'Église vaticane.

Le carriériste est celui qui prend un bon départ sur la mauvaise route pour arriver d'une manière ou d'une autre au but qu'il s'est fixé. Il ne supporte pas de prendre du retard sur les autres. À n'importe quel prix et en foulant aux pieds tous ceux qui restent sur la touche, lui seul doit gravir l'autel, où le sacrifice se consume en son honneur et au mépris des soldats inconnus. Une fois mis sur la bonne voie par qui de droit, autrement dit par ses protecteurs, les carriéristes avides de pouvoir savent fort bien continuer la course habilement et à outrance, par poussée, par traction ou par inertie. On sait que le cadavre dans le cercueil s'arrange chemin faisant. On aura reconnu la formule d'Archimède : donnez-moi un point d'appui et je m'élèverai au-dessus du monde.

Protecteurs et protégés voudraient convaincre les autres que c'est l'Esprit du Seigneur qui aurait voulu et fait tout cela. Mais les innocents, de nos jours, ne sont plus très nombreux ! « Seigneur ! disait H. Lofting. Si jamais ils apprennent à voler comme de quelconques moineaux, ils ne cesseront pas de s'en vanter. Tout en attribuant aux autres tout et le contraire de tout le mal possible, ils réussissent à se réserver le bien, convaincus de pouvoir s'en glorifier. Puis ils trouvent toujours des gens qui ne demandent qu'à croire à leurs fanfaronnades. »

Jésus les a tous mis en garde. Qu'ils ne soient pas comme les scribes et les pharisiens : « Toutes leurs actions, ils les font pour se faire remarquer des hommes : ils élargissent leurs phylactères et allongent leurs franges. Ils aiment à occuper les places d'honneur dans les dîners et les premiers sièges dans les synagogues, à être salués sur les places publiques et à s'entendre appeler maîtres par les hommes [1] » – l'équivalent de nos appellations honorifiques, de nos monseigneurs, excellences, éminences et autres. Au point qu'on en vient à se demander : Seigneur, Tes rappels d'alors sont-ils toujours valables de nos jours pour toute cette classe d'exception au Vatican ?

Les carriéristes semblent tous sortis de la même chaîne de montage : démarche identique, même manière d'envoûter et d'aborder les gens ou de se répandre en compliments. On les dirait toujours impatients de se libérer et de monter plus haut que les autres, comme des ballons de toutes les couleurs attachés à une canne. Le carriérisme est un phénomène de sédimentation médiéval.

*

Au Vatican, on naît carriériste. Quelque chromosome en plus que le carriériste possède, il le met toujours en avant sans jamais s'arrêter : du prêtre à l'évêque, de l'évêque à l'archevêque, puis au cardinal, puis au pape, et qui sait si on ne va pas vouloir ensuite créer aussi le titre d'archipape.

Voici le parcours d'un carriériste vraiment chanceux. Dès le séminaire, il intrigue pour gravir les premiers échelons en captant la bienveillance et l'estime du supérieur via la recommandation de son évêque qui le déclare apte à devenir préfet de chambrée. Prêtre serviable et disponible, il devient le secrétaire et le chauffeur de l'évêque ; à peine occupe-t-il ces fonctions que déjà il est récompensé par une autre nomination de prestige, malgré le ronchonnement des anciens plus méritants. L'appétit vient en mangeant, et l'ascension ne s'arrête jamais en si bon chemin. Les confrères du diocèse ne supportent plus son petit manège autour de l'évêque et le placent devant cette alternative : ou vous l'écartez ou c'est nous qui partons. Alors que faire ?

1. Matthieu 23, 5-7.

Revenir en arrière ? Impossible. Il reste donc à le recommander comme un bon candidat à l'épiscopat, du moins comme jeune auxiliaire pour commencer. Et s'ils exigent certaines qualités pastorales, qu'à cela ne tienne ! On les lui prêtera, vraies ou présumées. Les dés sont jetés. Et l'on fait courir le bruit que pour ses grands mérites il est devenu le plus jeune évêque auxiliaire du monde, à son insu, un peu comme un enfant né prématuré à sept mois. Soyez certains qu'il n'en restera pas là, disent ceux qui le connaissent bien.

Peu après, il se voit attribuer un diocèse, où il réussit si bien que ledit diocèse se révèle trop étroit. Il voudrait un archidiocèse que, Dieu sait pourquoi, il obtient tout de suite. Si, entre-temps, il s'en libère un autre plus intéressant, il fait savoir qu'il s'en tirerait mieux que n'importe quel autre prélat à ce poste vacant. Et il obtient gain de cause.

Mais, dans son nouveau siège, à peine a-t-il le temps de ranger ses papiers que, déjà, à Rome, se profile une relève de la garde au sommet d'une organisation catholique pour la jeunesse. À qui devrait-elle revenir sinon à lui ? Et, par un étrange hasard, les membres de la Conférence épiscopale italienne pensent précisément à lui, à la suite de Dieu sait quelles intrigues. Les naïfs en sont encore à essayer de deviner quelles qualités ont pu lui valoir d'être nommé à cette direction que, deux petites années plus tard, le voilà déjà préconisé à un siège de cardinal sans avoir même levé le petit doigt : pardi ! Rome vaut toujours mieux qu'un archidiocèse périphérique.

Sur l'enveloppe, on peut lire autour du timbre toute la volonté de Dieu, qui a récompensé l'humilité absolue du liftier cardinal, effronté comme un mafioso. Mais déjà on entend parler de sa nouvelle destination : « Rome, cette fois pas de blague ! Aide-moi à la faire tomber dans mes bras [1] ... »

Comment ne pas voir que ces promotions sont de toute évidence faites sur mesure, qu'elles sont l'œuvre de desseins

1. Allusion à une célèbre chanson romaine, *Roma nun fa' la stupida stasera. (N.d.T.)*

humains et fort éloignées de la volonté de Dieu ? Et tout cela à cause de quelque chromosome en plus bien trouvé qui fonctionne à la perfection et rend normale l'opposition systématique aux Béatitudes évangéliques.

Plût au ciel que tout ce que l'on vient de décrire ne fût que le fruit outrancier d'une plume fantaisiste, et non pas la norme, qui se déploie systématiquement sous les yeux de tous !

*

Pendant les années soixante-dix, au cours d'une croisière sur le Danube, divers prêtres étaient en pèlerinage : quatre étaient de Brescia et avaient moins de quarante ans. La traversée de trois territoires nationaux se révélait longue et monotone ; ils s'efforçaient d'admirer le paysage dense et les nombreuses agglomérations situées sur la rive. Collation au restaurant du vaste bateau, puis sieste sur le pont.

L'un des prêtres de Brescia, d'aspect juvénile, s'approche de l'assistant qui vient de Rome et, tout en parlant de la pluie et du beau temps, lui dit qu'il est un condisciple d'un certain prélat du même âge que lui et que nous appellerons don Royal : de but en blanc, celui-ci avait quitté son diocèse à la suite d'une dispute avec son évêque, qui avait préféré nommer un autre que lui curé de la cathédrale. Don Royal avait atterri comme par enchantement à la secrétairerie d'État au service du pape de Brescia [1], qui veilla généreusement sur sa carrière.

Selon le prêtre touriste, don Royal était d'une intelligence aussi médiocre que sa présomption était grande, mais il n'avait pas mis longtemps à se placer aux basques des hauts prélats de l'administration, et tous prophétisaient qu'il ne tarderait pas à atteindre bien d'autres objectifs. En guise de conclusion, le confrère laissa tomber :

1. Paul VI était originaire de cette province.

« Si ce sont là les personnages que le Vatican choisit pour diriger l'Église, c'est vraiment décevant. »

En tant que secrétaire particulier du supérieur, don Royal passa dans la salle des boutons pour y remplacer l'assesseur, qui à cette époque subissait une série d'interventions chirurgicales aux yeux pour essayer de sauver le peu de vue qu'il lui restait. Le retour du convalescent ne se fit pas sans friction : don Royal fit valoir ses prestations et devint assesseur ; l'autre était destiné aux relations avec le personnel de la nonciature, alors même qu'il n'y connaissait rien.

Dans l'admirable commerce des partages *inter presentes* à ce niveau, le larbin eut tôt fait d'occuper le poste de « défenseur ». Mais rien n'était encore joué. Don Royal se vit offrir l'évêché de Gênes, on l'a vu, mais il préféra servir le pape de près, toujours humblement disposé à des envolées poétiques dans le stade de la curie. « Il y a fort à faire dans la maison du Père ; je vais y préparer une place ! » – une place qui convienne à chacun de vous à la curie. Seigneur Jésus, laisse-les Te demander : ne fais-Tu pas fausse route à vouloir trop préparer ? Ou tout cela est-il largement imputable à l'effervescente imagination des membres de la curie qui trouvent toujours une place où s'asseoir ?

« Personne ne sera au courant »

À tour de rôle, trois prélats de la curie s'invitaient régulièrement à déjeuner. Après le repas, le plus âgé aimait, pour se détendre, à se promener dans les environs de Rome avec les deux autres. On le sait : à deux, on se confie ; à trois, on cause. C'était au début des années soixante-dix. Un jour, le déjeuner terminé, le monseigneur âgé indiqua même le but : direction Santa Maria di Galeria, sous cette chaleur torride qu'il appréciait. Une heure durant, ils arpentèrent la route alors poussiéreuse, histoire de digérer l'excellent repas qu'ils venaient de déguster, loin des regards et des oreilles indiscrètes.

Le vieux prélat était de la secrétairerie d'État, où il occupait un poste important : c'était une bibliothèque ambulante, un homme intelligent et vif, heureux et jamais à court de bons mots. Toujours de bonne humeur, il avait la repartie facile. Spirituel, il avait sans cesse en réserve un trait d'esprit, une formule spirituelle et bien tournée, une facétie pour égayer les esprits, une expression heureuse, une épithète mordante. Autant de qualités qui donnaient plus de sel à sa conversation. Il parvenait à suivre le fil de son propos riche en syllogismes redoutables telle une musique d'intelligence pure, sans jamais perdre de vue le point focal du discours.

Il était question de ceux qui, connaissant fort bien les vertus et les faiblesses de Paul VI, réussissaient parfois à le faire chanter en agitant l'épouvantail de Dieu sait quels révélations et scandales qu'ils menaçaient de livrer en pâture aux médias. Le bon vin bu à petites gorgées avait rendu le cœur du prélat expérimenté léger et allègre. Il s'arrête entre ses deux compères et leur décoche un large sourire malicieux qui découvre une dentition parfaite. Sa soutane plissée laisse deviner sa corpulence. Il porte un doigt à ses lèvres et leur fait promettre la discrétion la plus absolue :

« Ce n'est pas une fable que je m'apprête à vous raconter, c'est une histoire vraie; mais surtout n'allez pas la répéter autour de vous !... Parce que là, fit-il en montrant le mur recouvert de mosaïque de Radio Vatican, la morale n'est qu'une méthode parmi d'autres pour parvenir à ses fins, pour le moins difficiles à déchiffrer... Vous savez certainement pourquoi Pacelli (Pie XII) renvoya son collaborateur direct, Mgr Montini (Paul VI), le priva de son poste de pro-secrétaire d'État pour le nommer archevêque à Milan... »

Mais, en voyant la mine de ses interlocuteurs, il comprit que leur information était lacunaire, incomplète ou, peut-être, différente. Et il commença à se confier avec une habileté de maestro.

Après la mort du cardinal Luigi Maglione, Pie XII préféra ne pas être à la merci d'un nouveau cardinal à la secrétairerie d'État, acceptant seulement que Mgr Giovanni Battista Montini remplisse son office en tant que substitut, puis pro-secrétaire d'État. En bon connaisseur du climat dangereux de la curie, le pape s'était toutefois choisi un agent secret, un laïc, capable de lui fournir des informations confidentielles, que les nonces n'étaient pas en mesure de lui donner, en particulier sur la situation politique des pays de l'autre côté du rideau de fer.

Cet agent, un colonel qui répondait au nom d'Arnould, voyait le pape environ une fois par mois. Le 15 août 1954, l'agent secret remit à Pie XII une enveloppe cachetée de la part de l'archevêque luthérien d'Uppsala, Yngue Torgny Brilioth, admirateur du pape qui ne dédaignait pas d'aider les catholiques dans les pays communistes ; en la lui confiant, il avait lourdement insisté pour que le colonel ne la fît passer par aucun des services du Vatican, mais la lui remît en main propre. La missive contenait les preuves de certaines relations que le pro-secrétaire, Mgr Montini, entretenait avec le régime soviétique.

L'action du pro-secrétaire, à l'insu du souverain pontife, était d'une gravité unique. Passant outre les directives de Pie XII, qui avait le communisme en horreur, Montini avait pris l'initiative de nouer des relations secrètes avec les persécuteurs de l'Église catholique en URSS. Une enquête minutieuse révéla qu'un jésuite, le père Tondi, avait transmis aux Soviétiques la liste des évêques clandestins et des prêtres envoyés là-bas ou ordonnés dans la clandestinité. Victimes de cette délation, tous avaient été arrêtés, exécutés, ou étaient morts dans les camps. À cela s'ajoutait un autre fait grave : celui d'avoir caché au pape le schisme des évêques catholiques qui déchirait l'Église de Chine.

En présence d'Arnould, le souverain pontife lut la lettre et, visiblement troublé, garda le silence. Le 30 août mourait saintement l'archevêque de Milan, le cardinal Ildebrando Schuster. Fin septembre, Pie XII appela le pro-secrétaire d'État Montini et lui annonça qu'il songeait à le nommer archevêque de Milan. C'était sans aucun doute une *diminutio capitis*, une rétrogradation : quitter la secrétairerie d'État pour un archevêché périphérique, fût-ce celui du plus grand archidiocèse d'Italie ! Montini répondit à voix basse :

« Saint-Père ! Moi qui avais pensé finir mon modeste ouvrage au service de Votre Sainteté à la curie ! »

Sans ajouter quoi que ce soit, le pape se dressa de toute sa hauteur et sur un ton cassant, la mine sévère, mit fin à l'entrevue :

« Excellence, recevez la première bénédiction apostolique en tant qu'archevêque de Milan ! Merci du service rendu ! »

Montini la reçut à genoux.

Le 1er novembre de cette même année, Mgr Montini prit possession de Milan, et ce pour quatre ans – jusqu'à la mort de Pie XII – sans être fait cardinal. Le pape entendait ainsi exclure une possible candidature au siège de saint Pierre. Pour le restant de ses jours, Pie XII se résigna à diriger personnellement la politique extérieure du Vatican.

En tant que président de la conférence des évêques de Lombardie, l'archevêque Montini était en relation avec tous les évêques de la région, dont celui de Novare, Mgr Vincenzo Gilla Gremigni, que Pie XII avait en haute estime, consultait volontiers et avait tenu informé de la situation. Par tempérament, Montini n'était pas homme à se couvrir, mais plutôt à rendre coup pour coup. Tandis que lui, à Milan, n'avait qu'un seul évêque auxiliaire en 1955 – il n'en obtint un second qu'en 1961 –, Mgr Gilla, fort de l'amitié du pape, en obtint deux d'un seul coup : l'un de soixante-deux ans, l'autre beaucoup plus jeune (quarante-quatre ans), consacrés en septembre 1958. Montini n'était pas près de l'oublier et tout cela finit par des escarmouches plus ou moins larvées.

Quand l'archevêque de Milan s'était opposé à la vente d'*Il Popolo d'Italia*, journal d'orientation catholique bien implanté en Lombardie, Mgr Gilla Gremigni protesta que cette décision avait été prise sans consulter l'épiscopat lombard. La riposte de

Montini, remise à l'évêque de Novare à une heure avancée de la nuit, était d'une telle violence qu'en la lisant Mgr Gremigni, qui avait le cœur fragile, s'affala sur son bureau, foudroyé : c'était le 7 janvier 1963, vers vingt-trois heures.

Apprenant la nouvelle, Montini, que Jean XXIII avait fait entre-temps cardinal, se rendit dans la nuit à l'évêché de Novare et fit venir le jeune auxiliaire – Ugo Poletti – qui lui apprit les motifs possibles de l'infarctus : peut-être, expliqua Poletti, le contenu de la lettre se trouvait-il toujours sur le bureau, mais la pièce était déjà sous scellés. Le cardinal Montini fit pression pour entrer en possession de sa missive afin d'éviter que, tombée entre les mains de la presse, elle n'inspirât toutes sortes d'extrapolations.

« Éminence, les scellés ont été posés il y a une heure par les autorités ; il fait nuit, il n'est plus possible de les déranger à cette heure ! » répondit Mgr Poletti.

Et le cardinal de trancher :

« Demain, il sera trop tard ; je suis ici pour ça ; personne ne sera au courant... »

On a dit aussi que l'histoire des scellés n'était qu'une invention de l'auxiliaire. Toujours est-il qu'il s'exécuta, laissant le cardinal attendre nerveusement son retour ; à deux heures passées, Mgr Poletti remit la lettre à Montini, s'excusant platement d'avoir tant tardé, et les deux hommes se promirent mutuellement de garder le plus grand secret sur cet épisode, dont personne d'autre n'aurait jamais dû être informé.

Tout le monde savait Jean XXIII gravement malade. Il s'éteignit cette même année, le 3 juin. Le nom de Montini était sur les lèvres et sous la plume des meilleurs spécialistes du Vatican. Il fut élu le 21 juin et prit le nom de Paul VI [1]. Suivant l'habitude,

1. À la mort de Roncalli, en juin 1963, les conclavistes du courant dirigé par le cardinal Giacomo Lercaro de Bologne se donnèrent rendez-vous dans la villa de Grottaferrata, propriété du franc-maçon Umberto Ortolani, pour arrêter leur position et décider du candidat à soutenir, à savoir l'archevêque de Milan, Giovanni Battista Montini, dûment informé. Sitôt monté sur le trône de saint Pierre, Paul VI prit soin de récompenser ledit franc-maçon de son hospitalité en le nommant gentilhomme de Sa Sainteté.

il récompensa ceux qui l'avaient épaulé ; s'agissant de Mgr Poletti, au contraire, le pape semblait n'avoir plus aucun souvenir de la brouille de Novare.

Quand elle fonctionne au présent, la mémoire est un miroir qui projette le passé dans le futur ; dans la presse, un entrefilet laissa entendre qu'une lettre de Montini à Gilla Gremigni était l'une des causes possibles du décès de ce dernier. Aussitôt, Poletti fut promu archevêque de Spolète.

Mais, pour Mgr Poletti, Spolète était une ville bien austère. Il fit donc savoir au pape qu'il voulait le servir directement à Rome et mit ses conditions. Deux années plus tard, Mgr Poletti rejoignit le vicariat de Rome, dont il devint le second gérant adjoint avec Son Excellence Ettore Cunial, faisant ainsi un croc-en-jambe aux auxiliaires Luigi Poggi, Giovanni Canestri, Oscar Zanera et Priamo Trabalzini. Quand le cardinal-vicaire, Angelo Dell'Acqua, mourut subitement à Lourdes le 27 août 1972, d'autres entrefilets firent de nouveau allusion à l'existence de la lettre de Montini à Gilla Gremigni. Comme en coup de vent, Poletti fut aussitôt nommé pro-vicaire du pape Paul VI à Rome.

Sur ce, le vieux prélat qui rapportait cet épisode fit une pause, puis ajouta :

« Et maintenant, c'est notre cardinal-vicaire, par la grâce de Dieu et de notre Sainte Mère d'Église ! »

Les deux monseigneurs écoutaient incrédules. Puis l'un d'eux s'exclama :

« Oh, puissance de la photocopie ! Si toutes les intrigues de la cour du pape à la Renaissance...

– Tout cela pour dire, reprit le prélat, que Paul VI était fort avec les faibles et faible avec les fortes têtes. »

Sous Pie XI, un pareil prélat aurait été au moins suspendu de ses fonctions pastorales et invité à assouvir ses appétits dans quelque monastère, ainsi qu'il advint au cardinal Billot, privé de sa pourpre. Poussé par le vent du chantage, Mgr Poletti n'a pas hésité à passer de longues années à Rome pour aider Paul VI en sa qualité de cardinal-vicaire, avant d'être finalement acculé à la démission forcée en raison de son grand âge.

Surpris, monseigneur regarda sa montre seize heures trente. Il était en retard dans un travail qu'il devait présenter le lendemain au pape. Il demanda à ce qu'on l'accompagnât tout droit à la cour de San Damaso.

Coups de vent

Le préfet de la maison pontificale était depuis des décennies un Placentin, blanchi sous le harnais. Il devait ce poste à son oncle, le cardinal archevêque de Bologne, qui n'avait pas réussi à lui faire décerner une licence par quelque université pontificale. Non sans un profond regret, son oncle disait de lui : « Il est courageux et malin, mon neveu. Quel dommage qu'il n'ait pas voulu étudier; car, avec le poste qu'il occupe, il n'aurait eu aucun mal à devenir cardinal ! »

L'oncle pourpré était loin du compte, car sans se fatiguer les méninges ledit neveu devint à son tour cardinal. Auprès de ses deux plus fidèles prélats de Piacenza, il racontait fièrement comment il s'y était pris pour être en position de s'emparer de la pourpre.

Après quarante ans passés dans l'ombre de divers papes, de simple cérémoniaire le prélat placentin était devenu enfin maître des cérémonies. Il se vantait d'être un noble, quand des nobles il n'avait en vérité que l'excessive flatulence, toujours prêt à lâcher sous les visages à fresque de Raphaël une salve sonore dont les émanations dégradaient encore les célèbres peintures des loges. Ce long apprentissage à ce poste n'avait pas préparé notre Placentin au consistoire. Il avait attendu en vain les cartons d'invitation aux prélats que les divers papes ont faits cardinaux En quarante ans, il avait vu défiler des dizaines et des dizaines de noms.

Une fois de plus, son nom ne figurait pas sur les cartons à préparer en vue du prochain consistoire : apparemment, il lui fallait tirer un trait là-dessus, alors même qu'il devait céder son poste à son successeur qui piaffait d'impatience. Il se décida donc à jouer le tout pour le tout avec la dernière carte qu'il avait en main. Il fit irruption sans prévenir dans le bureau du pape et, le visage en feu et la voix altérée, déclara :

« Sainteté, j'ai décidé de rentrer demain dans mon pays et de m'installer pour quelque temps dans le château de mes ancêtres, vu qu'ici je n'ai aucune reconnaissance à attendre pour avoir consacré ma vie au service de l'Église. »

Surpris de cette insolence pour le moins inattendue, Paul VI le scruta de ses yeux vitreux et pénétrants. Après un silence interminable, il tança l'archevêque :

« C'est comme ça qu'on parle au souverain pontife ? »

Le prélat répondit du tac au tac :

« Et, Votre Sainteté, c'est comme ça qu'on traite son fidèle collaborateur qui a servi sans interruption sous cinq papes ? Il ne me reste plus qu'à aller à Conigliano mettre de l'ordre dans toutes les archives secrètes de mon ministère, jalousement conservées dans un coffre-fort. »

Il faisait ainsi allusion à tous les secrets qu'il aurait pu divulguer. À ces mots, le prélat placentin tourna le dos au pape et franchit la porte sans prendre la peine de se retourner pour le saluer.

Le temps de regagner son palais sur l'autre rive du Tibre et de fermer la porte, de poser son bâton et d'accrocher sa cape au portemanteau de l'antichambre, l'interphone sonna : un prélat demandait à lui parler. Il avait entre les mains sa nomination. Il serait cardinal. Portée par un bon vent de trente à l'heure, la volonté de Dieu exaucée en un temps record !

*

Au cours du carême de 1966, Paul VI reçut les évêques de la région de Lucques. Parmi les premiers entrés le sourire aux lèvres, l'archevêque d'Acerenza, Mgr Corrado Ursi, qui s'inclina pour baiser la main du pape.

Tandis que les autres prélats formaient un cercle, Paul VI prit la parole : « Saluons le nouvel archevêque de Potenza », fit-il en le montrant du doigt. Mais le pape lut la stupeur et la surprise sur le visage de l'élu comme sur ceux de ses confrères. Et pourtant lui, Paul VI, se souvenait d'avoir approuvé le déplacement d'Ursi d'Acerenza à Potenza, à la place de l'archevêque Augusto Bertazzoni, alors âgé de quatre-vingt-dix ans. Pour connaître la cause de l'annonce manquée, le souverain pontife demanda séance tenante des explications au cardinal préfet des évêques, qui s'empressa de lui exposer les raisons de ce fâcheux retard.

L'honorable Emilio Colombo, alors président du Conseil italien, avait appris par des bruits de couloir que le vénéré archevêque Bertazzoni, qui avait été pour lui orphelin un véritable père, était destitué de l'archidiocèse de Potenza. Mû par une profonde affection filiale et désirant lui épargner une contrariété qui aurait pu lui être fatale, l'honorable avait demandé au dicastère de suspendre la publication tout en se promettant d'en parler directement au pape. Ignorant tout de cette ingérence, Paul VI avait anticipé l'annonce aux évêques de Lucanie.

Comment faire ? D'un côté, il convenait de ne pas se brouiller avec le dévoué et honorable Colombo, personnage assez aimable et universellement respecté ; de l'autre, cet évêque avait pris acte de la bévue du souverain pontife. Il fallait sauver l'un et l'autre.

L'amitié entre le pape Montini et Mgr Ursi remontait à l'époque de la grande mission de Milan, quand il avait fait venir les plus célèbres prédicateurs d'Italie et les avait répartis dans les paroisses et les districts de son immense archidiocèse. La presse avait alors parlé de la mission des mille orateurs, tant ils étaient nombreux. Mgr Ursi, alors évêque de Nardo, avait été affecté aux industriels lombards, qui n'avaient pas tari d'éloges et l'en avaient remercié par des dons généreux à la curie. Le cardinal Montini lui avait demandé de prêcher deux autres fois pour les fidèles milanais ; et, devenu pape, son estime était demeurée inaltérée.

Avec la mort du cardinal Alfonso Castaldo, le siège de Naples demeurait alors vacant. Le 23 mai suivant, sans prendre la peine d'y réfléchir plus longtemps, Paul VI décida de nommer l'archevêque d'Acerenza, Corrado Ursi, cardinal de Naples. Ce qui n'allait pas de soi, étant donné son état de santé. Ce digne homme d'Église n'avait assurément rien fait pour accéder à une telle dignité, la plus haute de l'Italie méridionale ; mais, contre tout espoir, le vent souffla en sa faveur et, encore en vie aujourd'hui, il garde la sympathie et l'affection de tous les évêques et fidèles de cet archidiocèse, réputé très difficile envers ses archevêques en fonctions ou en vie.

Quelle différence avec son successeur, le cardinal Michele Giordano, qui fait aujourd'hui l'objet d'une enquête pour trafics illicites, plus précisément pour usure – pratique infamante et délit qui ont valu à son frère de finir avec les menottes – et fraude fiscale de la part de la curie parthénopéenne [1] ! Dans les interviews, le pourpré ne cesse de dénoncer l'affront fait à l'Église à travers sa respectable personne. Mais quelle image donne-t-il de l'Église ? se demandent les camorristes napolitains. À la face du monde, spectateur à la fenêtre, parce que les responsables du Vatican ne suggèrent pas au cardinal Giordano, au centre d'une lourde enquête, de s'effacer afin de laisser les mains libres à ceux qui ont pour mission de trouver la vérité où elle se cache ? Peut-être le vent ne souffle-t-il pas assez fort...

1. C'est-à-dire napolitaine. *(N.d.T.)*

14

La foire au pourpre

Quand on est invité à un mariage, on ne prétend pas aux premières places. C'est là une règle d'humilité biblique et évangélique : « Je ne m'assois pas chez les imposteurs, je ne fréquente pas les hypocrites [1]. » La plupart des prélats du Vatican se dispensent de cette règle par privilège divin, dont ils se montrent profondément reconnaissants envers le Seigneur.

Quand tu es invité ou, mieux, quand tu décides de t'inviter aux cérémonies pontificales, je te le recommande, cherche à te faufiler au plus près des grands de cette assemblée. Au cours de ces rendez-vous pontificaux, quand on sait que les plus grosses légumes de la cour pontificale emboîtent le pas au pape, on voit grouiller les jeunes espoirs, comme autant de fourmis rouges tout affairées, qui en grande hâte se flairent et s'éloignent, s'inclinent ou s'ignorent, se rendent service ou se bouffent.

Manifestement, tous ceux qui comptent en profitent pour obtenir par le téléphone arabe des renseignements qui ne laissent pas de traces. Mais c'est aussi là, au moins, qu'ils prennent leurs décisions cyniques, et sans s'en cacher. Pour eux, la loi évangélique est un syllogisme inversé : ils établissent à l'avance la conclusion – promouvoir Untel, bloquer la carrière de tel autre –

1. Psaumes 26, 4.

et, sur cette base, se conforment aux prémisses qu'il faut en déduire.

Il n'est pas facile d'écrire sur la vanité des hommes d'Église à l'égard de certains titres honorifiques ou prestigieux ou sur leur course aux postes en vue – convoités, revendiqués et obtenus. C'est un témoignage de foi trop intéressée, qui consiste à se mettre en avant pour faire écran aux autres frères plus méritants, alors même qu'il est écrit : « Que chacun ne regarde pas uniquement ses intérêts, mais aussi ceux des autres [1]. »

Dans l'Église de Rome, le danger menace d'un nouveau pharisaïsme, même s'il ne se cache plus vraiment. Certains jeux de pouvoir entre ecclésiastiques ne sont pas très différents de luttes tribales, avec leurs fétiches et leurs connivences mafioso-maçonniques. Et l'éclat du rouge, le plus voyant possible. Pour se mettre un peu de rouge sur le dos, ils perdent l'habitude de l'avoir sur le visage. Ils n'ont plus honte de rien. C'est la vitrine des exhibitionnistes dont les fards et les accoutrements cachent les rêves hypocrites. Les cérémonies religieuses pontificales finissent par ressembler à un défilé de prélats, sur une passerelle bariolée de mannequins qui se pavanent. Les chapelles du pape à une exposition de chiffons rouges, de dentelles, de coiffures et de croix éblouissantes, tandis que les prélats, vaniteux comme des paons, se croient à un défilé de mode sous les étoiles à la Trinité-des-Monts.

Les gros ses légumes de grand calibre mettent autant d'ardeur à vouloir être salués que ceux de petit calibre à vouloir les vénérer. Leurs cœfficients respectifs sont inversement proportionnels. Le dignitaire observe à la dérobée les faits et gestes de l'inférieur distrait, sur qui se focalise son dépit pour toutes les salutations dont il a été frustré, lui qui les a si bien méritées. Profusions de salamalecs à n'en plus finir, avec de grands sourires satisfaits des arrivistes qui s'élèvent. Dans le saint des saints, les premiers rangs se louent et se font louer, ils se

1. Épître aux Philippiens 2, 4.

réjouissent en chœur et se répandent en effluves et en éloges réciproques.

Imbus d'un narcissisme mal dissimulé, les prélats éprouvent un grand plaisir avant, pendant et après ces rencontres au sommet. Narcisse, écrivait Ghika, est plus éloigné de Dieu que Caïn. Si la joie est le plaisir conscient que donne un bien solide, la leçon est claire : à biens fragiles, joies précaires ; à biens granitiques, joies solides. Mais le granit est dur et peut briser la tête de plus d'un.

Les monseigneurs en grande pompe, tous tirés à quatre épingles dans leurs soutanes de prélat, lestes et frénétiques, tantôt hautains, tantôt souriants, endimanchés et bien propres sur eux, se font un devoir de rendre hommage aux cardinaux et aux prélats qui ont leur place réservée au premier et au deuxième rang. Par dévotion et par humilité, non pas pour autre chose. Mais cette *autre chose,* tous la sous-entendent. « Les scribes et les pharisiens siègent dans la chaire de Moïse, a déclaré Jésus. Ne vous réglez pas sur leurs actes, car ils disent et ne font pas. Toutes leurs actions, ils les font pour être admirés des hommes. Ils élargissent leurs phylactères et allongent leurs franges ; ils aiment à occuper les premières places dans les dîners et les premiers sièges dans les synagogues, à être salués sur les places publiques. Le plus grand d'entre vous sera votre serviteur [1]. »

Un siège est-il encore vide au rang de devant ? Celui de derrière trouve le moyen de saluer chaleureusement un prélat de cette rangée en allant s'asseoir confortablement à côté de lui : *Sedere cum viris vanitatis* (s'asseoir avec les vaniteux [2]) ; par la même occasion, cela lui permet de passer devant les autres pour être plus près du pape. Pour mieux le vénérer, naturellement. Puis il apprendra à le faire aussi dans la vie en faisant un crochepatte à qui ne s'en sort pas mieux que lui : « Malheur à vous,

1. Matthieu 23, 3-11.
2. Psaumes 26, 4.

pharisiens, vous qui aimez les premières places dans les synagogues et les salutations sur les places publiques [1]. »

*

Chaque année, le pape polonais, à la veille de Saints-Pierre-et-Paul, rencontre tous ses collaborateurs qui travaillent dans les dicastères de la curie romaine et du vicariat. C'est l'occasion idéale pour se montrer tiré à quatre épingles, ne serait-ce que pour éviter à la tunique rouge ou passementée de prendre la poussière à force de rester trop longtemps dans l'armoire.

Il était au contraire un malotru de monseigneur, tout petit et raide comme la justice. D'une grande vivacité intellectuelle, il n'avait pas son pareil pour se mettre au diapason de la réalité convulsive qui donnait le ton et saisir au vol les signes des temps de mémoire johannique. Systématiquement, il se présentait au rendez-vous avec le pape *in negris,* c'est-à-dire avec une simple soutane noire, même si elle était flambant neuve. Le fait indisposa un cérémoniaire particulièrement cérémonieux, au point qu'il donna ordre à un vigile de faire reculer de quatre ou cinq rangs l'intrus dépourvu de l'habit nuptial. Circonspect, le garde s'exécuta.

« Monseigneur, excusez-moi, vous devriez libérer la place, parce qu'elle est déjà occupée », fit-il en lui indiquant un autre siège.

Habitué à être ainsi rabaissé, le révérend, sans blêmir ni jaunir de jalousie, laissa ses collègues de bureau en rouge aux justes places qui leur étaient attribuées et recula sans faire le moindre problème. Mais il resta peu de temps à sa nouvelle place. Le même vigile s'approcha de nouveau avec une gêne évidente pour lui demander de reculer encore un peu plus :

« Excusez-moi, monseigneur, ça ne dépend pas de moi. Ce sont les ordres. »

1. Luc 11, 43.

Mais le prélat dépourvu d'ornements s'efforça de rassurer le brave laïc en lui disant :

« Ne vous faites pas de souci pour moi, je suis habitué à la méthode de saint Joseph Cottolengo.

– Et quelle est cette méthode, monseigneur ?

– À ses bons fils handicapés, systématiquement déplacés d'un endroit à l'autre parce que indésirables et qui voulaient savoir le pourquoi de ce déplacement continuel, le saint répondit : " Ne vous laissez donc pas impressionner, parce que vous devez savoir que, pour donner plus de goût aux choux, on les transplante plusieurs fois. " »

Le rire sonore du vigile attira l'attention des prélats placés aux premiers rangs.

Peu après, ce brave homme s'approcha de nouveau du prélat et lui dit en souriant :

« Monseigneur, il y aurait une place au premier rang. N'était cette allusion aux choux, je vous aurais placé là, devant tout le monde, parce qu'elle vous revient de droit. Mais je le jure, monseigneur, dorénavant je serai beaucoup plus circonspect avant de déplacer les révérends sans accoutrement. »

*

Il va sans dire que Dieu ne fait pas de distinctions de personnes, qu'Il n'est point partial et ne fait point de sélections. Tout le monde le sait. Mais ici, il ne s'agit point de Dieu, qui est au ciel, assez haut pour se mêler de nos petites misères, faites de couleurs, de croche-pieds et de préférences.

Les hommes, en revanche, se distinguent entre proches et lointains par la manière dont ils réussissent à atteindre leurs propres jumelages. Il faut se donner du mal car, comme dit le proverbe, « Aide-toi, le ciel t'aidera » ! Nous le répétons depuis toujours : et tu veux que cette céleste règle ne soit pas observée par les ecclésiastiques romains, spécialement ceux de la curie ?

Contrairement à ce que l'on prétendait sous la dictature mussolinienne, avoir beaucoup d'amis à la curie équivaut à avoir beaucoup d'honneur, selon les couleurs qu'ils ont sur le dos. « Nous avons tous un protecteur au ciel ; heureux celui qui en a également un sur la terre ! » disait une mère à son fils chéri, lequel s'aperçut par la suite que sa génitrice ne se trompait pas du tout.

Dans toute cette foire au rouge, personne n'aime à rappeler le reproche du Maître aux pharisiens : « Comment pourriez-vous croire, vous qui tenez votre gloire les uns des autres et qui ne cherchez pas la gloire qui vient de Dieu seul [1] ? » Peut-être croient-ils Dieu daltonien face à leur rouge pétard ? Quoi qu'il en soit, ce n'est certainement pas à eux qu'Il a enseigné que la vraie grandeur ne vient pas d'en bas, mais d'en haut ; non pas du rouge, mais de la pureté intérieure.

Dans les cérémonies pontificales, on retrouve immanquablement des religieuses de toutes qualités dans toutes sortes d'accoutrements. Elles aussi modernes, libres, habillées d'étoffes de premier choix, avec des mèches de cheveux bouclés qui s'échappent négligemment du voile, ou sans voile et avec une permanente du jour réalisée par leur coiffeur, qui manifestement leur a aussi fait les mains.

Showman en pourpre

Simon Pierre ne tenait pas du tout à apparaître comme le chef de l'Église naissante. C'est Jésus qui le déclara tel à la fin de leur première rencontre : « Tu es Pierre et sur cette pierre je bâtirai mon Église ; suis-moi et je te ferai pêcheur d'hommes. » Mais, à plusieurs reprises, celui-ci se révéla bon à rien : « *Vade retro, Satana ;* je ne connais pas cet homme [2]. » Il avait cédé

1. Jean 5, 44.
2. Galates 2, 11

aux pressions des judaïsants au point de suivre une double ligne de conduite envers eux et les païens à l'égard de la loi ancienne. Il fallut l'intervention de Paul pour le détourner de l'erreur. Et, pourtant, Pierre fut le premier vicaire du Christ, le premier pape qui, même s'il en avait horreur, admettait ses erreurs continues, allant jusqu'à suggérer au disciple Marc de les retranscrire dans son Évangile pour sa plus grande honte et pour l'édification de l'Église !

Dans la chronique de notre époque, on trouve plus d'un dignitaire qui s'est autodésigné chef de l'Église, au moins en se portant à la tête du gouvernement fantôme. Plus encore que les autres, il y en a un que le lèche-bottes habituel de la télévision vaticane ne perd jamais une occasion de monter en épingle sur le petit écran, avec force allusions laudatives et gloses ridicules, sachant bien que, si la mathématique n'est pas une opinion, les opinions n'en changent pas moins les calculs de ladite mathématique. Ce dignitaire s'attribue une telle vocation ; il croit fermement dans ses talents de chef et agit en conséquence afin que les autres aussi lui fassent crédit, au Vatican et dans le monde ecclésiastique comme sur la scène sociale et politique. Pour celui-ci, le bon Dieu n'avait pas trouvé un ange gardien normal et il pensa le confier à un cocktail angélique : le premier aux ailes dégarnies, le deuxième un peu gâteux et le troisième somnolent.

Convaincu d'être la mesure mesurante des hommes et des choses, celui-ci, arborant sa pourpre flamboyante, se donne avec fausse modestie au grand public des médias. Il ne dédaigne pas l'appellation de ministre des Affaires étrangères de l'Église pour le Moyen-Orient. Avec beaucoup de morgue, il se laisse interviewer sur le futur proche et lointain du gouvernement de l'Église. Il préconise un conclave. Il multiplie les visites prétendument pastorales auprès des Églises et des gouvernements nationaux. Il reçoit les hommes politiques de toutes tendances. Il accepte les invitations de toutes sortes. Jamais il ne manque une cérémonie pontificale, où il sombre dans de profondes réflexions oniriques. Il se fait inviter dans toutes les réunions au sommet. Il se dit prêt à célébrer dans des circonstances semi-publiques ou privées d'éventuels mariages réparateurs de personnalités en vue. Il ne dédaigne pas non plus présider tristement les obsèques de tel grand metteur en scène, de telle actrice ou de tel homme politique, que l'on fait passer pour des croyants de la dernière heure. Tout peut servir la gloire du puissant *showman,* y compris les jeux du cirque et les bouffons.

En qualité de premier rôle, ce pourpré intrigant tient à convaincre les autres que, fort de son influence pluridimensionnelle, il est effectivement le dignitaire du Vatican le plus puissant du moment, faisant voir au monde politique qu'il est à même de préparer les candidats aux nominations épiscopales ou cardinalices et à les soutenir auprès du pontife infirme, toujours à l'avantage du clan romagnol. Les observateurs prendront conscience de l'ascension du champion et rivaliseront d'ardeur pour s'en faire un ami et un protecteur.

Du fait de cette campagne publicitaire sans fin, les politiciens italiens, le président du Conseil et celui de la République, sont les premiers à se laisser prendre au charme et à mordre à l'hameçon. Ils s'empressent de rendre hommage au tout-puissant cardinal de la curie qui a le vent en poupe, avant même de passer chez le pape ou le secrétaire d'État. Des hommes d'État qui s'honorent de faire office de palefreniers, aux ordres de l'impavide premier rôle.

Un vrai show, en 1994, entre l'ego de pourpre et le président du Conseil de l'époque, le ci-devant catholique Silvio Berlusconi. La rencontre entre les deux altesses a été chaleureuse. Pas la moindre rougeur chez l'auguste pourpré serrant la main du politicien au long passé maçonnique, créateur de trois chaînes de télévision habituées à laver les cerveaux et à noyer le sens moral, riche de milliards aussi opaques que sont claires les casseroles qu'il traîne derrière lui, autoproclamé oint du Seigneur et, pour cette raison peut-être, pourvu de deux femmes et de deux familles. On murmure que le pourpré, autrefois, s'est occupé de la concession à l'Oint d'Arcore [1] d'une chapelle familiale privée pour écouter la messe dans le plus grand recueillement (et chacun de se demander laquelle de ses deux familles en reste dépourvue...).

Dans un monde d'autopromotion effrénée, l'exercice de la modestie se retourne contre soi, tel un boomerang. La modestie n'est d'aucune utilité à l'ambitieux, les vertiges de la gloriole le droguent. L'orgueil de se savoir élevé à des hauteurs démesurées le grise, convaincu qu'il est que le pouvoir est un plaisir et que le plaisir pour lui est aussi un devoir. La soif du pouvoir réunit en lui l'altérité de Dieu et la familiarité des collaborateurs. Quand il cherche une route, il en trouve toujours deux; s'il en choisit une, il se trouve à un carrefour. Notre-Seigneur continue en vain à lui suggérer : « Prenez exemple sur moi, parce que je suis doux et humble de cœur [2] », ce qui en bon français signifie : quittez les sommets, éminence, quittez les sommets ! Lucifer était un ange de lumière, mais la ténèbre a recouvert les sommets. L'orgueil, a observé Ghika, est la splendeur de la bêtise. Et si l'on en croit Padre Pio, l'amour-propre, qui est le fils aîné de la superbe, est encore plus ambitieux et malicieux que sa mère. Il s'est même trouvé un empereur païen, en la personne de Marc Aurèle, pour apostropher ainsi ces puissants imbéciles : « Voici comme ils sont : ils mangent, ils dorment, ils défèquent; mais, une fois pasteurs de troupeaux humains, les voici qui font les difficiles et, de leur hauteur, les accablent de reproches. Un instant auparavant, ils étaient esclaves de passions sans nombre ; et, dans quelques minutes, ils en seront de nouveau au même point. »

---

1. Ville où Berlusconi possède une villa, dans laquelle il s'est fait aménager un studio de télé où viennent l'interviewer les journalistes à sa solde. *(N.d.T.)*
2. Matthieu 11, 29.

À la curie, où perdure sans être dérangé le féodalisme le plus impudent, le supérieur vaniteux exacerbe le juste principe de l'autorité, confinant à l'autoritarisme avec une arrogante imbécillité : « Si l'on fait grâce à l'impie, il n'apprend pas la justice ; au pays de la rectitude, il fait le mal et ne voit pas la majesté du Seigneur [1]. »

« Sa vie fut une magnifique tapisserie, disait Winston Churchill de Richard Cœur de Lion. Mais le cortège passé, il ne resta derrière lui qu'une plaine déserte. »

Conscient de ses propensions au juvénilisme, notre pourpré leader et showman sombre dans le ridicule quand il s'entoure de mirliflores prélevés dans sa chasse gardée, leur confiant subrepticement des responsabilités avec un pouvoir exorbitant : « Leur partialité envers les personnes les condamnent et ils étalent leur péché comme Sodome : ils ne le cachent pas, les malheureux ! Ô mon peuple, tes guides te dévoient, détruisent la route que tu parcours [2]. »

Or il y a pire qu'un vieil imbécile : un jeune imbécile, toujours prêt à se traîner aux pieds de l'ancien protecteur à la pourpre cardinalice. Il n'est pas inutile de répéter l'avertissement de saint Bernard à Eugène III, déjà évoqué à propos des vices et des caprices des prélats : « Que tes frères évêques et cardinaux apprennent de toi à ne point faire leur société de ces jeunes garçons chevelus ni de ces adolescents séduisants. Non, il n'est pas convenable de voir toutes ces têtes frisées aller et venir parmi les têtes mitrées. »

*

Afin d'obtenir pour leur marchandise avariée le visa et l'estampille de l'authentification divine, ces prélats capables et rêveurs obstinés cherchent à faire correspondre la volonté du

1. Isaïe 26, 10.
2. Isaïe 3, 9, 12.

Père avec leurs calculs de grandeur humaine. Il suffit de fleurir les discours pour brouiller les idées : habitués à se camoufler eux-mêmes, ils y réussissent aussi à merveille avec Dieu. Dissimuler pour se dissimuler. Pour y arriver, ce ne sont pas les idées qui leur manquent, car leur intellect est en perpétuelle effervescence ; reste seulement l'embarras du choix. Mais qu'il fasse défaut et tout se gangrène et meurt avant de se réaliser. En voici un échantillon.

Prenons l'exemple de Mère Teresa de Calcutta. L'Église et le monde n'auraient pas manqué de parler après sa mort de tout ce qu'elle a accompli. Alors, pourquoi ne pas prendre les devants, en profiter pour l'inviter auprès du dicastère de la curie, où œuvre comme préfet un autre showman pourpré qui ne demande qu'à se pavaner à côté d'elle dans les modestes habits de protecteur et de conseiller de la religieuse ? En attendant, il fait filmer par une caméra de télévision tous les colloques spirituels, qui auraient dû ensuite se révéler prophétiques. Le cardinal, qui avec une humilité intéressée feint de ne pas se rendre compte des prises de vues, va chercher Mère Teresa à son arrivée et l'accompagne servilement jusqu'à l'ascenseur prodigue en conseils et en recommandations bien sonorisées. Une fois la sœur enterrée, les scènes les plus significatives sont ponctuellement diffusées par la télévision vaticane, avec des commentaires aussi dignes qu'hilarants. Il est même question de donner à la religieuse le curieux titre de « Marraine jubilaire de l'an 2000 ».

À l'avenant, il est de mode aujourd'hui d'aller se prosterner sur la tombe de Padre Pio, quand bien même c'est une manière d'aller à Canossa, le temps de se faire filmer et avoir sa photo dans la presse. Que ne faut-il pas inventer pour suivre le sens du vent au Vatican ?

Il vaut toujours mieux être victime que protagoniste de certaines souffrances dans l'Église. En l'occurrence, toutefois, le bourreau enfile les habits de sa victime pour profiter perfidement de l'ovation des spectateurs.

À saint Augustin qui, d'une phrase ciselée, disait : *Diligite homines, interficite errores* (« aimez les hommes, combattez les erreurs »), fait écho saint Grégoire le Grand : « L'enseignement des gens pleins de morgue a ceci de particulier qu'ils ne savent exposer avec humilité ce qu'ils enseignent et qu'ils sont incapables de communiquer correctement les choses justes qu'ils connaissent. Quand ils enseignent, ils donnent l'impression de se croire très haut et de daigner baisser les yeux sur leurs auditeurs qu'ils semblent gratifier non pas tant de conseils que de commandements impérieux. »

15

Espions et délateurs à la curie

Sous le couvert du secret pontifical, le mystère de l'impiété tend à rendre la vérité prisonnière de l'injustice.

Les secrets sur les collaborateurs de la curie, surtout s'ils sont calomnieux, ne sont vraiment cachés qu'aux intéressés. Tous les autres, au contraire, peuvent facilement se répandre, divulgués à une personne à la fois, telle une coquille qui dévoile par intermittence son intérieur, ouvrant ses valves au gré des sollicitations. Çà et là, dans ces pages, on a évoqué l'indécence du secret pontifical qui favorise les manœuvres douteuses des supérieurs et des protégés au service de leurs propres aspirations, au détriment des ayants droit pour d'autres justes raisons. Le sujet est d'une telle importance qu'il requiert un examen plus approfondi.

La curie romaine est une galerie des glaces derrière lesquelles on s'épie mutuellement. Ainsi est-elle coupée en deux : une moitié contrôle l'autre moitié, voyant justement en elle un agglomérat de mouchards, d'espions et d'épiés : « Tais-toi, l'ami t'écoute ! »

Unc même couche de secret équivoque enveloppe les faits et les hommes dans les chambres closes d'une cour byzantine où règne la méfiance, bref, qui est aussi puissante qu'épiée. Dans ce milieu, on se fait un devoir de faire circuler les médisances chuchotées à l'oreille, à condition que l'intéressé n'en ait jamais connaissance. « Ce que tu veux tenir caché aux autres, ne le dis à personne », conseillait Sénèque. En l'occurrence, ce « personne » vaut uniquement pour l'intéressé. Qu'on le somme de parler, il s'abritera derrière un jargon bureaucratique pour tout nier, que ce soit vrai ou faux.

Machiavéliquement, la volonté de promouvoir quelqu'un à la place d'un autre, à qui le poste revient de droit, justifie les moyens adoptés, en l'espèce le secret administratif, quitte à détruire le climat de confiance indispensable pour que tous vivent dans la paix et la fraternité.

Pour illustrer cette pratique, toujours en usage envers les collaborateurs du pape, on pourrait multiplier les exemples. Face à de pareils abus de pouvoir, si énormes soient-ils, les subalternes n'ont aucun moyen de faire prévaloir leurs droits naturels, et donc aussi divins, puisqu'il est écrit que l'ouvrier est digne de sa récompense, en particulier pour ce qui est des promotions.

Puissance de l'inviolabilité du secret pontifical qui fait le jeu du calomniateur et punit l'innocent, lequel se voit pratiquement refuser tout droit de demander justice. La règle du secret se révèle fort commode jusque dans les affaires administratives, où devrait précisément régner la plus grande transparence.

*

Les dossiers de la curie sont donc, pour la plupart, rigoureusement couverts par le secret professionnel : *Sub secreto pontificio,* comme on dit en latin. En conséquence de quoi devrait être respecté le silence le plus absolu, ce qui n'est pas le cas. Il arrive alors que les deux mots, « secret » et « pontifical », se scindent en deux blocs de glace à la dérive. Celui du « secret » s'enveloppe autour de l'intéressé, condamné à une espèce d'hibernation. L'autre bloc, celui du « pontifical », va fondre à la tiédeur du public, dont le malheureux indésirable fait vite les frais. Et chacun de susurrer, de répandre et de commenter, toujours sous le sceau du secret, un mélange de vérités et de calomnies, de faits et de méfaits montés en épingle et truqués, même si tout cela est parfois caché par une charité fraternelle intéressée. L'hypocrite feint alors de tendre le manteau de la miséricorde : « Faiblesses humaines, le pauvre ! » Mais, si sa charité est aussi cruelle, que sera sa justice ?

Ainsi tend à se former un village global de l'information bien distinct entre l'intéressé qui, étant isolé du secret, ne sait pas grand-chose, sinon rien, de ce qu'on lui colle sur le dos, et tous les autres qui, roulant pour leur propre compte, s'empressent de faire circuler bruits et calomnies sur lui.

Dans les moments les plus durs, la victime se trouve désarmée et abattue face à la perfidie des confrères, de tous les semeurs de peste et minables qui la fuient pour ne pas se souiller à ses côtés, la laissant tomber au moindre souffle de brise calomnieuse. De toute évidence, prendre ses distances avec celui qui est couvert de boue permet de voler au secours du supérieur, désormais libre d'employer les armes de la vexation et de l'abus de pouvoir avec la bénédiction des juges. Veut-on mettre quelqu'un hors jeu ? Il suffit de lui passer la muselière du soupçon, presque toujours sur le chapitre de la morale : demi-vérités et demi-mensonges, insinuations habiles et dénigrement voilé, distillés sous couvert de la confidence et du secret.

Naturellement, celui qui entretient les accusations et les murmures contre son prochain sur le plan moral est loin d'être pur et candide comme le cygne de Lohengrin, même s'il met le plus grand soin à ne pas se souiller le bec et les plumes ; au fond de lui, il n'est pas non plus blanc comme neige. Mais qu'importe ! Il suffit de sauver les apparences.

« Le poids des épreuves de ce confrère persécuté, dit saint Raymond, est multiplié par deux ou trois lorsque, sans aucune raison solide, commence la persécution de la part des hommes d'Église dans le domaine spirituel, où les coups les plus durs sont ceux qui viennent des amis. » Et ce, malgré l'interdit des divines Écritures : « Tu ne rapporteras pas de rumeur sans fondement ; tu ne prendras pas le parti d'un coupable par un faux témoignage. Tu ne suivras pas la majorité qui veut le mal et tu n'interviendras pas dans un procès pour te ranger du côté de la majorité et fausser ainsi la justice [1]. »

Une autre espèce de secret, plus perfide, est celui auquel on recourt pour cacher des manœuvres douteuses autour de promotions abusives, c'est-à-dire soustraites à qui de droit au profit du candidat illégitime et naturellement toujours couvertes par le pouvoir discrétionnaire le plus absolu. Sous cette couverture, les pièges, les embrouilles et les abus de pouvoir de la caste des protecteurs restent bien gardés dans les coffres des secrets administratifs, sans lesquels le supérieur filou se laisserait prendre la main dans le sac. Ces manœuvres, qui couronnent les agitateurs de la pieuse fraternité mafieuse, engendrent un malaise diffus et général, surtout chez ceux qui remplissent toutes les conditions d'une promotion juste et méritée.

D'autres fois, le secret pontifical est une cotte de mailles protégeant de toute conséquence fâcheuse le faux témoin qui, de cette façon, peut affirmer tout ce qu'il veut, quitte à tout inventer d'un bout à l'autre, au gré des besoins, sans crainte d'être jamais démenti. À l'abri du secret pontifical, intransmissible et incommunicable, l'infâme détracteur est en sécurité, tel un parasite nocif dans son cocon, qui peut ainsi chasser ou digérer à loisir la toxicité du milieu. La rigueur sert tout simplement à ne pas faire intervenir avant l'heure l'intéressé lésé, pour éviter que celui-ci ne fasse rater l'affaire.

Les secrets du Vatican ont une valeur variable au gré des convenances : par exemple, pour éviter un scandale en raison des révélations du troisième secret de Fatima sur les ecclésiastiques placés au sommet de l'Église, leur prudence humaine jugerait insensé l'ensemble de ce qui a été révélé par la Vierge,

1. Exode 23, 1-2.

quand bien même tout est de notoriété publique. En revanche, quand ils font circuler des calomnies et des rumeurs pour mettre hors service un éventuel prétendant, ces consciences angéliques savent que cela ne saurait faire scandale et qu'il est donc licite de perpétrer pareille iniquité.

Tout cela va une fois de plus à l'encontre des conseils de saint Bernard : « Je voudrais d'ailleurs que ce fût pour toi [Eugène III] une règle générale de tenir pour suspecte toute personne qui n'oserait pas articuler publiquement ce qu'elle te glisse à l'oreille. Si elle s'y refusait, tu devrais considérer ses propos non comme ceux d'un accusateur, mais d'un calomniateur. »

Secrets, sournois et secrétaires

Dans les années soixante-dix, le recteur de l'Université pontificale du Latran avait attiré l'attention par ses étranges et soudains déplacements en Italie et à l'extérieur. Le contre-espionnage le surveillait vaguement, avec moult précautions. Ou soupçonnait quelque chose. Au milieu de l'année universitaire 1974, le recteur renvoya sans préavis un enseignant slovaque, un franciscain, qui en appela au tribunal de la rote [1], lequel, dans un jugement de Salomon, lui donna raison à moitié. Le religieux n'avait pas caché les manœuvres maçonniques du recteur qui, par mesure de rétorsion, l'avait suspendu d'enseignement.

La suite, c'est le franciscain lui-même qui, en son temps, la rapporta de vive voix. Un jour de l'été 1974, le recteur pontifical franc-maçon réserva par téléphone une chambre dans un hôtel de Gênes, non loin de la gare. Arrivé dans la soirée, et alors que l'hôtel était assez près pour qu'il s'y rende à pied, il héla un taxi et, craignant visiblement d'être suivi, lui demanda de faire toutes

1. Tribunal du Vatican placé sous l'autorité du Pape. Le nom de tribunal de la rote vient très probablement de l'enceinte circulaire où siégeaient les auditeurs pour prononcer leurs jugements.

sortes de détours. À la réception, il se présenta en costume de ville, sous une fausse identité. Pour le lendemain, il arrangea un déjeuner de travail avec un couple. Le lendemain, l'agent des services secrets prépara une table dans le coin de la salle réservé aux tables de trois personnes, mais ils en choisirent une autre. Le garçon s'empressa de redisposer les tables, pour placer au plus près celle sous laquelle était installé un micro espion, lequel enregistra non sans mal la conversation des convives, qui parlaient à voix basse. À grand-peine, on devinait qu'il était question de la disparition prochaine de Paul VI, en février 1975 ; puis la discussion avait porté sur le conclave à venir et le nom de ceux qui y tireraient les ficelles : Baggio, Poletti et Villot. Pourtant, à l'époque, Paul VI ne souffrait d'aucune maladie dont on pût prévoir aussi précisément l'échéance.

Le fait est que le mois de février passa sans que rien arrivât de tout ce qui avait été envisagé. Paul VI était bien vivant et en pleine forme, et toute cette histoire fut imputée à des cerveaux en ébullition. En revanche, dans les pages d'un hebdomadaire, *Il Tempo,* parut un article qui confirmait les bruits confidentiels. Celui-ci affirmait qu'un complot contre le pape avait été déjoué après qu'eut été remise sur la table sacrée une feuille dactylographiée l'informant du danger. Y figuraient les noms du cardinal Baggio et de Mgr Annibale Bugnini. L'article faisait état de la cruelle déception du souverain pontife et ajoutait combien il était difficile d'écarter Baggio de ses multiples postes clés à la curie. Enfin l'auteur expliquait que c'était à la suite de ce complot déjoué que Bugnini s'était vu retirer subitement et sans explication son poste important de secrétaire de la Congrégation pour le culte divin. Il avait totalement disparu de la circulation jusqu'au 4 janvier 1976, date à laquelle on sut qu'il avait été fait nonce en Iran. Jamais démentie, la nouvelle fit sensation à travers le monde, permettant à l'époque de rattacher divers faits et événements à une même matrice maçonnique

*

Il y a bien longtemps, un cardinal, après qu'un monseigneur connaissant bien le dossier eut donné l'alarme, fut nommé visiteur-inspecteur d'une communauté religieuse tombée dans les pièges de personnages sans scrupules. La corruption triomphait. L'inepte pourpré s'était choisi comme secrétaire un certain Mgr Lesarno, personnage anticonformiste et à la détente facile, auquel il confia le soin de prendre contact avec les supérieurs du dicastère compétent. Lesarno se mit soudain dans l'idée de faire écarter le monseigneur responsable pour éviter tout contrôle sur l'honnêteté de l'inspection.

Il se fit recevoir en grand secret par les supérieurs et leur rapporta une calomnie invraisemblable, inventée de toutes pièces : « Hier, en décrochant le combiné, j'ai intercepté une conversation téléphonique entre votre responsable et une certaine Mme Ortensia, de la région de Venise, qui se disait créditrice de cette communauté religieuse. Le monseigneur révélait en détail les consignes données au cardinal visiteur » ; et il énuméra très précisément tous les conseils donnés au cardinal pour son inspection dans une lettre manifestement préparée par l'officiel. En piégeant ainsi les opposants, il voulait réaliser la quadrature du cercle, et il y réussit !

Les supérieurs invitèrent Lesarno à tout mettre par écrit : le document leur fut remis en milieu de journée. Mais celui-ci, craignant que le calomnié ne fût pas mis au courant des accusations portées dans la note, pensa le prévenir en lui passant un coup de fil : il évoqua effrontément la communication interceptée et les propos échangés avec la dame Ortensia, si tant est qu'elle ait jamais existé. Devant la stupeur incrédule du monseigneur calomnié, le salaud chercha à le convaincre du caractère inéluctable des mensonges rapportés et à lui faire comprendre que mieux vaudrait pour lui ne pas se retrancher derrière un démenti. Quelle tragi-comédie ! Dans toutes les tragédies, il y a toujours une note difficilement classable entre le comique et la schizophrénie.

Comment réagirent les supérieurs de la curie ainsi informés ? De manière inattaquable ! En parfaite cohérence avec la pratique de la curie, ils prirent la dénonciation contresignée et la rangèrent tout simplement dans le dossier du calomnié, sans s'assurer le moins du monde du bien-fondé des affirmations que ledit Lesarno lui attribuait. Ils tenaient une preuve irréfutable : la soi-disant interception de la communication téléphonique bidon. Tout en bafouant volontiers les normes déontologiques, ils demeurent ainsi tranquilles, l'âme en paix : ils ont une conscience à soufflet qui se replie et se dilate à l'infini au gré des circonstances et des connivences.

De plus, le lendemain matin, le monseigneur calomnié découvrit que le volumineux dossier avait disparu du tiroir où il le rangeait. Devant ses remontrances, les hypocrites répondirent par un argument qui ne tenait pas debout, à savoir que la solution adoptée était celle de la sagesse et de la prudence. Jésus lui-même leur a donné la réplique : « Malheureux êtes-vous, scribes et pharisiens hypocrites, vous qui ressemblez à des sépulcres blanchis ; au-dehors, ils ont belle apparence, mais au-dedans ils sont pleins d'ossements de morts et d'impuretés. Ainsi de vous : au-dehors vous donnez aux hommes l'apparence de justes, alors qu'au-dedans vous êtes remplis d'hypocrisie et d'iniquité [1]. »

L'inspection dura quatre ans, jusqu'à la mise à l'écart des deux hommes, le pourpré et le prélat, et se révéla un désastre qui coûta à la famille religieuse plusieurs dizaines de milliards de lires avec des hypothèques et la mise en vente de biens immobiliers. Le pape ordonna néanmoins Mgr Lesarno évêque et secrétaire de son administration le jour de l'Épiphanie 1998. Que voilà un vent qui profite à l'intrigant calomniateur !

1. Matthieu 23, 27-28.

Entre une transparence et l'autre, les vitres des bureaux se salissent. « Il est des hommes à qui il semble que la foi ait été donnée pour les dispenser de la charité », et donc de la vérité et de la justice, comme le disait don Primo Mazzolari. N'importe qui, au Vatican, pourrait tomber victime de ces traquenards : dans ce repère de puritains, de détracteurs sans scrupules et sans cauchemars, même les actions les plus limpides se prêtent à leurs lynchages.

*

La méthode de la calomnie est simple et expéditive : on commence par faire circuler des « on-dit » ; si ça ne suffit pas, on recourt à des écrits anonymes et à des entrefilets dans la presse ; s'il faut y aller plus fort, on passe aux dépositions sous serment, *ex informata conscientia.* Défense absolue de faire part à l'accusé des soupçons qui courent sur son compte, afin de lui enlever toute possibilité de se disculper.

Où l'on voit poindre à nouveau la pharisaïque délicatesse de conscience des accusateurs sous le prétoire, qui n'avaient aucun scrupule à réclamer à Pilate la peine de mort pour l'innocent, mais qui, dans le même temps, se gardaient bien de franchir le seuil du préteur païen pour éviter de se souiller les pieds.

Qui refuse de rendre au calomnié son honneur et sa réputation ne saurait être absous par aucun confesseur, fût-ce le pape lui-même. Comme en matière de vol. Mais tout cela ne trouble pas leur conscience ouatée ; il suffit de ne pas le confesser. Le gouverneur de Césarée, Festus, les condamne ainsi : « Je leur ai répondu qu'il n'était pas d'usage chez les Romains de livrer un prévenu avant de l'avoir confronté avec ses accusateurs et lui avoir permis de se défendre contre leurs griefs [1]. »

1. Actes des Apôtres 25, 16.

Secrets et mensonges

Autre exemple de chronique vaticane pour illustrer l'us et l'abus sacrilège du secret pontifical dans le grand manège des avantages personnels.

Du fait de son ancienneté, un monseigneur devait être nommé au dixième échelon. Les supérieurs retardèrent délibérément cette promotion et attendirent de le voir partir en vacances, au mois d'août, pour en faire profiter un moine carriériste de la même administration. Le prélat évincé avait eu la mauvaise idée d'avouer franchement ses désaccords et le mauvais goût de mettre le doigt sur les situations scabreuses : il en paya chèrement les conséquences et se vit frustré de toutes les promotions auxquelles il était en droit de s'attendre. Ses satires mordantes et sarcastiques faisaient le tour des bureaux.

La maladie d'Alzheimer rendait irresponsable le cardinal préfet. Agissant comme un seul homme et en cachette, les deux supérieurs nommèrent donc le religieux au poste de doyen, bien qu'il fût arrivé dans le dicastère dix ans plus tard.

De retour de vacances, le monseigneur doyen, stupéfait, demanda les raisons de ce surclassement ; sa rétrogradation l'aurait fait soupçonner d'on ne sait quelles fautes graves. Pour se laver de toute responsabilité personnelle, ils récitèrent l'article du règlement alors en vigueur : « Aucun cadre ne peut se prévaloir de droits, fût-ce ceux de l'ancienneté, pour être promu à la classe ou au grade supérieur [1]. » Sans le moindre remords de conscience, les tricheurs clouèrent ainsi le bec au monseigneur frustré.

Injustement écarté, il insista pour savoir les raisons de cet arbitraire. Le sous-secrétaire, qui était le principal auteur de cette manœuvre crapuleuse, se retrancha derrière le paravent

---

1. Norme par la suite supprimée du règlement parce que contraire aux droits naturels. En pratique, cependant, elle est toujours en vigueur.

commode du secret administratif et, simulant la consternation, voulut lui faire avaler que son exclusion avait des motifs sérieux. L'impiété se mentait à elle-même. Inutile d'insister, disait-il au pauvre monseigneur doyen, ainsi réduit à se creuser la cervelle pour comprendre la nature de ces soupçons aussi vagues qu'imprécis, tandis que sa conscience ne lui reprochait aucune faute grave.

La sérénité allait être à jamais bannie du restant de sa vie. Un peu cafardeux, le doyen déclassé n'en réussit pas moins à survivre une dizaine d'années. Entre-temps, il se trouva que le même dixième échelon fut de nouveau libre des suites d'un départ à la retraite. Une fois de plus, le silence se fit autour de lui et il en fut réduit à sonder son cœur. Certains silences ressemblent au langage glacial des pierres tombales.

Le principal responsable du précédent déclassement s'était fait promouvoir nonce, mais il y avait les autres : promouvoir maintenant l'ancien monseigneur que l'on avait commencé par écarter ne manquerait pas de passer pour un terrible désaveu. Alors, comment faire ? Quelle autre magouille inventer cette fois ? En attendant, on allait tout enrober de naphtaline en observant le secret le plus rigoureux pendant un an.

La lettre à envoyer à la secrétairerie d'État était déjà rédigée : elle portait cette fois le nom du monseigneur écarté qui, compte tenu de sa qualité de doyen, aurait dû être nommé chef de bureau au moins dix ans plus tôt. La demande officielle avait déjà été signée par le nouveau cardinal préfet, prête à être remise en main propre à la secrétairerie d'État. La tactique tyrannique de qui détient le pouvoir consiste à semer la discorde entre les ecclésiastiques d'une même administration afin qu'ils se disputent, alors qu'unis ils feraient échec au despote. Le diabolique traquenard est fait pour brouiller leurs collaborateurs et les amener à se méfier les uns des autres.

Cette fois non plus, les intrigants ne devaient pas lâcher leur os. Comme tout restait couvert par un secret absolu et inviolable, ils s'accordèrent à lancer l'assaut décisif sur le nouveau cardinal désorienté pour l'amener à revenir sur sa décision avant d'envoyer la demande officielle : ils s'ingénièrent à salir le malheureux disgracié par de nouvelles calomnies, pour remplacer à la dernière minute son nom par celui d'un autre monseigneur, qui ne figurait même pas parmi les cadres. Lui ayant accroché tout un chapelet de casseroles, ils veillèrent que le cardinal ne puisse faire machine arrière et s'empressèrent de porter la feuille à la secrétairerie d'État. Tous en étaient d'accord : à l'annonce de la nomination, on expliquerait au monseigneur doyen, de nouveau frustré, que ce n'était pas à leur niveau, mais en haut, qu'avait été prise la décision de l'écarter. Du fait d'informations connues uniquement de ces supérieurs et qu'on n'avait pas voulu transmettre à l'administration sous le couvert de la miséricorde, ce sont ceux d'« en haut » qui avaient une fois de plus biffé son nom. Plan exécuté à la perfection : « Voici que les méchants tendent l'arc, ajustent leur flèche sur la corde pour tirer dans l'ombre sur les cœurs droits [1]. »

Attention : prenez garde à l'imprévisibilité de la haine de la prêtaille, où les émotions ressemblent à une gamme subtile d'égoïsme qui croît et décroît inversement à mesure qu'il s'approche de l'un ou l'autre pôle. La calomnie, disait un sage, est comme la guêpe qui t'importune : mieux vaut ne pas bouger tant que tu n'es pas sûr de lui donner le coup fatal. Fabriquer et acheter un faux témoignage ont toujours un prix. Pour Caïphe, les pharisiens ne tardèrent pas à trouver deux témoins contre le Christ. On découvre souvent des relations suspectes de ce genre entre dignitaires religieux et délateurs infâmes.

La lettre partie, le monseigneur frustré alla frapper à la porte du cardinal et lui demanda les raisons du remplacement de son nom par un autre, alors que tout avait été décidé en sa faveur. Il fit valoir que, par les manœuvres dolosives de tiers, il se trouvait privé du droit de se défendre : lui, la partie lésée, se trouvait

1. Psaumes 10, 2.

blessé dans sa réputation du fait de la substitution de son nom, une fois de plus traîtreusement supplanté et écarté. Frisson et bredouillement du cardinal qui, l'esprit troublé, se répandit en invectives contre celui qui s'était permis de violer le secret administratif et menaça le parjure d'un renvoi séance tenante :

« Monseigneur, vous n'auriez pas dû être au courant de toute cette histoire ! Vous devez me dire par qui vous l'avez sue, sans quoi je recourrai à la peine prévue par le code ! »

Le monseigneur lui répondit, impassible :

« Monsieur le cardinal, navré de vous mettre dans tous vos états, mais je tiens à vous dire que vous ne devriez pas vous demander qui a révélé le secret : Votre Éminence devrait plutôt se demander qui a commis une injustice aussi terrible. »

Le pauvre homme pourpré ne voulait pas en démordre. La calomnie, passe ! Mais que quelqu'un ait violé le secret avant l'heure, sa petite cervelle ne pouvait l'admettre, au point d'envisager de sanctionner ce méfait gravissime des peines les plus lourdes. Les gens intellectuellement démunis sont aussi les plus étroits. Pour lui, le sacrilège résidait dans la violation du secret, en aucune manière dans l'injustice et la calomnie envers le subalterne.

Pour avoir pris une position bien tranchée, le vieux monseigneur obtint sa nomination, mais pas la réparation des préjudices moraux et matériels qu'il avait subis du fait des atteintes à sa réputation et du tour de cochon qu'on lui avait joué. Entretemps, le religieux qui lui était passé devant une première fois continua sa course au poste de sous-secrétaire, devenu vacant. Par la suite, afin de l'écarter de l'administration, il fut fait archevêque et nonce en Somalie.

Quand, dans les rôles du personnel, on ne respecte pas la justice, le promu à retardement est toujours un condamné auquel la grâce est accordée avec une clémence souveraine. Victoire à la Pyrrhus, avec sa part de demi-revanches et de demi-défaites, comme un verre à moitié vide ou à moitié plein et toujours, au fond, l'amertume. Pour le respect dû à la dignité de la personne, Dieu n'interdit pas seulement de calomnier, mais aussi de salir la réputation de quiconque, dont les actes pourraient demeurer inconnus de tous.

Espionnages et inquisitions

Il n'est pas vrai que l'Inquisition ait complètement disparu. Elle s'est perfectionnée. Dans le climat du Vatican avance à tâtons un subtil État inquisitorial, discret, pesant, qui épie et fiche le personnel au gré des préjugés. Aux ordres du tout-puissant supérieur qui remet au goût du jour cet art ancien, les inquisiteurs, au moment opportun, lancent l'opération de sabotage contre la proie qui ne saura jamais comment ni pourquoi elle a été mise hors service.

Dans la catégorie des moyens inquisitoriaux de grande consommation en usage au Vatican, on trouve l'appareil téléphonique. Bien qu'il soit interdit de fouiller dans la vie privée, il est cependant tout à fait normal qu'un supérieur de la curie demande et obtienne sans mal qu'on mette sur écoute la ligne de l'un de ses subalternes, sans aucune autre autorisation. Ainsi contrôlée par des moyens divers – espions en chair et en os ou micros espions, etc. –, la victime est fichée à son insu. L'arbitraire et l'abus sont indéniables, mais c'est une pratique si courante qu'elle laisse tranquille la conscience des responsables : supérieur, employés et rapporteurs.

Tous les employés du Vatican savent que leur ligne, si elle ne l'est déjà, pourrait être placée sur écoute à tout moment. Plus un prélat est auréolé de prestige, plus il soupçonne à bon droit que ses communications sont interceptées. Il est évident qu'aucune conversation enregistrée ne sera jamais portée à la connaissance de l'intéressé. Tant mieux pour celui qui n'en a pas grand-chose à faire. Tout au plus, un beau jour, sans que rien le laisse prévoir et sans raison valable, il pourrait être informé d'une décision impersonnelle et indéfinie adoptée par la fantomatique commission des cardinaux d'en haut, dans les nuages. Les prélats les plus prudents préfèrent passer leurs coups de fil de chez eux, plutôt que de leur bureau du Vatican. Quant aux membres des clans, ils sont tous mis en garde.

*

On fouille aussi les tiroirs du suspect, qui ne saura jamais rien de l'incursion. Uniquement des suspects ? Certainement pas. Souvent les perquisitions se font sur ordre d'un supérieur zélé à la recherche de coupables.

L'épisode qui suit s'est produit le vendredi 9 novembre 1990, autour de midi et quart pour être exact. Un monseigneur est convoqué par son cardinal préfet. Dans le bureau du pourpré se trouve un secrétaire de la nonciature d'un pays ravagé par la guerre civile, lequel déplore la fuite de notes secrètes en provenance du dicastère. Le préfet pourpré n'a aucun doute sur l'intransigeance et la discrétion de son collaborateur ; en revanche, il est loin d'être aussi sûr de l'autre monseigneur, originaire de ce pays.

Le monseigneur en question jure n'avoir jamais révélé le moindre secret, mais il ne peut répondre des actions d'autrui si, par exemple, quelqu'un, profitant de son absence, a fouillé dans ses dossiers pour en livrer le contenu à d'autres. Le cardinal préfet lui a donc demandé de fermer la pièce à clé dès qu'il s'absentait, fût-ce momentanément ; le subalterne lui fit cependant valoir que, s'il l'exécutait rigoureusement, l'ordre pouvait être mal pris par ses collègues de bureau.

Le préfet confirma son ordre et, à leur grand étonnement, dit aux deux hommes :

« Vous ne devez pas vous en étonner ; il est bon que vous sachiez que votre bureau – je l'ai su sitôt arrivé ici – a été passé au peigne fin et fouillé jusque dans les moindres recoins, en particulier les tiroirs où sont conservés vos effets personnels et vos écrits. »

Le collaborateur le remercia de sa confidence et fit observer :

« Qui s'abaisse à cela est capable de trouver aussi dans ces tiroirs ce qui n'y a jamais été placé ; il suffit de l'y introduire pour le retrouver " comme par hasard " au cours de la perquisition. Ce sont là des méthodes inquisitoriales déjà éprouvées par la Gestapo et le KGB, et qui se condamnent d'elles-mêmes. »

Et le cardinal de conclure :

« Il ne s'agit pas de juger la méthode mais lui, le suspect, qui en ressort accusé. »

C'est alors que le monseigneur se souvint d'un inexplicable conseil qu'un supérieur à la retraite lui avait autrefois donné en confidence, lui recommandant de ne pas garder dans ses tiroirs ses papiers personnels, aisément photocopiables. Par la suite, il eut également connaissance des procédés inquisitoriaux. Pour ne pas laisser de traces et qu'on ne puisse rien soupçonner de la fouille, le tiroir est ouvert avec un passe-partout par un habile expert, qui commence par prendre des instantanés afin de pouvoir tout remettre exactement à sa place à la fin de l'opération. Un système emprunté aux 007 et aux méthodes pratiquées derrière le rideau de fer.

Quand il est question de ces contrôles et de ces filatures, au Vatican comme ailleurs, il est de bon ton d'en sourire. Mais, pour qui immole sa vie afin que l'Église devienne plus transparente, tout cela se transforme en un martyre silencieux, pareil à celui des condamnés aux travaux forcés dans les camps de concentration.

16

Embrouilles, justice et liturgie

Comme dans toute administration qui se respecte, il est des échelons, dans les dicastères du Vatican, auxquels on ne peut accéder si l'on n'est pas titulaire d'un diplôme approprié, en l'occurrence d'une thèse. Tout protecteur le sait et ne doit pas proposer de favori au grade supérieur du moment qu'il ne possède pas le titre universitaire requis. Il arrive souvent, cependant, que, feignant l'étourderie, le supérieur propose un candidat à ce poste, pour lequel on présuppose une thèse que le protégé n'a pas. Si personne ne s'en rend compte, tant mieux. L'opération se fait à la barbe des pauvres fonctionnaires désarmés dont le dossier est parfaitement en règle. Si la promotion est repoussée « en haut », on recourt à un habile subterfuge pour surmonter la difficulté.

Dans les pays civilisés, trafiquer une thèse ou l'attribuer par pure complaisance est un délit passible d'un procès en bonne et due forme, au terme duquel le titre universitaire sera déclaré nul et non avenu, tandis que des peines sévères seront infligées à toutes les personnes impliquées dans cette forme de corruption, avec ou sans concussion. De même, les membres du corps enseignant convaincus de faux en écritures publiques risquent la destitution.

Le chapitre des thèses et des diplômes truqués dans l'université vaticane, souvent confectionnés sur mesure au gré de la promotion convoitée, mérite une analyse détaillée, jusqu'à la dénonciation auprès d'autres tribunaux que les tribunaux pontificaux, où « entre chiens on ne se mord pas », comme dit le proverbe. Celui qui aurait le courage de dénoncer toute cette équipe d'enseignants doit s'attendre, en guise de vengeance, à la persécution la plus impitoyable de la part de l'entourage des complices intéressés : protecteurs, protégés, favoris, rapporteurs, rédacteurs de thèses prémâchées, fournisseurs d'écrits extrapolés.

À la base comme au sommet, tous, au Vatican, sont au courant de cet admirable commerce, ou plutôt de ce trafic, mais personne n'a le courage de le dénoncer. Aucune commission d'enquête ne sera à même de procéder à une inspection sévère qui mette à nu les corruptions et les prélats corrompus, tous ceux qui ont obtenu leur doctorat de cette façon. Il est plus opportun de ne pas faire de scandale que de plonger le bistouri dans la plaie.

Il n'y a pas bien longtemps, toujours le même cardinal chef de dicastère voulut promouvoir son secrétaire particulier au poste de chef de bureau tout en le sachant dépourvu du diplôme requis. Devant le refus on ne peut plus normal, il le fit nommer archevêque en moins de deux. Dans le même temps, on découvrit qu'il lui avait aussi fait rédiger une thèse par un universitaire, celui-là même qui serait le principal rapporteur lors de la soutenance. Et, pour prix de son service, le même cardinal gratifia ledit universitaire – imaginez un peu ! – du poste de consultant auprès de son dicastère.

Ce sont là des pratiques illicites et répugnantes qui se répandent au Vatican. Plus que des délits, elles relèvent du charisme prophétique du supérieur bienveillant et habile, qui dans le délire de sa toute-puissance peut faire attribuer promotions, titres et mitres à son secrétaire particulier et à d'autres membres de son clan. Ou, au contraire, en priver celui qui n'est pas à son goût, même lorsque les mal vus figurent en tête de liste.

Plutôt que d'user ses fonds de culotte sur les bancs et dans les bibliothèques, et de se fatiguer la cervelle comme font tant d'étudiants, le protégé est gratifié d'une thèse *gratis data*, obtenue sans coup férir, de toute évidence avec la mention très honorable des examinateurs formant un jury préarrangé, histoire de faire plaisir au protégé et au protecteur. Le nouveau docteur recevra peu après la confirmation de sa nomination au poste préconisé, tandis que le rapporteur sera convenablement remercié du service rendu, en présence de tout le personnel du dicastère, enclin à s'écorcher les mains en acclamant le nouveau lauréat dans un halo d'hypocrisie et d'impudeur.

*

Voulant procéder à une réforme sérieuse des universités pontificales, Léon XII (1823-1829), se référant à Sixte V (1585-1590), déclara : « Les cités et les royaumes ne sont jamais mieux administrés que lorsque les savants et les gens intelligents sont au gouvernement. » Jamais pareil constat n'a été aussi pertinent compte tenu des multiples anomalies des universités pontificales, où l'émancipation académique s'enveloppe de mystère, de mythe et d'énigmatique léthargie quant à la juste science des professeurs et des élèves.

Même les universités pontificales réclament une réforme à laquelle il n'est plus permis de surseoir, mais dont le projet ne décolle pas par manque ponctuel de ponctualité. D'où ce que l'on voit dans lesdites universités : celui qui étudie la théologie perd la foi ; qui fréquente les cours de morale s'en trouve dépourvu ; qui approfondit lcs Saintcs Écritures doute de la Révélation ; qui obtient un diplôme de droit prend des libertés avec le droit et se tourne vers la maçonnerie. Et pourtant, tout ce petit monde n'a aucun scrupule à réciter dans le bréviaire les paroles de Dieu : « Ils se disent des mensonges les uns aux autres, les lèvres flatteuses, le cœur double [1] », et « sa bouche est pleine de malédiction, de tromperie et de violence ; il a sous la langue forfait et méfait [2] » ; mais il ne se sent pas concerné par ces avertissements et se croit au-dessus de ces réprimandes.

À la curie, le destin du préconisé est tout préparé, pour le meilleur ou pour le pire. Qui se trouve en selle sait qu'il a le vent en poupe et chevauche un cheval à bascule, dont le mouvement le propulse vers les sommets. À l'opposé de celui qui, relégué au sous-sol, voit les années passer dans la solitude de son devoir.

La justice sur la balance déséquilibrée

La plus grave disgrâce pour la justice est le soupçon d'être rendue en usant de balances différentes.

Très souvent, quand la justice d'un tribunal de la curie doit juger les actions d'un supérieur, par exemple d'un chef de dicastère, elle prend soin d'être en même temps juge et partie. Elle se trouve devant une même autorité qui, à l'heure du jugement, peut être acteur ou prévenu en même temps que le juge qui tranche en sa faveur dans la mesure où il participe de la même autorité jugeante. L'impartialité n'existe pas ici. Pour les amis, la loi s'interprète ; pour les démunis, elle s'applique.

La jurisprudence produit des constructions juridiques qui opèrent de manière tantôt rigide, tantôt élastique. La norme qui en résulte se fonde sur l'usage, qui prend alors valeur de loi nouvelle, même s'il ne faut pas perdre de vue que le nouvel usage peut l'enfreindre par le biais d'autres choix.

Il faut laisser l'usage chercher et trouver sa voie sans obstacles. C'est ce que les Romains nommaient l'*aequitas,* c'est-à-dire la justice rendue avec indulgence, grâce à laquelle le droit à

1. Psaumes 12, 2.
2. Psaumes 10, 7.

adapter à la société est toujours vivant et en pleine croissance, même s'il change. En matière d'usage, ceux qui mènent la danse, ceux qui conduisent la procédure, ce sont les sujets, si on les laisse libres de s'exprimer. Le législateur, qui dirige le droit, peut accompagner la manière dont ils mettent en œuvre l'usage, suggérer ce qu'il croit juste, en décrire l'usure, mais il pourrait difficilement gouverner le mouvement sans se transformer par la même occasion en despote.

Au sein de la curie, l'information est viciée par les paravents idéologiques d'un milieu entièrement voué à la sauvegarde de l'autorité. Un tel système incite à interpréter la loi dans l'intérêt du supérieur et vient aggraver ainsi le climat ambiant. Il n'est de nouvelle, positive ou négative, qui ne se propage suivant les préjugés. « Les idées, disait Mark Twain, il faudrait toujours les laisser au ciel ; il n'en est pas une qui, descendant sur la terre, ne va pas faire un saut au bordel. » C'est encore plus vrai pour le droit.

Il arrive que se préparent des informations et des inspections téléguidées, mais elles sont toujours édulcorées et équarries au goût du commettant. « Les faux témoignages s'accumulent contre moi ; l'impiété se mentait à elle-même. » Le résultat est attendu : la réponse confortera nécessairement la position du supérieur, qui reste maître de la situation, et enfoncera un peu plus le sujet, qui a osé l'indisposer. La sentence de ce tribunal doit paraître irréprochable, le juge tenant ainsi à faire savoir que l'équité et l'impartialité sont souveraines, que rien ne saurait les infléchir. Dès lors, il justifie d'autant plus vigoureusement la condamnation injuste, tout en appelant à des vérités axiomatiques et irréfutables.

Le milieu déforme le jugement. Si tu mets de l'eau dans un alambic, tu la verras suivre les méandres de l'instrument et épouser les contours du récipient : *Quidquid recipitur, ad modum recipientis recipitur*. Le jugement, donc, se ressent du milieu dans lequel il est rendu ; le jugement ecclésiastique n'est pas exempt de ce processus psychologique qui s'instaure entre l'impulsion révérencielle envers l'autorité et la réponse que représente la peine. Avec beaucoup de sérénité et d'indifférence, on présente pour certain ce qui reste à prouver, quitte à donner force de chose jugée à des injustices, qui ne manquent pas de déconcerter à l'extérieur. Et naturellement on ne laisse aucune possibilité d'appel à l'accusé. La justice sans la charité se pétrifie, disait le bienheureux Frédéric Ozanam, et la charité sans la justice se putréfie.

« Alors, la loi est engourdie et le droit ne voit plus jamais le jour [1]. » Il n'est pas jusqu'aux idées et aux mots mêmes avec lesquels on exprime les concepts juridiques les plus importants qui, dans ce contexte, ne prennent des connotations assez différentes en cheminant d'un extrême à l'autre de l'arc-en-ciel conceptuel. Le juge se mue aisément en inquisiteur : au lieu de soupeser impartialement les arguments de l'accusation et de la défense, il accumule les charges contre le prévenu. Il se transforme en un agent de police qui recueille tous les renseignements nécessaires sans que personne le dérange. C'est bien pourquoi le secret doit couvrir le plus longtemps possible son travail.

Une exceptionnelle virtuosité juridique tient en équilibre instable les plateaux de la balance, acrobatiquement mis à niveau par un enchevêtrement bien dosé de contrepoids. Selon les besoins : un poids, deux mesures ; deux poids, une mesure ; deux poids, deux mesures, l'une pour l'intérieur, l'autre pour l'extérieur. Assez régulièrement, on a un poids et une mesure, sauf qu'il manque carrément la balance.

Il se peut aussi que parfois la justice ne soit pas conforme à la loi. La justice prime sur la loi, qui devrait la refléter. Quitte à choisir, mieux vaut choisir la justice. Chaque époque a ses lois injustes, qui profanent l'équité du jugement.

1. Habaquq 1, 4.

Il est préférable que les positions discutables, voire fausses, des supérieurs soient défendues par des hommes impartiaux ; au contraire, il est très dangereux que la défense de positions, même justes, soit confiée à des hommes impies et partiaux. Il arrive en fait que l'opération « mains propres » du tribunal de la Signature apostolique soit confiée à quelque cardinal incompétent, placé là en réserve, en attendant de lui dégotter de meilleures fonctions. « Serait-il ton complice, Seigneur, ce trône criminel qui crée la misère au mépris des lois [1] ? » : effroyable vérité sur laquelle l'histoire séculaire de l'Église a écrit et continue d'écrire tant de pages fort peu honorables.

*

Le plus maltraité par les personnes étrangères au service, autrement dit par les journalistes, est le tribunal de la rote romaine avec son collège de prélats auditeurs, détachés de la chancellerie apostolique sous Innocent III (1198-1216) pour former un tribunal au service du pape. De fait, les nominations sont son apanage. Jamais aucune nation n'a eu le privilège d'en nommer un, et c'est encore le cas aujourd'hui. Après avoir cessé toute activité en 1870, la rote a repris du service sous Pie X. Le 1er février 1994, Jean-Paul II en a amélioré l'organisation. Pour les laïcs, la rote évoque immédiatement le tribunal habilité à prononcer la dissolution des liens matrimoniaux. Elle assume aussi cette tâche, mais elle est avant tout un tribunal d'appel en deuxième ou troisième instance

« Père, déclara un acteur connu à un auditeur religieux, je sais que la rote dissout facilement les mariages des grands. Combien devrais-je dépenser pour obtenir une sentence du même genre ? »

Et l'auditeur de lui répondre :

1. Psaumes 94, 20.

« En ce qui vous concerne, vous auriez droit à une forte remise, parce que, si vous avez convolé avec tant de légèreté, je me sentirais autorisé à dire que, très probablement, le mariage n'a jamais été consommé. »

Rétablissez le droit au tribunal. Mais que le droit jaillisse comme les eaux et la justice comme un torrent intarissable [1]. »

La liturgie manipulée

Dans l'Église, il y a la substance, c'est-à-dire la Parole de vie, qui demeure immuable, et il y a les formes extérieures que revêt la Parole. Avec le temps, ces formes peuvent changer, comme les vêtements qui passent de mode. Il ne faut pas confondre l'*ancien,* qui vaut toujours (Saintes Écritures, prière, pénitence, liturgie, sacrements, Eucharistie), et le *vieux,* qu'il est possible de remplacer.

Mais attention ! Une fois éliminées les concrétions séculaires, il reste un fond ancien toujours récupérable. Autrement dit, le risque est de jeter le vase en même temps que l'eau croupie.

Les pages qui suivent sur la liturgie sont largement puisées dans l'article imparable du cardinal Godfried Danneels, archevêque de Bruxelles. Suivant sa définition, la liturgie est « l'œuvre de Dieu, qui agit en nous et pour nous ». En conséquence, j'entre dans la liturgie, je ne la crée pas. Son architecture est dérivée de la Bible et de la tradition ciselée au fil des siècles par l'Église, épouse du Christ. La liturgie se sert, plutôt qu'on ne s'en sert. Le maître mot est service, non pas manipulation.

La réforme de Vatican II a mis l'accent sur un nouveau mot d'ordre : la « participation » des fidèles à la liturgie, au sens où ils doivent y jouer un rôle actif. Avant le concile en question, nous étions des auditeurs reçus dans la maison de Dieu et c'était

1. Amos 5, 15, 24.

Lui l'acteur, qui nous faisait comprendre, en les vivant, les mystères du Christ qui nous sont transmis à travers les actions symboliques de la liturgie – geste gratuit de mémoire et de demande sur la Parole divine.

La liturgie requiert d'être vécue. Il faut y entrer avec toute sa personnalité, toute son intelligence et tout son cœur, toute son imagination et toute sa mémoire, mais aussi son sens esthétique et ses cinq sens : la vue, l'ouïe, l'odorat, le toucher et le goût. L'intelligence de la liturgie a donc la nature d'un dialogue : on y rencontre le mystère d'un être et on se laisse toucher par lui. Elle consiste à recevoir le Christ à travers l'action liturgique, et cette réception ne manque pas de saveur.

À la suite de cette réforme a été au contraire pris un virage à cent quatre-vingts degrés. C'est l'homme qui est devenu l'acteur principal, le metteur en scène qui manipule la liturgie pour la faire entrer dans notre jeu, un peu comme un meeting ou un happening : « Nous allons célébrer ce que nous avons préparé, nous, pour le Christ Notre-Seigneur. » Ainsi bouleversée, la liturgie se réduit à un ensemble de préoccupations pédagogiques et humanitaires avec une catéchèse d'instituteurs. Elle est devenue une école de bavardage, où l'on n'utilise plus que le sens de l'ouïe. Pensez à l'introduction de la « prière des fidèles » et à la corbeille dans laquelle on lance des billets portant des intentions plus extravagantes les unes que les autres. Loin de la favoriser, les commentaires nuisent à la célébration de l'Eucharistie. Rien n'est plus dommageable à la liturgie que ces explications plates qui la réduisent à une seule dimension.

Du temps où elle faisait partie des vérités théologiques, la liturgie était mieux respectée et conservée. De nos jours, c'est elle qui paraît au contraire avoir été la plus déflorée. Du haut de sa chaire, dans un langage cru, un enseignant a pu présenter cette réforme comme un viol liturgique consommé à la face du monde et de l'Histoire.

Dévêtue, nue, violentée, couverte de feuilles de figuier, la nouvelle liturgie ainsi transformée reste à l'écart, à la merci de l'arbitraire et de l'abus de pouvoir du premier violeur venu. Jadis gardienne des vérités éternelles, et donc riche en art et en pensée, elle est aujourd'hui offerte aux manipulations du fantasque cérémoniaire de service qui invente des rubriques sur des livres à quat' sous qui coûtent les yeux de la tête, et qu'il fait exécuter par toute l'assemblée, depuis le pape jusqu'au dernier curaillon : « Le Seigneur dit : Ce peuple ne s'approche de moi qu'en paroles, ses lèvres seules m'honorent, mais son cœur est loin de moi et le culte qu'il me rend n'est que précepte humain [1]. »

Jamais dans l'histoire des religions, y compris des religions primitives, un peuple ne s'est vu dépouillé de ses traditions religieuses séculaires en un éclair, comme cela s'est produit dans l'Église catholique latine avec son ancienne liturgie, dont le rétablissement, total ou partiel, demeure encore interdit. À la vraie liturgie, issue du vieux filon latin élégiaque confirmé par le chant grégorien, on a substitué un tas de compositions dépourvues de tout sens lyrique et de tout sens esthétique, de petites poésies pauvres en contenu théologique et sans force descriptive, pâles, sans la moindre vivacité ni le plus petit relief littéraire. Conceptuellement, le contenu est médiocre, quasi primitif, sans vigueur, sans idéal ni vérité, sans art poétique ni musical.

La musique anonyme du chant grégorien est le fruit de siècles de prières et de recherche de Dieu, de réalités captivantes et transcendantes qui portent à Dieu. En mettant de côté le chant grégorien, qui s'est senti autorisé à appliquer la réforme liturgique est certainement allé au-delà des tâches assignées par la constitution conciliaire sur la liturgie, *Sacrosanctum Concilium*, n° 116, avec le pied sur l'accélérateur de la sécularisation. Il n'y a plus rien à voir et à apprendre que le jeu scénique, les défilés, la danse et le mime filmés par la télévision dans les stades au cours des cérémonies pontificales, préalablement orchestrées par

1. Isaïe 29, 13.

des metteurs en scène qui savent tout, sauf la liturgie : des scènes de film et des solistes, comme au théâtre.

Porté par ce mistral, un petit monseigneur musicien du vicariat de Rome s'est mis à torcher des compositions chorales pour les faire exécuter devant les basiliques où se déroulent les cérémonies pontificales et papales : les foules rassemblées, bruyantes et distraites, sont plutôt là pour hisser le petit monseigneur sur un piédestal où il dirigera quelque autre orchestre autrement plus élevé.

Certes, toujours inspirés par l'immortelle devise du Christ, *nova et vetera* (« du neuf et du vieux [1] »), le vieux rajeunit dans le neuf et le neuf se consacre dans l'ancien. La loi naturelle énoncée par Lavoisier sous la forme d'un axiome – « rien ne se crée, rien ne se détruit, tout se transforme » – vaut particulièrement pour la réforme de l'Église pourvu qu'elle se nourrisse de la Tradition divine. En fondant son Église, le divin Maître savait que ce serait un royaume conflictuel. C'est bien pourquoi il nous a prévenus : « Le royaume des cieux est semblable à un filet qu'on jette en mer et qui ramène toutes sortes de poissons. Et pourtant il est comme un maître de maison qui tire de son trésor du neuf et du vieux [2]. » C'est à Dieu qu'il appartient de faire le tri.

Toujours dans ce contexte spirituel, les uns, les traditionalistes, se battraient pour la fidélité à la tradition, les choses anciennes; les autres, les progressistes, combattraient en faveur de la créativité, pour les choses neuves [3]. Les responsables sont tenus de veiller sans attiser le conflit qui apparaît comme une

1. Allusion à Matthieu 13, 52 : « Ainsi donc, tout scribe instruit du royaume des cieux est comparable à un maître de maison qui tire de son trésor du neuf et du vieux. » *(N.d.T.)*

2. Isaïe 29, 13.

3. Un exemple moderniste nous a été donné par la mise en scène du dernier congrès eucharistique national qui a eu lieu à Bologne et où, comme par hasard, l'Eucharistie était exposée dans un ostensoir de quatre sous sur un autel dépouillé, sans même fleurs ni lumières; parce que ces pierres précieuses et ces brillants incrustés n'ont plus leur place sur les autels, mais dans les musées. Les trônes rutilants et surélevés étaient au contraire pour les autorités humaines, oublieuses qu'elles tiennent leur pouvoir de Dieu.

source indispensable de progrès. L'homme qui accepte son choix ou celui des autres accepte aussi le risque de perdre ce qui est mis à l'écart.

*

Au lendemain de Vatican II, beaucoup se demandèrent d'où pouvait bien venir l'ordre de démolir les vénérables traditions liturgiques, patrimoine intangible de l'Église, dont les racines séculaires trouvaient leurs origines dans les temps apostoliques et dans ceux de l'Ancien Testament et du peuple élu. Ils décidèrent d'enquêter sur le principal artisan des grandes réformes liturgiques, l'archevêque Annibale Bugnini, secrétaire du Département pontifical pour le culte divin.

Leurs longues filatures finirent par les conduire dans les alentours du mont Janicule, vers le siège du Grand Orient d'Italie, au Vascello. Il apparut que Mgr Bugnini s'était mis à la disposition du grand maître, qui lui versait des appointements mensuels fort substantiels ; ils se laissèrent un jour surprendre par un photographe, et le cliché parut dans une revue bien connue dans le courant de l'été 1975. Au mois d'octobre suivant, on apprit par des entrefilets que Bugnini avait disparu de la curie et que personne ne savait où il se trouvait. La rapidité avec laquelle Mgr Bugnini avait été, en un clin d'œil, démis de ses fonctions était une leçon de cynisme diplomatique en même temps qu'un exemple de nervosité politique.

Les prélats maçonniques de la curie avaient mis leurs deux affidés, Bugnini et Baggio (ce dernier était alors préfet du dicastère des évêques), à l'abri du courroux de Paul VI, informé d'un complot contre lui par les services secrets commandés par le très sûr général Enrico Mino. Le 4 janvier de l'année suivante, quand la colère de Montini fut retombée, Bugnini fut nommé nonce en Iran, où il resta jusqu'en juillet 1982.

Mgr Bugnini s'était acquitté à la perfection de la tâche que lui avait confiée le grand architecte de l'univers maçonnique, Satan :

la défloration de la liturgie sacrée. Maintenant qu'il était découvert, le prolongement de son existence eût été une gêne et un obstacle pour lui et pour l'ordre, qui dans les circonstances de ce genre a la faculté de décider en la matière d'après le serment que prêtent tous les apprentis maçons en entrant dans le premier degré de la « lumière » initiatique.

Gendarmes de la foi

La fiction, la feinte, au Vatican, sont devenues une seconde nature, qui finit par recouvrir la première. Les hypocrites passent leur temps à louer et à prescrire les fausses vertus tout en s'employant à dénigrer et à persécuter les vraies.

Se cachant derrière une dévotion de façade, jouant les croyants observants et respectueux, ils cultivent la superbe, la mesquinerie et la dureté des traits ; une fois au pouvoir, les habitudes et les préjugés de leur petite personne deviennent autant de contrefaçons de la volonté de Dieu. Au lieu d'être les gardiens de la foi, ils en deviennent les gendarmes, jaloux de leur dignité ; ils sont tout près de devenir des symboles d'hypocrisie religieuse avec la contenance de l'acteur sur les planches qui, pour être sincère, doit être hypocrite.

L'hypocrite prend l'*habitus* du mensonge dans un but bien précis, logique et cohérent. Sous le clinquant de la piété, il cherche ce qui lui tient à cœur *(Ipocrita est qui sub specie pietatis ea quaerit quae sua sunt)* . Le prélat hypocrite a donc de la suite dans les idées ; il subordonne tout à la fin qu'il veut atteindre, si peu évangélique soit-elle, quand il décide de feindre et de jouer de duplicité – qualités fâcheuses et parfois néfastes. Dans tous les bureaux de la curie, où la cordialité est facile mais la familiarité difficile, on ne voit qu'adulation vaine et superficielle, donnée et reçue copieusement.

Aucun changement depuis l'époque d'Alvise Contarini, ambassadeur à Rome, puis patriarche de Venise en 1563, qui s'exprimait ainsi dans son rapport au Sénat vénitien : « Là, l'adulation s'habille d'honnêteté, la ruse d'adresse. Il n'est de vice au fond qui n'apparaisse masqué : tout est parfaitement honnête, honorable et nécessaire, qui conduit à l'utile, l'unique divinité qu'on adore. La simulation est l'âme de la cour de Rome. » Ainsi, à l'aube du troisième millénaire, rien n'a changé : quand la soumission se marie à l'avidité, leur union forme le complexe du mensonge naturel.

*

Toujours en piste pour s'entraîner à l'épreuve d'endurance, aimables et visqueux avec un gros soupir au fond de la gorge, les aspirants carriéristes brûlent d'une vanité et d'une ambition démesurées et, au besoin, savent trouver les attitudes justes et les mots adéquats pour continuer à courtiser et à aduler qui de droit. Mercenaires, ils s'introduisent dans les centres névralgiques du système ecclésiastique et, une fois au sommet, ils sont pleins de morgue et enferment le *vulgum pecus* dans un enclos bardé d'interdits et de prescriptions de leur cru.

Parmi les vingt pour cent qui se préparent à donner l'escalade au Vatican, les malins, avec leurs manières habiles et délicates, savent fort bien circonvenir les supérieurs, qui ont l'illusion de tenir en main alors qu'ils sont placés en réalité dans la sphère de l'incapacité suggestive et objective. Cette pratique consiste en fait à amener une personne psychologiquement incapable à accomplir des actes juridiques douteux et nuisibles pour le plus grand profit des intéressés.

Les prestations ont un caractère de symbiose : le supérieur est en extase, entendez hors de lui ; quant à l'autre, le rusé chevalier servant, il est tout occupé à manœuvrer et à faire du lèche-bottes auprès de l'âne bâté pour l'entraîner où il veut.

*

Dans l'organisation juridique de l'Église vaticane, le délit de connivence a cessé d'être punissable. Au contraire, il est même considéré comme une grâce bénéfique, *gratis data.*

Depuis le haut Moyen Âge, la protection et le favoritisme ont toujours été tenus en haute estime. De nos jours, ce privilège n'a rien perdu de sa force. Pour le monseigneur qui passe par-dessus les droits de préséance des autres, c'est même un point d'honneur. Dans ce milieu, il est considéré comme un chanceux, parce qu'il est passé avant les ayants droit. Rester toujours du bon côté, tel est le principal objectif de l'arriviste, enclin à flotter sur les multiples courants des pieuses factions.

La simonie n'a plus cette rigueur canonique voulue par les lois draconiennes du droit antique. La loi à cet égard a été édulcorée. Le mot s'est dévalorisé. Jamais on ne parle de corruption. On préfère parler de connivence, de favoritisme, ce qui n'est pas considéré comme un délit ; et comme cette pratique se pare de bienveillance et d'amitié, c'est donc une vertu. Aucun tribunal ecclésiastique ne devra jamais engager de poursuites.

Dès lors que l'obstacle a été franchi en jouant d'équivoque, le fait de se procurer des dignités et des promotions à travers des actes de favoritisme et les dons les plus extravagants, en nature aussi bien qu'en dignités, paraît licite et naturel. Mais aussi logique. Il est d'usage, à la cour de Rome, d'aduler les princes dominants en faisant montre d'une lâcheté éhontée et de médire avec une impudence incroyable des déchus et des défunts.

Pour conclure ce chapitre, nous rapporterons l'opinion du cardinal Commendon « sur la cour de Rome ». À la demande de Jeronimo Ragazzoni, évêque et nonce de France, qui fut aussi le secrétaire de Paul IV (1555-1559) et de Pie IV (1559-1565), il répondit : « La disproportion est [flagrante] entre l'ordre dont est issu le pape et le rang auquel il se trouve placé, d'autant que très souvent se retrouve pape celui qui s'y attend le moins. Cette fortune produit dans toute la curie le sentiment que quiconque est habile homme peut espérer accéder à n'importe quel rang. Ainsi, les personnes les plus basses, voire indignes, sont élevées à la dignité, comme dans une nef conduite avec leurs protecteurs, leurs amis ou leurs parents. Et de cet état de choses, il ne manque pas de signes assez clairs : la liberté que chacun a de parler et de faire chaque chose à sa façon ; la diligence dont les courtisans les plus avertis usent pour gagner la grâce de chacun ; et les dépenses qui priment sur les facultés et la façon de les exercer – tout cela ne naît de rien d'autre que des espérances de celui-là même qui œuvre et de ceux qui lui prêtent main-forte, cependant que lesdites espérances n'ont point de lieu où il ne soit possible à chacun de gagner beaucoup en peu de temps et où l'argent ne puisse faire de grandes choses... [Vienne] la révélation de la face sereine du vrai Soleil, afin que s'illuminent ces ténèbres et que l'Église y retourne plus belle et sainte que jamais. *Induta vestimentis salutis et indumenta justitiae, quasi sponsa ornata monilibus suis* (L'Église vêtue des habits du salut et de la justice, comme l'épouse ornée de bijoux de prix). »

17

Bolchevisme et satanisme

Lénine était d'avis que, pour être à la hauteur de sa tâche, le secrétaire général du Parti communiste d'un État catholique aurait dû passer, au besoin, le froc des franciscains.

En 1935, les services secrets signalèrent qu'un millier d'étudiants communistes avaient réussi à infiltrer les séminaires et les noviciats de l'Europe occidentale et que, jouant la comédie jusqu'au bout, ils s'apprêtaient même à devenir prêtres. Le Parti communiste aurait envisagé plus tard de les placer dans les centres névralgiques de l'Église. Le phénomène prit peu à peu de l'ampleur, au point de créer dans les séminaires et les noviciats de vives contestations au cours des années soixante et soixante-dix [1].

Dans les années vingt, sous le pseudonyme de César, Antonio Gramsci écrivit cette affirmation prophétique : « La tunique rouge du Christ est plus flamboyante que jamais, plus rouge, plus bolchevique. Il y a un morceau de la tunique du Christ dans les innombrables drapeaux rouges des communistes qui, à travers le monde, se lancent à l'assaut de la forteresse bourgeoise,

1. Qui ne se souvient de la participation ostentatoire de jeunes clercs en habit de clergyman, à Rome, venus se faire valoir dans les défilés communistes, s'agiter et s'exciter, entourés de poings fermés et de forêts de drapeaux rouges pour assurer leur protection ? Ce sont des choses qui arrivaient aussi à cette époque.

afin de restaurer la domination de l'esprit sur la matière, pour assurer la paix sur terre à tous les hommes de bonne volonté. »

Quand le sacré est partout, disait le cardinal Henri de Lubac, il n'y a plus de sacré nulle part. Le paradoxe n'est qu'apparent, car ce constat correspond souvent à la vérité. Il arrive que la vie d'une âme consacrée, dépouillée du sacré dans la dissipation de la vie, ne trouve plus de place pour le sacré que dans sa carrière, plutôt qu'en soi ou dans son devenir.

Effets dévastateurs

Dans les années soixante-dix, l'évêque slovène Mgr Pavel Hnilica fut expulsé d'URSS, où il était détenu. En contrepartie, le Vatican s'était engagé à le persuader d'émigrer aux États-Unis. Mais le prélat, une fois libéré, préféra poursuivre son ministère pastoral en faveur des fidèles qui vivaient derrière le rideau de fer tout en élisant résidence à Rome. De temps à autre, on l'appelait de la secrétairerie d'État pour l'inviter à s'en aller aux États-Unis, où il pourrait donner plus d'ampleur à son apostolat. Le prélat promettait mais ne cessait de remettre son départ.

Dans l'avion qui le ramenait des pays de l'Est, Mgr Hnilica en profita pour demander à l'hôtesse la *Pravda* du jour afin de se tenir au courant des événements dans les pays communistes. Par un entrefilet bien en évidence, il eut la surprise d'apprendre qu'il avait demandé et obtenu d'être nommé aux États-Unis afin d'y poursuivre au mieux son ministère pastoral. N'ignorant rien des méthodes en usage au Vatican, le prélat plia le journal et le fourra dans son sac.

Trois jours plus tard, il fut convoqué à la secrétairerie d'État, où il fut cette fois reçu par l'un des plus hauts responsables, lequel lui déclara d'un ton cassant que son installation définitive aux États-Unis avait été décidée : on ne lui laissait que quelques jours pour achever les préparatifs nécessaires. Mgr Hnilica s'était muni du numéro de la *Pravda* le concernant ; très calmement, il rechercha la page de l'entrefilet, la mit sous les yeux de l'important prélat tout en la traduisant, puis, avec une franchise et une loyauté qui en imposent, demanda :

« Monseigneur, à quel jeu jouons-nous ? »

Le résultat est qu'on en resta là et que Mgr Hnilica put demeurer à Rome jusqu'à la fin de ses jours. Certes, on n'en vint pas à bout, mais lui-même n'en sortit pas indemne. Peu après, il se trouva impliqué dans une affaire de trafic d'argent. Vengeance ? Qui sait !

*

En 1956, don Pasquale Uva, fondateur à Bisceglie de la « Maison de la Divine Providence », présenta avec un peu de retard à la direction du séminaire régional des Pouilles un jeune originaire du Basilicate : celui-ci voulait devenir religieux auprès de la fraternité en cours de constitution, et il s'en portait garant. Sanomonte – c'est son nom – était un séminariste intelligent et exemplaire à tous égards : plutôt réservé, de taille moyenne, robuste et d'aspect sympathique. Ce qui, dans la terminologie du préfet de la chambrée, donnait ceci : un tantinet circonspect et peu loquace mais gentil avec tous.

En attendant, l'année scolaire touchait à sa fin. Un après-midi, alors qu'il faisait une chaleur étouffante, ses compagnons de chambrée, soit une trentaine de jeunes gens, se dirigeaient en file vers le port. En général, Sanomonte préférait rester en queue du cortège : ainsi fit-il cette fois. Tout à coup, il se baissa pour remonter ses chaussettes, sans lâcher des yeux le groupe qui tournait au coin de la rue. Il regarda avec une certaine irritation le rideau de fer de la section du Parti communiste. Un homme obèse, les mains dans le dos, s'appuyait à la porte latérale, comme s'il attendait l'ouverture. Il eut un moment de trouble et, pensant à ses camarades de chambrée qui s'éloignaient, prit son courage à deux mains et aborda l'inconnu :

« Camarade, donne cette enveloppe fermée au camarade secrétaire... Fermée ! Je t'en prie. »

Mais il y avait erreur sur la personne : le bedonnant était connu de toute la ville comme un démocrate-chrétien fanatique ; il s'appelait Peruzzi. Sournoisement, Peruzzi avait remarqué la gêne et le manège du séminariste. Et, maintenant qu'il avait la lettre cachetée entre les mains, il se posait la question : que faire ?

Il resta trois jours à se poser la question : la donner ou non au secrétaire du PC ? Serait-ce un parent ? Et, sinon, la déchirer ? La laisser fermée ou en lire le contenu ? Aller voir le recteur du séminaire ? Et que lui raconter ? Un beau casse-tête, qui finit par trouver une solution avec la pointe d'un coupe-papier glissée dans l'angle de l'enveloppe cachetée – qui s'ouvrit. Il lut : « Cher camarade secrétaire, je me trouve détaché de mon pays pour étudier dans ce séminaire régional. J'ai un urgent besoin de te voir pour définir avec toi la marche à suivre dans un proche avenir... Je te recommande de te faire passer pour mon oncle. Les visites des parents sont autorisées tous les jours à partir de seize heures dans le parloir contigu au terre-plein. Salut à toi, Andrea Sanomonte. »

Pour Peruzzi, qui raffolait des potins, c'était trop beau pour être vrai. Il demanda à être reçu en grand secret par le recteur. Tout au long de l'entrevue, il ne cessa d'agiter les mains, son visage rubicond illuminé d'un large sourire, puis il remit la lettre décachetée. Le soir, en accord avec le vice-recteur et le préfet de la chambrée, le bureau et les effets personnels de Sanomonte furent passés au peigne fin. Il sembla aux trois hommes qu'on n'avait pas découvert grand-chose d'important : une note suspecte, quelque écrit d'orientation communiste, un agenda de poche avec des gribouillis indéchiffrables qui ne présentaient qu'un vague intérêt. Le butin était maigre.

C'était la première fois que survenait un cas de ce genre, et les avis étaient partagés. On demanda conseil à la police qui, pour examiner tranquillement le pli, le porta à la préfecture. En accord avec le vénérable don Uva, on invita Sanomonte à retourner chez lui jusqu'à nouvel ordre. Alors que tout semblait réglé, le dicastère chargé des séminaires à la curie romaine adressa une sévère réprimande au recteur pour n'avoir pas informé immédiatement le Vatican de l'incident.

Voici ce qu'il était arrivé : certains chiffres griffonnés dans l'agenda de Sanomonte étaient un message chiffré sur le chargement et la destination d'un bateau de guerre italien qui croisait dans le Pacifique, connu uniquement des autorités chargées de contrôler les bâtiments italiens qui sillonnaient les mers du globe. Le bureau militaire en question se trouvait dans la galerie située au-dessous de la caserne Santa Rosa dans les environs de la Storta, à Rome : important site secret qui se ramifiait en souterrains longs de dix-huit kilomètres. Il convenait d'observer le silence le plus absolu sur l'incident. Personne d'autre n'y fit plus allusion.

*

Mais combien de ces faux séminaristes, signalés depuis le milieu des années trente, ont-ils réussi à s'en sortir et à arriver jusqu'au sacerdoce ? Et combien d'entre eux sont-ils devenus évêques et cardinaux ? Aussi intransigeant à l'intérieur de l'Église qu'au-dehors, le cardinal Alfredo Ottaviani fit grand bruit à l'époque lorsque, dans un article postconciliaire, il apostropha certains ecclésiastiques en les affublant du surnom de « petits communistes de sacristie ».

En fait, le courant crypto-communiste de la curie fit sienne l'*Ostpolitik* envers le bloc communiste et ses gouvernants. Dans la tourmente, parmi tant de martyrs de la foi, il est un chêne qui fut par deux fois abattu : le témoin, le primat de Hongrie, le cardinal Mindszenty, condamné une première fois à mort par les communistes, peine commuée en travaux forcés, pour haute trahison de l'idéologie athée, puis par les tenants de l'*Ostpolitik* vaticane, qui lui retirèrent sa qualité de primat au nom des compromis historiques avec le régime hongrois. Aucun procès de béatification n'a encore été engagé pour lui.

À ce propos, le secrétaire d'État Agostino Casaroli, décédé le 9 juin 1998, se vantait dans une interview télévisée d'avoir développé les contacts avec les régimes communistes dans le cadre de l'Ostpolitik et d'avoir ainsi obtenu des résultats éblouissants en matière de dégel politique. Le lendemain, cependant, la presse s'interrogeait : si les hommes d'Église comme lui et Montini n'avaient pas flirté aussi longtemps avec les gouvernements communistes, le Mur de Berlin ne se serait-il pas écroulé des années plus tôt ?

Tandis que, là-bas, le Christ agonisait avec son Église dans les hôpitaux psychiatriques ou dans les camps, l'athéisme faisait une entrée triomphale au Vatican pour proclamer que, finalement, Dieu était mort, ou tout au moins qu'on L'avait rendu inoffensif. À ces évêques et à ces prêtres qui croupissaient dans les hôpitaux psychiatriques et les camps, on montrait exprès des photos et des courts métrages sur les rencontres au sommet entre hauts prélats et dirigeants communistes, afin qu'ils constatent *de visu* qu'ils restaient les seuls à s'obstiner à ne pas signer ce bout de papier insignifiant consacrant leur abjuration et leur ralliement au régime en échange de leur liberté.

Staline craignait l'armée des fidèles aux ordres du pape plus que des armées autrement mieux équipées. Se rendant compte que la persécution de l'Église par les bolcheviks n'avait jusque-là donné que de maigres résultats, il décida alors de changer de tactique : il fallait la corrompre et la déchirer de l'intérieur afin de provoquer des effets bien plus dévastateurs.

Il obtint de tels résultats que les autres organisations, qui continuent de défendre et de promouvoir l'athéisme social dans le monde entier, ont toutes fait leur la stratégie stalinienne.

Derrière la grille du confessionnal

Satan, le prince des ténèbres, guide habilement les mouvements de ses ouailles. Aujourd'hui, le conflit est ouvert. Il sort à découvert. Il tient à faire savoir qu'il est à l'œuvre avec ses arts infernaux, épaulé par des sectes sataniques en pleine expansion.

Quant à sa logique, elle est toute simple : rien ne sert d'aller contre Dieu, quand on peut se passer de Lui. Il suffit de prendre les modèles qu'offre le monde : rendre licites, appétissantes, normales les ambitions de l'égoïsme humain dans le sein de l'Église, institution divine qui pourrait facilement voir le triomphe du matérialisme mécréant. Avec ce système, Satan fait adopter aux hommes d'Église tout le contraire des Béatitudes.

*

Un soir aussi agité que les autres, au sanctuaire romain de l'Amour Divin, au milieu des pèlerinages ininterrompus organisés par petits groupes, s'approche du confessionnal un pénitent visiblement démonté et fort embarrassé. Le confesseur l'encourage à s'ouvrir.

« Mon père, je ne sais par où commencer ni même si je pourrai recevoir l'absolution... J'ai un grave problème de conscience, je crains même de provoquer trouble et surprise.

– Mon fils, ne vous souciez point de cela ; au fond, nous nous comparons à des décharges publiques... Du reste, où se délester du poids de ses fautes sinon à confesse ? Nous sommes ici pour cela.

– Mon père, je fais partie d'une secte satanique, où j'ai un rôle important. J'en ai entraîné plusieurs à la fréquenter...

– Depuis combien d'années ?

– Mon père, ça fait une dizaine d'années que je m'y consacre entièrement...

– Et pourquoi être venu ici aujourd'hui ? Ce n'est pas une confession ; vous me faites part uniquement de votre trouble, mais cela ne suffit pas pour l'absolution. Il me faut des choses concrètes à absoudre, les péchés commis...

– J'ai convaincu d'autres personnes d'assister aussi à des messes noires et à d'autres rites sataniques. L'autre jour, cependant, c'est moi qui ai été invité à assister à une messe noire dans un endroit où je n'aurais jamais cru qu'on puisse célébrer de tels rites...

– Où ça ? demanda le confesseur derrière la grille.

– Au Vatican.

– Pas possible ?! Incroyable... Vous en êtes sûr ? Qui étaient les autres ?

– Croyez-moi, mon père, je ne suis pas ici pour débiter des mensonges... Je suis très troublé. Je ne connais plus la paix. Il ne m'était jamais rien arrivé de tel... Je m'étais toujours moqué de l'hystérie de certains repentirs religieux. Une dérision que je cherchais à faire partager autour de moi. Aujourd'hui, j'ai honte de devoir faire marche arrière, mais je suis incapable d'aller de l'avant. Quel supplice !

– Qui étaient les autres ? Vous les connaissez ?

– Je ne pouvais les reconnaître, tous étaient encapuchonnés de la tête aux pieds. Dans tous les rites sataniques on est nu dessous, mais encapuchonné de la tête aux pieds. Les voix étaient sourdes, impossibles à identifier à leur timbre. Je me suis senti honoré par l'invitation... Maintenant, je me maudis d'avoir accepté d'y aller... Mon père, que faire dans les cas de ce genre ? Que dois-je faire maintenant ? »

Il était très tard et l'église était pleine de fidèles d'un groupe charismatique, qui s'attardait à chanter, prier, gesticuler pour rendre gloire à la Trinité et à la Sainte Vierge à l'occasion de ce rendez-vous mensuel. Il était près de minuit lorsque le pénitent se retira du confessionnal sans se faire remarquer pour se perdre au milieu de la foule.

*

« Il faisait nuit », écrit l'évangéliste Jean qui voulait souligner l'heure choisie par Judas pour quitter le cénacle et rejoindre le lieu de la trahison. « Le Seigneur dit : malheur à la cité rebelle et tyrannique ; j'éliminerai de ton sein les vantards orgueilleux et tu cesseras de t'enorgueillir [1]. »

1. Sophonie 3,1, 11.

18

La fumée de Satan au Vatican

Inspirée par le déisme et le rationalisme, la franc-maçonnerie est religieuse à sa façon. Elle admet l'existence d'un grand architecte de l'univers, que chaque adepte peut appeler du nom qu'il désire : il demeure le seul constructeur de toute la réalité existante dans l'univers, toujours en cours de construction et à l'achèvement de laquelle s'emploient les maçons sous l'égide du grand architecte de l'univers lui-même. C'est une croyance tout à la fois rationnelle et fidéiste, avec ses rites et ses prières adressés à la grande réalité universelle déifiée.

Dans chaque organisation secrète qui relève de l'ordre maçonnique, le mot d'ordre est l'entraide et la collaboration entre les divers membres du groupe. L'organisme maçonnique se propose d'étendre son pouvoir dans le champ politique, économique, militaire et religieux, en vue de créer – de gré ou de force – un seul et unique gouvernement mondial maître de la réalité existante. Pour les francs-maçons, des libres-penseurs, Satan fait aussi partie de cette réalité : on ne saurait donc le repousser. Dès lors, l'adoration due à l'architecte s'étend à toute sa création, y compris à Satan, créature qui participe de la réalité universelle.

Quiconque est invité à faire partie de la famille maçonnique est soumis à un sévère apprentissage de trois ans, au cours duquel il passe par trois degrés : apprenti, compagnon, puis maître. Les grades sont attribués à vote secret. Le grade de maître donne la faculté de prendre la parole au temple ; les deux autres uniquement dans l'assemblée.

Entre eux, les frères se reconnaissent à leur poignée de main : qui salue et veut savoir à qui il a affaire donne trois petits coups consécutifs sur le pouce de l'ami. Si l'autre a compris, il répond en faisant de même, tout de suite ou à la poignée de main suivante. Sinon, le frère peut être certain que son interlocuteur n'est pas de la famille. Ce cérémonial de reconnaissance – une espèce de carte d'identité – est pratiqué par les maçons laïcs. Certains d'entre eux le font aussi avec tel ou tel ecclésiastique qui y est affilié. En revanche, par prudence, les ecclésiastiques maçons hésitent à y recourir entre eux.

De toute évidence, cependant, l'association se veut agnostique et se conforme à la plus stricte observance de la libre-pensée. L'athéisme agnostique, écrivait Jean Guitton, est simplificateur, vivifiant. Pour tous ceux qui se contentent de vivre, de jouir du présent et de prendre place dans l'histoire du monde en attendant de s'endormir dans la paix éternelle, l'athéisme est une solution douce ; elle n'est désespérante et angoissante que si l'on conserve une aspiration à la survie, que l'on peut apaiser par l'étude ou le divertissement.

La pieuvre maçonnique au palais

La société romaine est sans conteste l'une des plus fermées, et les titres nobiliaires et aristocratiques suffisent à peine pour y entrer ; mais la société ecclésiastique est encore plus hermétique. Ce qui n'empêche pas la maçonnerie d'y pénétrer sans mal par la porte de service en faisant montre d'un mimétisme irréprochable.

Il n'est pas dans les habitudes de la maçonnerie de changer les méthodes en usage à l'endroit où elle se trouve. Au Vatican, dans le vaillant bastion de l'Église catholique, elle s'arme d'une patience diabolique et attend : elle attend son heure pour se hisser aux plus hauts échelons du pouvoir et du commandement. Cette secte, qui s'infiltre partout « où bat l'Histoire », comme disait Pavese, sait que le Vatican reste depuis toujours une antenne audacieuse qui capte et propage les messages les plus avancés. Réussir à lui transmettre l'épidémie spirituelle, c'est indirectement détruire les défenses immunitaires de la raison humaine. Le mot d'ordre est simple : « Croire le moins possible, sans être hérétique, pour obéir le moins possible, sans être rebelle », comme le disait Joseph de Maistre.

La main invisible de la maçonnerie au Vatican, au centre des puissances occultes entre la haute finance et la haute administration, n'est pas une légende : elle se fait sentir partout, dans les systèmes d'embauche et dans les méthodes de promotion, dans les campagnes de diffamation ou de louanges de tel ou tel monseigneur, suivant les besoins. Ainsi, ce centre qui, par mandat divin, devrait être un phare est de longue date dévoré de l'intérieur par des chancres qui le décomposent.

Une seule balafre au *Jugement dernier* de la chapelle Sixtine, et le monde entier s'empresserait de condamner la profanation. Or, l'infiltration maçonnique au Vatican est encore plus désacralisante parce qu'elle pervertit les esprits et dénature le cœur même du christianisme. L'esprit de contradiction et l'ambiguïté de la réalité désorientent les esprits impuissants à dominer le cours d'événements fluides et évanescents.

La pieuvre, qui n'a jamais été aussi bien placée dans le palais, possède le don d'ubiquité : elle est en haut et en bas, dedans et dehors. Sa présence opaque se révèle par ses longs tentacules, mais personne ne sait où elle se niche. Elle se sert d'émissaires sur place, de mercenaires obscurs qui ne dédaignent pas l'équivoque de cette pègre organisée, bien introduite dans ce milieu fait de misère et de noblesse. Quand elle doit frapper, ce n'est jamais un geste inconsidéré. Le filet est si dense que la victime ne sent que sa propre impuissance et comprend que réagir lui ferait plus de tort à elle qu'à la bête.

En Italie, un arrêt de justice a décidé qu'une partie en cause peut récuser un juge franc-maçon. Au Vatican, cette récusation ne sera jamais possible ; aucun haut dignitaire ne portera écrite sur le front son appartenance à la maçonnerie.

Beaucoup de revues et de magazines ont évoqué ouvertement l'infiltration du Vatican par les maçons [1]. Deux siècles durant, depuis Clément XII (1730-1740), qui par une bulle en prescrivit l'excommunication en 1738, jusqu'en 1974, où le père jésuite Giovanni Caprile, par un article indulgent paru dans la *Civiltà cattolica* (10 octobre 1974), s'efforça de rassurer les catholiques affiliés à la maçonnerie : « Si sa foi de catholique ne rencontre rien de systématiquement hostile, organisé dans le groupe maçonnique auquel il appartient, contre l'Église et ses principes doctrinaux ou moraux, il [le catholique franc-maçon] peut rester dans l'association. On ne devra plus le considérer comme excommunié. À l'égal des autres fidèles, il sera admis aux sacrements et pourra participer pleinement à la vie de l'Église. Il n'a aucun besoin d'une levée expresse de l'excommunication du moment que celle-ci, dans son cas précis, n'a pas lieu d'être. »

En vérité, cette « pleine participation à la vie de l'Église » d'un nombre important de catholiques et de prélats maçons était déjà une réalité depuis de longues années. À peine arrivé à l'archevêché de Milan, Mgr Montini choisit pour conseiller financier le très catholique maçon Michele Sindona. Par la suite, en tant que pape, il confia les finances catholiques de l'Institut pour les œuvres de religion [2] à l'indiscutable compétence crapuleuse et criminelle des catholiques maçons Michele Sindona

1. *Panorama,* 10 août 1976 ; *Introìbo,* juillet 1976 ; *Euroitalia,* 17 et 25 août 1978 ; L'*Osservatore Politico,* 12 septembre 1978 ; *Oggi,* 17 juin 1981 ; 30 *Giorni,* 11 novembre 1992. À quoi il faut ajouter tout un tas de livres sur l'histoire de la franc-maçonnerie en Italie et au Vatican.

2. Istituto per le Opere di religione (IOR), fondé le 27 juin 1942 au Vatican par Pie XII.

et Roberto Calvi, qui s'appuyaient sur deux autres fidèles maçons de la loge P2, Licio Gelli et Umberto Ortolani.

En 1987, le journaliste maçon Pier Carpi confirma les propos du « frère » Fulberto Lauro selon lequel des cardinaux et des évêques adhéraient aussi incognito à la loge P2. Et de préciser : « On l'appelle la " loge ecclésiastique " et elle est en contact direct avec le grand maître de la loge unie d'Angleterre, le duc Michael de Kent. Cette loge agit au Vatican depuis 1971. Plus de cent frères cardinaux, évêques et monseigneurs de la curie y appartiennent. Ils parviennent à maintenir le secret le plus absolu, mais pas au point d'échapper aux enquêtes des hommes de la puissante organisation de l'" Opus Dei " [1]. »

Enfin la revue catholique mexicaine *Proceso* (n° 832, du 12 octobre 1992) signalait que la maçonnerie avait divisé le territoire du Vatican en huit quartiers, où fonctionnent quatre loges maçonniques de rite écossais, dont les adeptes, de hauts fonctionnaires du petit État, ne se connaîtraient pas, même s'ils pratiquent la poignée de main avec les trois petits coups sur le pouce. En l'occurrence, elles sont en contact avec d'autres loges maçonniques de certains pays ; de même, là où l'Église agit dans la clandestinité en raison du Coran, les relations avec l'Église locale passent secrètement *via* ces réseaux sectaires, qui rendent ainsi un service religieux à leurs frères du Vatican.

Bien qu'ils entretiennent des relations diplomatiques avec le Saint-Siège, les islamiques s'obstinent, au nom du Coran, à interdire toute forme de culte catholique et de prosélytisme. Les gouvernements respectifs désignent précisément comme ambassadeurs au Vatican les frères maçons les plus zélés et les plus actifs, leur donnant des instructions sur les différentes manières de procéder avec les ecclésiastiques honnis sans réserve, mais aussi avec ceux qui sont bien disposés envers la maçonnerie et qui, pour beaucoup, parviennent à se hisser à des niveaux de responsabilité au Vatican. De mèche avec eux, ils cherchent à

1. *L'Espresso*, 12 décembre 1987.

« piloter » Jean-Paul II, vieux et malade, qui a tant de mal à se déplacer (c'est à peine s'il soulève le pied de quelques centimètres) et qui souffre de fréquentes amnésies.

La presse de toutes tendances et de sources diverses continue à livrer les noms et les prénoms de cardinaux et de hauts dignitaires, au Vatican ou dans les alentours, parmi ceux des autres prélats affiliés à la maçonnerie. En dehors de démentis sans conviction, cependant, aucun d'eux ne se donne la peine de porter plainte pour obtenir une nécessaire rétractation, sinon pour leur honorabilité personnelle, du moins pour la dignité de leur administration et la crédibilité de leur charge qui ne manquent pas de pâtir de ces soupçons. Leur silence ne confirme pas l'axiome *quod gratis asseritur, gratis negatur* (une affirmation gratuite se nie gratuitement) parce que ici, comme personne ne nie, tout porte à croire que « qui ne dit mot consent ».

Faux apôtres et œuvres frauduleuses

Mais comment se fait-il qu'un franc-maçon puisse s'infiltrer dans les méandres de l'administration du Vatican ? Ou, plutôt, comme se fait-il qu'un ecclésiastique de la curie puisse devenir franc-maçon ? Telle est la question que posa à un prélat de la curie un jeune prêtre en exercice dans un pays islamique, troublé par la propagande anticatholique faite à la télévision.

Le jeune prêtre avait pris des gants.

« Quand il le faut, notre pays feint d'ignorer l'Église catholique, le pape et la hiérarchie ; mais, quand court le bruit d'un scandale dans ce milieu, il n'hésite pas à les dénigrer en informant l'opinion publique jusque dans les moindres détails. Tous les médias se mobilisent pour étaler sur la place publique faits et méfaits, preuves en main... Par exemple, ils disent que le cardinal secrétaire d'État serait affilié à la maçonnerie, de même que d'autres cardinaux archevêques et plusieurs prélats connus de la curie. Pour chacun d'entre eux, ils donnent nom et prénom, la date de son affiliation et le rôle qu'il joue au Vatican et dans la loge maçonnique à laquelle il appartient. Sur place, notre minuscule communauté catholique en est littéralement bouleversée ; et l'on se tourne vers nous, les prêtres, pour nous demander des explications sur l'authenticité de l'information et sur la façon d'y répondre. Mais vous, monseigneur, qu'en pensez-vous ? Est-il possible qu'un cardinal ou un prélat de la curie devienne maçon et se mette aux ordres d'un grand maître ? Cela paraît incroyable ! Et, si ce n'est pas vrai, pourquoi les accusés, ceux que l'on montre du doigt, ne traînent-ils pas en justice les calomniateurs pour contester devant les tribunaux, nationaux et internationaux, les accusations injustes dont ils sont l'objet ?... Pourquoi le Vatican, par l'intermédiaire de son nonce apostolique, n'intervient-il pas auprès du gouvernement pour démentir officiellement des affirmations aussi scandaleuses ? »

De même, à propos de la mort de Jean-Paul Ier, le jeune prêtre évoqua avec stupeur et effroi les voix qui faisaient état avec insistance d'un acte criminel. Et il ne manquait pas d'indices. Mais ce n'était pas le seul motif de scandale : la Banque vaticane et les milliards d'argent sale recyclés et dirigés vers des banques étrangères.

« Ils donnent les noms de hauts dignitaires du Vatican complices de la fine fleur de la maçonnerie italienne, expliquait le jeune prêtre. On parle d'homicides et de suicides, de mandats d'arrêt lancés par des magistrats italiens contre des personnalités de l'IOR... Il est question de l'éloignement de Mgr Marcinkus et de la promotion de Donato De Bonis à la dignité d'évêque.. Encore un exemple : après l'attentat contre le pape, les magazines illustrés ont publié une photo de lui, assis au bord de la piscine de Castel Gandolfo, qui aurait été prise par un employé du Vatican et qu'on aurait trouvée sur Ali Agca, au moment de l'attentat, le 13 mai 1981 ; une photo que le vénérable de la loge P2, Licio Gelli, aurait payée trois cents millions de lires, tout en disant au “ frère ” Vanni Nisticò : “ Ça en vaut la peine ; si on peut faire ce genre de photos, imagine un peu avec quelle facilité on peut le descendre ! " Pour nous qui vivons entourés d'ennemis de la foi, cette réalité incontestable fait beaucoup de tort à notre petit troupeau qui a du mal à rester ensemble... Un soir, le speaker de la télé a terminé sa prestation par une boutade : " Au Vatican, on chuchote que sous la pieuvre il ne pleut pas, autrement dit qu'il n'y a rien à craindre " », conclut-il avec stupeur.

Le monseigneur haut placé lisait sur le visage de son interlocuteur un profond trouble intérieur. Il savait que, dans son pays, il était très impliqué dans le travail pastoral auprès de la jeunesse ; il fallait lui répondre sans faux-fuyants.

« Vois-tu, cher confrère, nous nous posons tous la question. En dehors de la photo du pape torse nu, prise à l'intérieur du palais par quelque affilié, sur laquelle tous ont demandé des explications [1]... Personnellement, je ne suis pas du côté de ceux qui veulent nier à tout prix l'existence des faits, comme si, par exemple, l'attentat contre le pape Wojtyla n'avait été qu'un simple accident de chasse. L'autruche, qui enfouit sa tête dans le sable pour ne pas voir la tempête qui approche, ne l'élimine pas pour autant. Il faut donner une réponse. J'en aurais bien une, que je vais te dire comme je la pense.

« Il me paraît inimaginable qu'un beau jour un maçon sorte de sa loge pour aborder un prélat important, voire un cardinal, et à brûle-pourpoint lui propose d'adhérer à la maçonnerie. Et que ce dignitaire, comme si de rien n'était, morde tout de suite à l'hameçon et, avec armes et bagages, aille s'inscrire chez les maçons pour lutter à leurs côtés contre ce Dieu auquel il s'était consacré et qu'il s'emploierait aujourd'hui, dans les faits, à

1. Bien longtemps après, sans qu'on sache trop dans quelle mesure c'est conforme à la réalité des faits, une agence de presse diffusa une dépêche laissant entendre qu'un photographe de presse, un certain Adriano Bortolini, se serait attribué la paternité du fameux cliché, après avoir passé trois jours et trois nuits planqué dans l'épaisse tignasse d'un saule pleureur de la villa, sans rien à se mettre sous la dent ni rien pour faire ses besoins. De toute évidence, une fable de l'époque des croisés...

détruire. En revanche, que la maçonnerie ait des adeptes jusque dans les rangs des ecclésiastiques et même parmi les dignitaires de la curie romaine, c'est un fait difficilement contestable, dont on peut voir les indéniables effets latents aussi bien que tangibles.

« Tu as fait allusion à l'argent sale que des maçons déclarés ont détourné de l'IOR avec la connivence des très hauts dignitaires ecclésiastiques chargés de cet organisme, qu'on a pu comparer à un trou noir qui happe cet argent sale comme à travers une grille pour le faire ressortir blanchi dans Dieu sait quelle autre partie de la terre. Ce n'est un mystère pour personne. Tout cela, les téléspectateurs italiens ont pu l'apprécier avec une clarté désarmante et une franchise déconcertante en janvier 1994, lorsque la télévision a retransmis le procès du scandale Enimont [1]...

« La maçonnerie est donc *certainement* installée au Vatican, même si son centre de décision se trouve ailleurs. Albino Luciani, le souverain pontife, a dû s'en rendre compte, et recevoir ainsi un premier coup au cœur, quand le journaliste Paolo Panerai – le 31 août 1978, le lendemain de son élection – lui

1. Les principaux témoins n'ont pas fait mystère des francs-maçons qui se sont servis de la Banque vaticane pour leurs trafics ignobles. Dans les caisses de l'IOR transitèrent des bons du Trésor d'une valeur de cent dix milliards de lires pour verser des pots-de-vin à des hommes politiques de toutes tendances et de toutes confessions. Tout cela sent la loge P2 à plein nez, même si ses menées demeurent invisibles et évanescentes. Sur le coup, tous les organes de presse ont révélé les noms et prénoms des prélats et des cardinaux impliqués dans la commission de l'IOR pour la monétisation des bons du Trésor destinés à la corruption. Selon un témoin clé, Carlo Sama, payeur officiel de Montedison, la Banque du Vatican était parfaitement au courant des opérations du financier maçon Luigi Bisignani, pour lesquelles l'IOR aurait reçu près d'une dizaine de milliards de lires, ce que celui-ci a démenti pour ramener la somme à deux milliards seulement. L'autre témoin clé, Carlo Calvi, fils du banquier franc-maçon Roberto Calvi, retrouvé pendu sous le pont des Frères noirs à Londres, a témoigné : « Francesco Pazienza m'a dit que Mgr Giovanni Cheli, représentant du Vatican à l'ONU, avait des ambitions. Il était son ami intime et convoitait la place de Marcinkus. À cette époque, il n'était pas aux États-Unis... Cheli m'a répété ce que Marcinkus m'avait déjà dit par téléphone : je devais dire à mon père [alors détenu] de garder le silence, de ne révéler aucun secret et de continuer à croire à la Providence. » Le prélat Giovanni Cheli a été élevé à la pourpre cardinalice le 21 février 1998. Comme par hasard, on l'a dit, le jour même du carnaval de Viareggio.

adressa à brûle-pourpoint une lettre habile dans les pages de l'hebdomadaire économique, *Il Mondo :* " Votre Sainteté, est-il juste que le Vatican intervienne sur les marchés comme un spéculateur ? Est-il juste que le Vatican ait une banque qui se mêle de transferts illégaux de capitaux de l'Italie vers d'autres pays ? Est-il juste que cette même banque aide les Italiens à frauder le fisc ? " Ce saint homme de pape ne s'était pas encore remis de cette interrogation choquante que, le 12 septembre suivant, l'intrigant hebdomadaire *Op,* dirigé par Mino Pecorelli, franc-maçon qui devait être plus tard assassiné, titra sur " La Grande Loge vaticane " : l'article donnait, entre autres choses, la liste de cent vingt et un noms de représentants du Vatican et de hauts prélats affiliés à la maçonnerie.

« " Ils verront descendre sur la terre des ténèbres si épaisses qu'ils pourront les toucher [1]. " Il est ici comme un petit nuage, qui semble s'évanouir lors même qu'il t'enveloppe ; au toucher, l'aveugle peut te dire que ce qu'il touche est une table, bien qu'il ne la voie pas ; de même en va-t-il avec la maçonnerie au Vatican : elle se touche, mais elle ne se voit pas... Dans une lettre d'octobre 1838, Antonio Rosmini écrivait : " C'est là l'une des principales sources de l'incrédulité moderne : les prêtres se conduisent mal, donc la religion qu'ils prêchent est fausse. Voilà le sophisme. Il faut avertir et prévenir les jeunes contre toute espèce de scandale, surtout ceux qui résultent de l'inconduite des clercs... "

« Paul VI s'aperçut de la présence maçonnique au Vatican et en informa le monde : il l'appela la " fumée de Satan ". Il savait qu'à travers la faille maçonnique cette fumée pénétrait et se répandait dans le temple du Seigneur. La politique maçonnique du siècle dernier était plus encline à affronter franchement l'Église catholique, mais ne réussissait ainsi qu'à faire surgir des barrières. Avec le temps, au début de ce siècle, elle a changé de méthode : elle a compris qu'il était bien plus profitable de

1. Isaïe.

s'infiltrer aux sommets de l'Église. Escalader le dédale de ses bastions pour se hisser tout en haut n'est pas une mince affaire. Il faut prendre son temps, s'armer de patience, afin de sélectionner les éléments les mieux aptes et les plus utiles pour atteindre cet objectif. À cette fin, l'organisation maçonnique dispose d'immenses ressources et choisit la fine fleur de son personnel maçonnique le plus qualifié, le mieux à même de repérer, avec constance et circonspection, les futurs ecclésiastiques à destiner à la carrière et aux postes les plus élevés. »

*

À la fin des années quarante, le pape Pie XII éprouvait justement une sainte horreur et une profonde angoisse à l'idée que l'athéisme s'insinuait dans l'Église sous un double aspect – maçonnique et communiste.

En juillet 1949, un petit village du Murgrese fêtait l'ordination au sacerdoce de don Francesco, fils unique de parents très pauvres qui des années durant, pour l'envoyer au séminaire, s'étaient privés de tout. Le nouveau prêtre reconnaissant leur offrit un voyage à Rome, qu'ils n'avaient encore jamais vue. Il comptait payer les frais du voyage et du séjour dans la capitale avec les cadeaux reçus en espèces. Pour l'habillement, ils se contenteraient des modestes vêtements qu'ils avaient sortis de leur garde-robe pour cette fête. Toute la nuit, dans le train, aucun des trois ne put trouver le sommeil tant leur émotion était grande. Au petit matin, la maman, postée à la fenêtre, aperçut les premières maisons de la périphérie. Elle se croyait dans un rêve : qui aurait jamais dit qu'il lui serait donné de visiter Rome, la cité du pape, la capitale du christianisme ?!

Leur pension se trouvait à Prati, non loin de Saint-Pierre. Ils commencèrent leur visite par les basiliques et les autres monuments les plus connus de la Rome antique. À Saint-Pierre, ils firent une visite plus minutieuse et détaillée, don Francesco leur servant de guide en puisant dans ses maigres souvenirs ou en s'aidant des rares inscriptions lapidaires latines qu'il parvenait à traduire. Sur la place, il leur indiqua la fenêtre du bureau pontifical. Il n'était pas dans les habitudes de Pie XII de s'y présenter, comme se mit à le faire son successeur, Jean XXIII.

En entendant évoquer le pape, la mère, comme si elle se parlait à elle-même, émit le désir de le voir. Et don Francesco de la reprendre aussitôt :

« Mais, maman, seuls peuvent s'approcher du pape les chefs d'État, les ambassadeurs et les cardinaux de la curie, et encore.

– Quelle sotte je fais ! » répondit-elle à son fils.

Le désir d'audience avait déjà disparu.

Dans les jours suivants, alors qu'ils terminaient leur circuit touristique, ils pensèrent à contacter un lointain parent et quelques connaissances plus importantes. Parmi celles-ci, ils se souvenaient d'un capitaine des carabiniers qui, malgré son extrême jeunesse, avait fait une magnifique carrière. Au pays, on parlait de lui avec orgueil. Lorsqu'ils lui demandèrent s'ils pouvaient lui rendre une visite de courtoisie, il répondit aussitôt qu'il les recevrait bien volontiers.

Fort courtoisement, le capitaine s'enquit de leur séjour romain et voulut savoir tout ce qu'ils avaient réussi à visiter. Don Francesco parla à la place de ses parents, dressant la liste des monuments vus et racontant leur émerveillement ; il glissa une allusion au vain désir de sa mère d'approcher le pape – désir tout à fait irréalisable.

« Vous voulez rencontrer le pape ? » demanda le capitaine.

– Mais non, mon capitaine, reprit don Francesco, j'ai déjà expliqué à ma mère ce qu'il en est. Nous avons déjà admiré tant de choses et avons tant à raconter aux parents à notre retour. »

Mais le capitaine, qui avait de la suite dans les idées, se fit donner le numéro de téléphone de la pension et lâcha d'un air distrait :

« Nous allons bien voir ! »

Sur ce, il les raccompagna à la porte.

Désormais satisfaits, ils pensaient déjà au retour dans leur petit village accroché à flanc de colline. Ce soir-là, ils étaient attablés lorsque le garçon s'approcha d'eux avec respect et dit à don Francesco que le capitaine des carabiniers désirait lui parler au téléphone.

« Demain matin, à neuf heures et demie, trouvez-vous tous à l'Arc du carillon à gauche de la basilique Saint-Pierre ; on vous accompagnera à l'ascenseur qui mène aux appartements privés du pape ; à dix heures, vous serez reçus en audience privée par Sa Sainteté. Naturellement, soyez bien habillés, très ponctuels, et surtout, je vous en conjure, faites preuve de la plus grande discrétion. »

À l'autre bout du fil, don Francesco n'eut pas le temps de demander des éclaircissements ; il entendit seulement le déclic indiquant que son interlocuteur avait raccroché.

L'audience dura vingt minutes et se déroula conformément au protocole.

Au pays, presque personne ne voulut croire à l'histoire de l'audience privée accordée par le pape à cette pauvre famille. On soupçonnait une fanfaronnade du petit curé qui voulait se donner des airs en racontant des fadaises. En vérité, don Francesco lui-même ne se l'expliquait pas non plus.

Un an après, ce capitaine des carabiniers, entre-temps promu commandant, mourut prématurément d'un infarctus. Par la presse, don Francesco apprit qu'environ un an et demi auparavant il avait été nommé maître de la loge maçonnique du Palazzo Giustiniani à Rome. Peut-être l'audience pontificale qu'il avait obtenue outre-Tibre pour ses trois paysans était-elle le banc d'essai de son influence sur l'autre rive du fleuve. N'en déplaise à Pacelli, ainsi « instrumentalisé ».

*

Il existe un véritable noviciat pour les ecclésiastiques à agréger à l'ordre maçonnique. Il est parmi les ecclésiastiques une certaine catégorie d'hommes dans lesquels la maçonnerie voit de possibles collaborateurs; ceux-ci doivent réunir certains dons : intelligence aiguë, vif désir de faire carrière, ambition, promptitude à comprendre et à feindre de ne rien comprendre, générosité dans le service, et, le cas échéant, une belle prestance physique et un visage avenant. Autant de qualités excellentes qui attirent l'attention des recruteurs.

Quand un jeune ecclésiastique répond à ces critères, peu importe qu'il fasse partie du clergé diocésain ou d'un ordre religieux. Dès lors qu'il se trouve pourvu d'une extraordinaire capacité d'intuition, d'assimilation de la vie intellectuelle et de dynamisation du milieu dans lequel il évolue, qu'il est ouvert et énergique, il ne lui reste qu'à passer à l'abordage en commençant par chatouiller son amour-propre.

La condition absolue est que, dans cette première phase, le désigné reste dans l'ignorance totale de ce qui se trame autour de lui. La technique maçonnique requiert une révélation progressive, en sorte que l'affilié ne découvre les fins de la société secrète que petit à petit, selon ce que les supérieurs jugent utile.

Les façons d'aborder la proie sont aussi multiples que diverses. Une invitation dans une ambassade complaisante pour une fête nationale, la rencontre inattendue d'une personne qui se dit ravie de cette amitié, un prélat qui lui demande quelque chose et qui se dit reconnaissant. Puis vient la phase des compliments et des flatteries : mais quel trésor, quelle gentillesse, quelle intelligence ! Et ses manières ? Exquis ! Mais comment est-ce Dieu possible ? Vous mériteriez mieux, vous perdez votre temps... Mais pourquoi ne pas se tutoyer ?... Et ensuite : il faut penser à autre chose pour toi... On entre alors dans la phase des perspectives d'avenir : je connais tel prélat, tel cardinal, tel ambassadeur ou tel ministre, si tu le souhaites, ou du moins si tu n'y mets pas d'obstacles, je dirai volontiers un mot te concernant ; je parlerai de toi comme d'un homme qui mérite de plus hautes responsabilités : par exemple, sous-secrétaire de ce dicastère, évêque de..., nonce en..., secrétaire particulier de...

À ce stade, le proposant se rend compte tout de suite si l'intéressé a déjà mordu à l'hameçon, même si par fausse modestie il se réfugie derrière de frivoles formules de circonstance : mais je n'en suis pas digne, je ne suis pas à la hauteur, je me sens tout petit, il en est qui valent bien mieux que moi... et autres protestations du même acabit. Mais le recruteur sait à quoi s'en tenir : il sait que, autant la prudence est la vertu des forts, autant la fausse modestie est la vertu des imbéciles en escalade, et que derrière se cache la reddition.

Le processus est déjà bien engagé. Petit à petit, les promesses faites se concrétisent. Le candidat présélectionné constate que ce n'étaient pas des promesses en l'air et croit devoir en être reconnaissant à l'ami, qu'il considère comme son bienfaiteur. Pendant ce temps, sa carrière progresse comme sur des roulettes sans rencontrer de difficultés. Des perspectives radieuses se profilent devant lui au service de l'Église, au sein de laquelle il commence à deviner un fauteuil qui lui conviendrait très bien.

C'est précisément au moment où, saisi par la fièvre de l'ambition et de la vanité, le prélat ignorant a les preuves en main de son ascension facile, dont il ne prend pas encore toute la mesure, et que se profilent à l'horizon d'autres promotions à des échelons bien plus élevés, qu'on arrive à la phase des éclaircissements. Les choses lui sont plus ou moins présentées en ces termes :

« Monseigneur, Excellence, en toute honnêteté, il faut vous... il faut te dire que, si tu assumes aujourd'hui des fonctions aussi prestigieuses, tu le dois, plus qu'à ma personne, à l'influence de l'ordre maçonnique et de tous ses amis, à l'intérieur ou à l'extérieur de l'Église, qui ont rendu possible la prestigieuse ascension aux délicates responsabilités qui vous... qui t'ont été confiées. Comme vous le voyez, vous n'avez aucun souci à vous faire, car vous avez l'estime de nombreuses personnalités éminentes. Toutefois, libre à vous de continuer désormais ou non à collaborer avec notre organisation qui vous garantit toute discrétion et vous ouvre de belles perspectives d'avancement. »

Dans cette phase très délicate, il appartient au prélat en crise de décider du choix à accomplir. Le désir de continuer à grimper, le vertige de se savoir introduit dans la chaîne maçonnique, la peur d'immanquables révélations en cas de refus d'adhérer, le vide qu'il pressent autour de lui dans le cas contraire, la fraternelle exhortation de quelque dignitaire à aller de l'avant, comme lui-même l'a fait autrefois : en un mot, tout cela finit par convaincre le prélat de suivre la voie que d'autres ont commencé à tracer pour lui, à son insu.

Plus on est haut placé, plus on risque d'être intérieurement fragile par peur de perdre les hautes fonctions auxquelles on vous a permis d'accéder. Un abîme en appelle un autre. On cherche à se faire une raison : après tout, ce n'est pas la fin du monde et, si étrange que soit cette situation, il y a toujours le moyen de faire le bien. Dieu existe aussi pour les maçons, qu'ils appellent le Grand Architecte de l'Univers, même s'ils ne le servent pas intégralement. L'Être suprême existe dans le créé – qui le nie ? Il suffit qu'il ne dicte pas de lois répréhensibles. Un sacrifice personnel qui fait penser à l'horrible vœu de Jephté qui, pour s'assurer de la victoire sur les Ammonites, ne dédaigna pas de sacrifier à Dieu sa fille unique alors qu'elle sortait à sa rencontre pour le fêter.

Ainsi, une fois infiltré dans son milieu ecclésiastique, le brave novice maçon a pour premier devoir de paraître crédible en tenant les promesses faites et, le cas échéant, de présenter sous un mauvais jour, comme des esprits faux et des hypocrites, les meilleurs prélats de l'endroit où il s'est infiltré.

Voici bien en quoi réside le règne de Satan : le faux à la place du vrai, afin que le juste passe pour mensonger. Sa technique consiste à mélanger habilement le vrai et le faux pour montrer avec l'adresse d'un alchimiste que le vrai nuit apparemment au faux, en sorte que perdure le faux que personne ne remet en question, tandis que s'installe la haine du vrai qui, en tant que tel, dérange.

Voltaire instruisait ses disciples en ces termes : si vous croyez que Dieu vous a faits à son image et à sa ressemblance, rendez-lui la monnaie de sa pièce. Faites-vous un dieu à votre image et à votre ressemblance, avec tous vos vices et vos défauts : puissant, vindicatif, égocentrique, avide de pouvoir, ambitieux. Et plus vous en serez convaincus, plus il fera l'affaire, au point d'effacer et de faire disparaître en vous le précédent, c'est-à-dire le vrai. » Les francs-maçons font tout cela à la perfection avec leurs ouailles ecclésiastiques.

Habilement appâté, le nouveau franc-maçon devient donc ensuite un pion dans le champ d'action de la loge secrète et vient s'ajouter aux autres adeptes qui y ont déjà fait leur nid. Son ascension peut désormais se poursuivre sans entraves vers le sommet avec le concours des autres « frères ». Et, si la carrière est bien engagée, tous les espoirs lui sont permis : la pourpre et plus encore.

On dispose aujourd'hui de certains éléments d'information, bien plus que de simples racontars, sur les deux derniers conclaves. Ainsi sait-on que l'Église, victime d'éclipses partielles, aurait couru le danger de voir élire un pape compromis dans cette bande. Au pape manqué, qui ressortait cardinal du conclave, un journaliste qui faisait lui aussi partie de la bande demandait : « Comment cela va-t-il se passer maintenant, Éminence ? »

Le cardinal : « Bien, très bien ! »

Le frère journaliste : « Mais avec l'aide de Dieu ? »

Le cardinal : « Je ne la lui ai jamais refusée ! »

Et le journaliste : « Précisément ! »

*

Sur ce, le jeune prêtre intervint :

« Cette analyse impitoyable, monseigneur, exposée jusque dans les moindres détails, me rappelle un épisode qui m'est arrivé il y a environ quatre ans, exactement comme vous venez de le dire. Je vous le raconte pour que vous fassiez le lien.

« Un matin, juste après la messe, le sacristain me dit qu'un monsieur distingué désire me parler ; il s'était présenté comme un grand rabbin. Je lui fis demander s'il ne voulait pas plutôt parler au vicaire général, qui était mon frère. Non, c'est à moi qu'il voulait parler. Je me proposai alors de l'accompagner dans la visite des monuments historiques de la ville, comme cela m'arrive souvent avec les fidèles qui font du tourisme.

« Quand nous eûmes terminé, il commença à me dire avec beaucoup de prudence exactement ce que vous venez de rapporter : que je méritais une meilleure destination, à Rome ou à la tête de quelque diocèse... Comme je refusais nettement, il ajouta : “ Pensez-y et donnez-moi une réponse dans la soirée. Demain matin, à sept heures et demie, j'ai une entrevue privée avec le cardinal secrétaire d'État près des Sœurs de la rue du mur d'Aurélien, juste après la messe ; je préfère le rencontrer là-bas, plutôt que dans son bureau de la troisième loge, à l'abri des contrôles et des regards indiscrets. Je lui dirai volontiers un mot de vous, si vous le voulez bien... Nous entretenons des relations d'amitié. ”

« Avec le recul, cette étrange proposition pourrait bien avoir une explication logique. En fait, j'ai su par la suite que ce personnage fréquentait les milieux ecclésiastiques pour le compte de la maçonnerie... »

« Ce gens-là sont de faux apôtres, des faussaires camouflés en apôtres du Christ ; rien d'étonnant à cela : Satan lui-même se camoufle en ange de lumière. C'est donc peu de chose pour ses serviteurs de se camoufler en serviteurs de la justice. Leur fin sera conforme à leurs œuvres [1]. »

Voici donc les phénomènes latents, occultes et fumeux qui prospèrent dans les sous-bois de l'Église contemporaine, devenue allergique aux droits du cœur : arrogance systématique, abus de pouvoir, clientélisme, marginalisation, neutralisation, ou protection et népotisme à la lumière du soleil.

Vrais et faux prélats maçons

Quand la presse informa l'opinion publique de l'existence de la puissante loge maçonnique « Propaganda 2 », mieux connue sous le nom de loge P2, présidée par le vénérable maître Licio Gelli, de connivence avec Michele Sindona, Roberto Calvi et Umberto Ortolani, catholiques francs-maçons tous impliqués dans le krach de la banque Ambrosiano, elle donna aussi le nom d'autres prélats qui figuraient sur la liste – déjà en circulation depuis quelques années – des cent vingt et un noms classés par ordre alphabétique avec les dates d'adhésion à l'ordre maçonnique, leurs matricules et le nom des loges [2].

Faisant grand bruit au Vatican et ailleurs, parce que plusieurs de ces noms étaient ceux des dignitaires les plus prestigieux, une autre revue d'obédience maçonnique prit soin de publier ultérieurement une nouvelle liste d'ecclésiastiques et de laïcs dans laquelle, aux noms figurant dans le premier document, venaient s'en ajouter d'autres afin de semer la confusion entre les vrais membres et les personnalités étrangères à la maçonnerie. Les uns, les vrais affiliés, et les autres, qui n'en étaient pas, eurent beau jeu de démontrer que tout cela était infondé, que jamais ils n'avaient été affiliés à la secte.

1. IIe épître aux Corinthiens 11, 13-15.
2. Ce document scandaleux était paru le 2 septembre 1978 dans la revue *Op* du franc-maçon Mino Pecorelli.

Mais les vaticanistes les mieux informés savaient que le document n'était qu'à moitié faux. Du Vatican, d'abord, et de sources les plus diverses affluaient les indications sur les noms et prénoms des ecclésiastiques qui étaient sans conteste affiliés à la maçonnerie ou en étroite collaboration avec elle. Par commodité, on choisit de part et d'autre la politique du silence.

Le lecteur qui voudrait contrôler la vérité des faits prendra les noms indiqués dans cette liste pour les confronter à ceux de l'index des Annuaires pontificaux des années quatre-vingt-dix : au terme de cette comparaison, n'importe qui constatera que la majeure partie de ces noms a fait une magnifique carrière ecclésiastique. Plus des deux tiers d'entre eux, assurément fort peu méritants, se retrouvent aujourd'hui aux sommets de la curie romaine (quand ils ne sont pas décédés) : cardinal, évêque d'un diocèse prestigieux, aux commandes de quelque dicastère tout aussi prestigieux, chef de cordée du clan des ventouses collées aux bastions michelangelesques. Tout cela n'est pas plus le fruit du hasard que d'un accident du travail.

« Toi, Seigneur, Tu es juste ! Mais je veux quand même plaider contre Toi. Oui, je voudrais discuter avec Toi de quelques cas. Pourquoi les démarches des coupables réussissent-elles [1] ? » Généralement, se tenant au-dehors, l'homme demande à Dieu de Se disculper de l'injustice vue dans le monde de l'Église. Mais, dès lors qu'il en fait partie, l'injustice l'enveloppe, tandis que la justice lui demande des comptes en le soumettant à un interrogatoire.

*

Au cas où un ecclésiastique non appelé voudrait faire carrière avec l'appui de cette faction, les responsables commencent par le mettre à l'épreuve, lui faisant accomplir une tournée de doctes conférences au Lions Club ou au Rotary de la région. En vérité,

1. Jérémie 12, 1.

ces clubs sont des pépinières où se recrutent ensuite les affiliés à la maçonnerie.

La revue jésuite *La Civiltà cattolica* a montré sans l'ombre d'un doute que ces cercles, étant d'origine maçonnique, entretiennent des liens étroits avec la secte. La véracité de cette affirmation fit l'objet d'une vive polémique jusqu'au jour où le grand maître Giordano Gamberini, dans la revue maçonnique *Hiram* [1] datée du 1er février 1981, reconnut officiellement que le Rotary aussi bien que le Lions émanaient de l'organisation maçonnique et se fondaient en elle :

« Melvin Jones, maître maçon de Chicago, fut l'un des fondateurs du Lions. Il en devint secrétaire général et trésorier à la fin de 1917. Pour le Lions, l'origine maçonnique est aussi évidente dans les premières armes que se donna l'association. Le Rotary avait eu des rapports presque identiques avec la maçonnerie. »

L'année suivante précisément, en 1982, la direction du Rotary pour la Sicile et Malte fut confiée pour la première fois à un jésuite, le père Federico Weber, sans que ses supérieurs s'opposent à cette prestigieuse nomination. Il est même beaucoup de cardinaux, largement récompensés et encouragés par le frère cardinal Baggio, aujourd'hui défunt, qui s'estiment fort honorés d'être invités par les dignitaires du Rotary pour inaugurer un nouveau siège ou ouvrir l'année, histoire d'honorer de leur présence de savantes conférences et d'excellents repas.

*

Une prophétique confirmation nous vient du récit d'une apparition de Jésus à Padre Pio de Pietrelcina, qui en fit part à son confesseur, le père Agostino da San Marco, à Lamis, le 7 avril 1913 :

« Vendredi matin, j'étais encore au lit quand Jésus m'est apparu. Il était en piteux état et défiguré. Il m'a montré une

1. Organe bimestriel du Grand-Orient d'Italie, fondé en 1870 (Editore Erasmo).

grande multitude de clercs réguliers et séculiers, parmi lesquels se trouvaient divers dignitaires de l'Église ; les uns célébraient, les autres passaient leurs vêtements sacrés, d'autres encore les ôtaient. La vue de Jésus soucieux m'a profondément peiné et j'ai voulu Lui demander pourquoi Il souffrait tant. Je n'ai eu aucune réponse. Il a cependant tourné Son regard vers ces prêtres ; mais peu après, presque effrayé..., Il l'a détourné pour le porter de nouveau sur moi ; horrifié, j'ai vu deux larmes couler sur Ses joues. Il S'est éloigné de cette foule de prêtres avec une profonde expression de dégoût sur le visage et S'est écrié : " Bouchers ! " Se tournant vers moi, Il a ajouté : " Mon fils... l'ingratitude et le sommeil de mes ministres rendent mon agonie plus douloureuse... à leur indifférence s'ajoutent le mépris, l'incrédulité. " Jésus a, hélas, raison de déplorer notre ingratitude. Tant de nos malheureux frères répondent à l'amour de Jésus en se jetant dans les bras de l'infâme secte maçonnique ! Prions pour eux... »

C'est à la fin de 1913, soit quatre ans avant le secret de Fatima, que Jésus révéla à Padre Pio que tant de dignitaires de l'Église étaient de mèche avec la maçonnerie, ce qui n'est plus un mystère.

À tous ceux qui se croient importants et indispensables au gouvernement de l'Église tout en risquant d'être partie prenante à ce scandale, l'Esprit Saint a parlé par la bouche du prophète Malachie : « Maintenant, à vous, prêtres, cet avertissement. Les lèvres du prêtre gardent la connaissance et de sa bouche on recherche l'instruction, car il est messager du Seigneur. Vous, au contraire, vous vous êtes écartés du droit chemin, vous en avez fait vaciller beaucoup par votre enseignement. À mon tour, je vous rends vils et méprisables à tout le peuple [1]. »

Jésus emploie pour ceux-là des paroles beaucoup plus dures : sur la chaire de mon Église se sont assis quantité de scribes et de pharisiens. « Malheureux êtes-vous qui transgressez les

---

1. Malachie 2, 1, 7-9.

prescriptions les plus graves des lois : la justice, la miséricorde, la fidélité. Guides aveugles, qui arrêtez au filtre le moucheron et avalez le chameau. Sépulcres blanchis [1]. » Tiens-Toi à distance, Seigneur, de ceux qui s'accommodent des protecteurs dans Ton Église et Te font faire leur volonté sur la terre comme au ciel. Et ils répètent à tous pour les convaincre : « Temple du Seigneur, temple du Seigneur, temple du Seigneur, par ici [2] ! »

Les erreurs commises dans ces milieux ecclésiastiques du passé au présent, sans entamer la sainteté de l'Église, sont l'écot à payer pour l'immense privilège de tous ceux qui sont admis à goûter au sang rédempteur du Christ. Nous sommes coupables de négligence pour avoir laissé l'amour à la merci des négateurs, des blasphémateurs et des profanateurs, quels qu'ils soient : par notre faute, nous avons laissé l'amour s'ankyloser, l'enfermant dans le congélateur des froids calculs du pouvoir d'ici bas.

À la veille de l'an 2000, alors que les préparatifs de l'année du jubilé battent leur plein, sur la table de l'Église, dans les salles les plus secrètes du Vatican, les deux grandes forces, celle de la Lumière et celle des Ténèbres, se livrent une partie d'échecs en présence de tous et sous les feux de la rampe : et il n'est pas dit que la victoire temporaire de Satan ne puisse faire échec au Christ du vendredi saint sur le calvaire !

Jésus n'a pas promis à Son Église qu'elle détruirait tous Ses adversaires, mais qu'elle ne saurait être détruite par aucun d'entre eux.

---

1. Matthieu 23, 23-24.
2. Jérémie 7, 4.

19

Pouvoir, oisiveté et célibat

Les employés de la curie ne se sentent pas protégés dans leurs droits naturels, pourtant inhérents à la personne humaine et presque toujours malmenés. C'est le climat ambiant qui porte le chef à s'attribuer avec autant de superficialité que de légèreté des pouvoirs qui relèvent de l'arbitraire et du caprice.

Qui s'estime lésé ne doit pas récriminer, puisque rien ne lui est dû. Chez les laissés-pour-compte, le contre-pied de l'ambitieux comblé auquel sourit le vent de la carrière facile engendre généralement tout au plus des grommellements faibles et stériles, sans conséquences bien visibles. Faute de recours contre les abus de pouvoir du supérieur de la curie, se perpétue la bonne vieille méthode du passe-droit : une grossière erreur pédagogique et sociologique, avant d'être une offense évidente à la dignité de la personne humaine.

Face à de tels abus de pouvoir, il n'est pas le moindre recours, aucune institution de solidarité, car il n'en existe pas et il n'est pas question que de tels freins puissent voir le jour. On ne saurait donc envisager le moindre conflit de type syndical. Grâce à ce vide, ou plutôt devant un pareil gouffre, le supérieur peut poursuivre ses desseins imperturbablement, assuré de n'avoir aucune réplique des surclassés. Rien ne saurait entamer le prestige du supérieur, fût-ce au détriment de la justice tribunicienne.

Qu'il décide de préférer un tel à tel autre, au mépris des droits et des qualités, il a la conscience en paix. Libre à lui de faire ce qu'il a décidé.

À la curie, le supérieur s'attribue une faculté qui n'appartient qu'à Dieu. C'est lui qui fixe la règle morale de toutes ses actions : « Vous serez pareils à Dieu », dit le serpent à nos aïeux. Le sujet chemine pas à pas sur une pente savonneuse. À tout moment, il risque de se retrouver bon dernier. Sa vie est toujours sur la corde raide, en équilibre instable entre l'attente et les passe-droits du système.

*

En voici quelques preuves. Avec une insolence cardinalice, le chef d'un dicastère présenta un jour à ses cadres un prêtre d'une cinquantaine d'années. Au mépris de tous ceux qui attendaient depuis des années leur légitime avancement, le pourpré leur signifia qu'il l'avait fait venir de l'extérieur pour le nommer aussitôt au neuvième échelon.

Pour être exact, il faut préciser qu'il obtint d'être affecté au dixième échelon, le plus élevé, parce que le cardinal devait profiter de ses accointances avec les industriels milanais pour faire des largesses à une bande de jeunes universitaires bons à rien. Tenant ses engagements, le cardinal demanda à l'administration compétente la nomination de l'inconnu au poste de chef de service – demande qui lui fut refusée parce qu'il n'avait pas les compétences requises. Du coup, les accords n'étaient pas respectés : moindre promotion, moindres rentrées. Le cardinal s'en voulait d'avoir manqué à sa parole envers sa nouvelle recrue et imagina un expédient.

Le lendemain, le pourpré convoqua le plus âgé des employés, c'est-à-dire le doyen du dicastère. Et en dix minutes exactement, s'inventant des impératifs urgents, il le priva des lourdes responsabilités qu'il avait alors assumées à l'entière satisfaction de tous, y compris de la sienne. Dans cette course frénétique aux honneurs, le plan concocté prévoyait naturellement que lesdites responsabilités seraient désormais confiées à la nouvelle recrue, ainsi propulsée au dixième échelon.

Le despote le plus insupportable est celui qui prétend faire applaudir ses abus de pouvoir et qui, susceptible, se montre aisément ombrageux et prompt à la colère. Les impondérables, il n'en a rien à faire. Cette agitation autour de l'obéissance permet aisément les abus et les contradictions. Trop lucide et décidé pour se laisser entièrement dompter, le monseigneur refusa poliment le troc : « À Balaam de Bosor, une bête de somme muette, empruntant une voix humaine, arrêta la folie du prophète [1]. » Devant la droiture et l'inflexibilité du doyen, qui répéta à son chef la formule de saint Bernard à Eugène III : *Praesis ut prosis, non ut imperes* (« Tu es là pour te rendre utile, non pour dominer »), le cardinal fut contraint de faire marche arrière tout en réservant pour d'autres occasions et d'autres sièges sa mesquine vengeance.

Protecteurs, protégés et exclus

Tous ceux qui ont une autorité possèdent difficilement en mesure égale le sens des responsabilités et celui de l'impartialité morale – toutes qualités essentielles pour inspirer le respect, la confiance et le consentement. Pouvoirs incontrôlés, prévarications envahissantes, idolâtrie plus ou moins consciente et d'autant plus déshonorante qu'elle est moins consciente, tout cela couve en toute impunité. Un monopole du pouvoir dictatorial, inattaquable, incompatible avec la dignité et la liberté de l'homme.

Aucun spécialiste ne s'étonne aujourd'hui du népotisme pontifical qui a régné du Moyen Âge à la Renaissance. Ce sont des

1. IIe épître de saint Pierre 2, 15-16.

choses qui appartiennent au passé. De nos jours, la mode, on l'a vu, est aux cordées, aux courants, aux favoris en tout genre. Entre les pratiques d'antan et celles d'aujourd'hui, il n'y a, pour ainsi dire, qu'une élégante et subtile différence d'étymologie : la méthode et les fins restent les mêmes.

Ce protectionnisme sordide et flottant n'est pas une résurgence, sous une forme moderne, du népotisme tant décrié de ces papes. Il est beaucoup plus délétère, du moins plus inexcusable. Les papes de jadis étaient contraints de se méfier de leur entourage, où l'on était habile à manier le poison autant que l'arquebuse. Avec leurs proches parents, en particulier leurs neveux, ils avaient l'assurance que leurs dispositions seraient mieux exécutées dans l'intérêt du bon gouvernement de l'Église. Le néonépotisme actuel entre protecteurs et protégés est inattaquable et impunissable par manque de lois spécifiques à même de tempérer les excès. Du coup, il s'insinue partout d'autant plus facilement qu'il n'est pas un délit.

*

Tandis que la société civile s'est battue avec acharnement pour affirmer les droits naturels de la personne humaine contre toutes les discriminations, les hommes d'Église, sous l'étendard de la miséricorde, suivent d'instinct des règles de comportement propres à la curie en bafouant allègrement les lois inhérentes à l'homme.

Le supérieur qui prend des libertés avec ses subalternes pose au bienfaiteur face à celui qui subit l'affront : il prétend le convaincre que c'est par clémence qu'il ne l'a pas proposé à la promotion pour lui épargner l'humiliation d'être récusé par ceux d'en haut. Il mérite donc toute sa reconnaissance et sa gratitude, d'autant qu'il lui laisse encore vaguement espérer une compensation en d'autres occasions. Ce n'est que perfidie et raillerie. Tout cela n'a rien de nouveau et continuera à se produire si l'on n'y remédie pas.

Compte tenu du théorème suivant lequel l'action du supérieur est irréprochable, la prétention du subalterne à défendre ses droits naturels et acquis est considérée comme une ingérence déplacée dans les privilèges du chef. À la curie, dans une administration ecclésiastique, le tout n'est pas la somme des parties, c'est-à-dire des personnes : c'est la volonté du supérieur qui réunit ou non les autres parties à sa discrétion.

La dignité des subalternes s'émiette et perd toute consistance dès lors que le supérieur ne l'associe pas à sa propre dignité, qui en est l'essence. S'il pense à la rendre aux intéressés, en tout ou en partie, c'est moins un acte de justice que le fruit de sa bienveillance. Dans un pareil milieu, la dignité de l'homme peut aisément passer d'un extrême à l'autre, de l'autel à la poussière et, si le vent change, de la poussière à l'autel – bien que ce cas de figure soit beaucoup plus rare.

Plutôt qu'une course d'obstacles où gagne le mieux entraîné, la vie au Vatican est une lutte de tous les jours où tous gagnent par eux-mêmes et perdent avec les autres, car jamais n'est organisée la moindre compétition publique. La méritocratie, la vraie, reste la chose qui fait le plus cruellement défaut à la curie. Dans une société tragi-comique, les droits et les devoirs de chacun sont évoqués ou bafoués au gré des caprices et de l'arbitraire du supérieur, mais aussi de ses influents larbins qui parviennent à faire le beau et le mauvais temps sans contrôle d'aucune sorte. Comme on le voit, le plus fort abuse du faible avec la bénédiction du système qui manœuvre le pouvoir.

Le subalterne idéal pour le chef doit être virtuose juste comme il faut, c'est-à-dire insensible, passif, indifférent à ce qu'il lui arrive, sans colonne vertébrale. C'est encore mieux s'il est neurasthénique. Les meilleurs subalternes sont ceux qui se laissent codifier ou décodifier par le supérieur au point de devenir dans l'engrenage de simples dents destinées à s'user. Et tout cela en vertu de cette étrange conviction médiévale suivant laquelle rien ne lui est jamais dû, tout est un cadeau.

Ainsi des personnes qui forcent le respect par leur intelligence et leur compétence se voient-elles contraintes de vivre leur vie dans le sous-sol de l'inconscient le plus débilitant. Ceux qu'on enfonce de la sorte ne parviennent pas à s'aider mutuellement, quand bien même ils le voudraient. Ils demeurent tels des rayons détachés de l'axe de la roue, grinçant à distance sans collectif où converger. Ils finissent leur vie comme des crucifiés, l'un à côté de l'autre, sans la possibilité de se tendre la main en un geste de solidarité.

Il ne leur reste qu'à vivre comme des zombies, inertes, soumis comme des succubes, hébétés, et, en bons moutons, à obéir docilement au doigt et à l'œil du despote du moment. Don Primo Mazzolari fustigeait ainsi les prélats de son temps : « Il est des hommes à qui il semble que la foi ait été donnée pour les dispenser de la charité. Et, par désir de jeter des ponts entre nous et ceux de l'extérieur, nous sommes oublieux de nos frères de l'intérieur, épuisant notre douceur, réservant pour les nôtres les paroles aigres, les jugements sévères et le ton arrogant. »

Et encore n'est-il pas question des problèmes éthiques, spirituels ou sociaux, tels que la priorité des droits acquis, le primat de la personne sur les questions administratives, la supériorité du spirituel sur le matériel, la valeur de la dignité de la personne humaine dans son intégrité et sa réalité concrète. Notre Seigneur a un immense respect pour chaque brebis de Son troupeau, qu'Il appelle par son nom : et si l'attroupement doit la plonger dans l'anonymat, Il préfère qu'elle s'éloigne. Mais alors, Il abandonne Son troupeau pour Se mettre sur ses traces. L'individualité de la brebis retrouvée donne à Jésus plus de satisfaction que celles qui demeurent perdues dans la mêlée ecclésiale.

Le grand paradoxe, c'est cependant de trouver chez le subalterne envoûté la conviction que rien ne lui revient de plein droit, qu'il doit en conséquence s'adapter à toutes les extravagances de son supérieur, dont la volonté a pour effet d'introduire la contingence et l'arbitraire en toute chose : prudence, justice, sagesse, discrétion, jugement, douceur, attention, sensibilité, appréciation, estime, capacité d'écoute, évaluation des dons intellectuels du collaborateur subalterne.

Au Vatican, tout est sens dessus dessous : seul compte le troupeau, le Seigneur poursuit la personne. Pour les besoins de la masse, on est capable de passer avec indifférence sur l'individu, le singulier, de négliger ses besoins, son drame. On s'intéresse davantage à la masse, à la quantité, au nombre. Alors que c'est l'homme qui est cher au cœur du Seigneur, chaque homme en particulier, surtout s'il est marginalisé, mis à l'écart : Il part à sa recherche et pleure avec lui.

Par manque de démocratie et de débat, la curie se transforme en une bande de subalternes dépersonnalisés, dont la conscience ne saurait s'exprimer en dehors de celle du supérieur. « Oui, la conscience est un miroir, disait Ugo Ojetti. Du moins à l'arrêt. Plus tu la fixes, plus elle tremble. »

Quand le supérieur despotique s'obstine à croire que tout lui est permis, fût-ce le contraire de son devoir, il suit sa route en roue libre sans aucun respect pour la personne du subalterne piétiné. Comme il n'existe pas le moindre semblant d'opposition syndicale, rien ne l'arrête. Et si, par conséquent, tout est pour lui relatif et contingent, l'instabilité de son jugement est toujours à deux doigts de sombrer dans l'arbitraire et l'abus. Saint Augustin dirait : « Ou peut-être parce que tu es injuste, le Juge ne sera pas juste ? Ou peut-être parce que tu es menteur, la vérité ne dira pas le vrai ? »

Rarement, voire jamais, l'autorité intervient en temps utile pour renvoyer ou destituer le dignitaire prévaricateur, surtout s'il s'agit d'un cardinal, afin de ne pas l'exposer à la risée générale. Et le supérieur qui a gravi ces sommets demeure maître du jeu : libre à lui de continuer à manœuvrer au profit de ses protégés et au détriment des opposants. Nous sommes dans le vice d'un cercle vertueux.

*

Dans le milieu du Vatican, il existe aussi certainement une question morale, mais il n'est personne qui veuille en épouser la cause. Il n'y a pas d'institutions collatérales et autonomes, et nous n'en voulons pas. Tout est hiérarchique. Jamais une enquête ne part de la base pour remonter vers le sommet. L'espionnage est téléguidé d'en haut, par ceux qui sont en mesure de décider comment et quand la mine doit exploser. Le contre-espionnage des dénonciations qui viennent de la base, du bas de l'échelle sociale, n'arrive jamais jusqu'au sommet.

L'Évangile de la curie est dénaturé : les premiers et les derniers n'y correspondent pas aux derniers et aux premiers évoqués par Notre-Seigneur. Les premiers sont les prélats protégés à outrance, les carriéristes qui chevauchent un tigre et s'emparent des places qui reviennent aux autres : les délateurs, les corrupteurs, les collaborateurs du démon, au grand préjudice de l'Église de Dieu. Tous font partie des vingt pour cent déjà évoqués : rusés, rapides, impitoyables et sans scrupules, ambivalents, flagorneurs, ils sont aussi circonspects, savent faire preuve de doigté, de discernement, et attendre le moment propice. Ce sont ceux qui voient leur carrière avancer et qui héritent de ces postes avidement convoités au gré de leurs ambitions.

À mesure que la carrière progresse, la technique du croche-pied et la méthode à suivre changent également : « Les impies ont dit : traquons le juste parce qu'il nous gêne et contrarie nos actions : ils nous reprochent nos manquements à la loi et nous accusent d'être infidèles à notre éducation. Si le juste est fils de Dieu, il viendra à son secours et l'arrachera aux mains de ses adversaires. Mettons-le à l'épreuve par l'insulte et la torture [1]. »

1. Sagesse 2, 12-17.

« À Rome, écrivait le cardinal Newman, on a une vue magnifique du sommet du Vatican, mais au-dessous grouillent les marécages infestés par le paludisme. »

Les derniers, suivant le code de la curie, sont ceux que l'on a privés de leurs droits acquis, ceux que l'on étouffe coûte que coûte, les suspects, les réfractaires, ceux que l'on calomnie pour les empêcher d'émerger, ceux auxquels on dénie tout droit de faire appel, à qui toute espérance est interdite. Ceux-là n'ont droit à rien, sinon au silence et à l'indifférence la plus humiliante, à cette torture psychologique qui réveille et amplifie le sentiment de culpabilité. Et, s'ils essaient de s'opposer en faisant valoir leurs droits à une promotion, ils courent le risque, à l'instar de don Bosco, d'être rappelés à l'ordre, d'être enfermés dans quelque service psychiatrique ou centre de santé mentale, comme on dit aujourd'hui, pour soigner cette aliénation schizophrénique qui leur fait prétendre à ce à quoi ils n'ont aucun droit.

La méthode fait penser à la conclusion de l'enquête psychiatrique à laquelle parvinrent les autorités françaises sur les visions de Bernadette Soubirous : elle est parfaitement saine d'esprit et toutes ses facultés sont pleinement normales : mais, étant donné qu'elle persiste dans ses allégations, il se peut qu'elle ait des hallucinations !

Condamnation au repos forcé

À peine approchent-ils de l'âge de la retraite que les employés du Vatican commencent à voir leur cote et leur considération baisser dans leur administration comme auprès des autres organismes avec lesquels ils sont en relation. Sitôt qu'ils ont pris leur retraite, les voilà qui, tels des trépassés, se mettent soudain à errer dans l'isolement et la pénombre de limbes dantesques.

Ils forment une catégorie de sourds-muets auxquels on ne prête aucune attention. Tout au plus se contente-t-on de quelques signes inarticulés. L'habitude est si bien enracinée qu'il ne viendrait pas à l'idée des retraités eux-mêmes de faire valoir leur droit. Ils sont convaincus que tout ce qui leur est assigné n'est que don et grâce d'en haut. Ils forment donc une catégorie sans voix, tels des handicapés qu'il faut chaperonner, comme si leur décrépitude obligeait à décider à leur place en tout arbitraire et sans possibilité de faire appel.

Que l'un d'eux refuse de se plier à ce qu'on a décidé à sa place, on ne manque pas de lui répondre que l'insaisissable Commission supérieure cardinalice a rejeté son recours. Parce que au Vatican, quand un quidam s'agite et s'arroge des pouvoirs imaginaires, l'angélique intrigant invoque des instances inaccessibles, intouchables, impersonnelles, voire inexistantes ou nullement informées de la situation. Ainsi prend-on des libertés avec les lois et les obligations. Pour décider à leur place, le premier petit chef venu fait l'affaire, qui s'arroge des pouvoirs suffisants pour parvenir à ses fins avec l'aide de ses sbires ou même de son supérieur, qui ne peut alors prétendre avoir été tenu dans l'ignorance.

Comme il n'a plus le droit de décider quoi que ce soit par lui-même, le jour où le laïc ou le monseigneur entre en disgrâce et commence à errer comme un zombie parmi tous ceux qu'on a « mis à la casse », il se rend compte que tout ce qui lui était encore possible la veille comme à ses collègues lui est désormais interdit : le bureau de ravitaillement ordinaire lui est fermé, il doit s'adresser ailleurs. Dès le lendemain, il ne peut plus faire le plein d'essence chez son distributeur habituel, parce que d'autres, le rayant des listes informatisées, ont décidé sans préavis et à son insu qu'il devrait désormais s'adresser ailleurs, à des dizaines de kilomètres de son domicile. Ceux qui, la veille, avaient entre leurs mains les destinées d'une administration, d'un service, de toute une région, se retrouvent plus ou moins assimilés à des débiles mentaux.

À la retraite, les grands – cardinaux, évêques et hauts dignitaires – n'ont pas un sort très différent de celui des petits.

Solitudo eminentium amarissima (la solitude des grands est particulièrement amère) affirme un dicton qui vaut pour nombre d'éminentes personnalités sur le déclin. Le petit sanctuaire préféré par la majeure partie de ces retraités se trouve à quelques centaines de mètres derrière le Vatican. Son nom ne s'invente pas : Chez la Madone du *Repos forcé.*

Et dire que Sophocle était centenaire quand il composa son *Œdipe* ; à quatre-vingt-dix-neuf ans, Théophraste écrivit *Les Caractères* ; Buffon en avait quatre-vingt-huit quand il termina son chef-d'œuvre sur la *Nature* ; et notre Michel-Ange avait l'âge respectable de quatre-vingt-neuf ans lorsque Paul III Farnèse (1534-1549) l'appela de nouveau pour lui confier les fresques de l'immense mur de l'autel de la chapelle Sixtine, donnant ainsi au monde ce grand chef-d'œuvre qu'est le *Jugement dernier* découvert en 1541, le jour de la Toussaint.

Ce ne sont pas les assassinats et les morts violentes qui définissent l'atmosphère du Vatican, au contraire pétrie de spiritualité et de prières. En revanche, elle est saturée d'une pléthore de péchés véniels envers les autres dont jamais personne ne se repent : équivoques, économie de la vérité ou restriction mentale, étroitesse d'esprit, ambitions mesquines, dénigrement, cynisme, déficit de bonté, manque de charité, amis qui prennent la fuite. Tout cela empuantit l'air du Vatican d'une fumée satanique.

*

Suivant la règle canonique postconciliaire, tout évêque à la tête d'un diocèse, bien que cardinal, doit remettre sa démission au pape à soixante-quinze ans.

Le fait est que, à l'approche de ce terminus, la quasi-totalité des évêques rechigne à se plier à la règle. Tout en protestant de leur absolue soumission au souverain pontife, ils profitent de leur lettre de démission pour faire comprendre au pape qu'ils se sentent plus que jamais en pleine forme et qu'ils seraient disposés à prolonger leur mandat pour peu que le pape veuille bien leur octroyer un sursis.

En vérité, la norme canonique en question fait référence à une problématique qui vaut pour tous les ecclésiastiques. Mais elle ne donne pas de solution juste et adaptée au cas par cas. La soixante-quinzième année n'est pas nécessairement synonyme de démence sénile. À cet âge, beaucoup sont de meilleurs maîtres de vie et de sagesse, précisément du fait de leur âge ; d'autres, physiquement jeunes, donnent des signes d'usure et de dégradation mentale, accompagnées d'un déclin pathologique des capacités intellectuelles et d'un contrôle insuffisant de leur émotivité bien avant leurs soixante-quinze ans.

Imaginez un peu un cardinal à la tête d'un dicastère dans ces conditions ! On a vu des cas extrêmes, jusqu'à des cas de démence liés à la maladie d'Alzheimer : un cardinal préfet parfaitement incapable de comprendre et de vouloir quoi que ce soit, et dont les documents officiels de l'époque portent ostensiblement l'estampille...

*

Avant Vatican II, l'évêque du diocèse restait pour ainsi dire son époux, et le mariage était indissoluble jusqu'à sa mort. Quelle malchance pour la malheureuse épouse, en la personne des prêtres et des fidèles, de devoir le subir ainsi !

Au cours des réunions de la Conférence épiscopale, un évêque sarde avait le plus grand mal à supporter ses confrères octogénaires branlants et médisants. Il disait clairement qu'ils devaient avoir le courage de remettre leur démission dès lors qu'ils étaient dans un pareil état, mais ceux-ci faisaient la sourde oreille. À la longue, les années passèrent pour lui aussi. D'une année sur l'autre, il commença à son tour à avancer d'un pas chancelant et à souffrir de légères pertes de mémoire. Et l'on ne manqua pas de lui rappeler comment il pressait les autres de se démettre :

« Excellence, vous vous souvenez de vos exhortations à vos confrères évêques à donner leur démission une fois décrépits ?

– Si je m'en souviens ! Et je suis toujours du même avis !

– Précisément, Excellence, ne pensez-vous pas que l'heure est venue pour vous de donner la vôtre ?

– Mais qu'est-ce que vous insinuez ? ! Je suis encore valide et en pleine possession de mes moyens... Quand je me rendrai compte que ce n'est plus le cas, mon devoir sera de me retirer Mais certainement pas aujourd'hui, non ! »

*

Il y a une année environ fut accompli un geste d'éclat . certains évêques retraités étaient décidés à organiser une grande réunion nationale afin de dénoncer l'abandon et l'incompréhension dans lesquels le Vatican tenait la foule des pasteurs errants sans troupeaux. Mgr Mario Ismaele Castellano, archevêque émérite de Sienne, alors âgé de quatre-vingt-un ans, s'expliquait ainsi quant à l'idée de réunir cette étrange assemblée :

« L'idée en est venue à l'un de mes confrères plus inquiets. Un jour, il me téléphone : pourquoi ne pas nous retrouver tous à Rome pour faire part de nos problèmes à la curie [1] ? »

Le mécontentement couvait, et Jean-Paul II fut mis en garde. Avant leur rassemblement, en fut convoqué précipitamment un autre : l'assemblée plénière du collège des cardinaux pour se pencher sur le malaise des évêques démissionnés, sans voix et sans personne pour les écouter, qui atteignait la cote d'alerte.

1. Le problème est réel à tous égards : pastoral, théologique et en partie économique. Par exemple, l'évêque à la retraite n'a pas le droit de vote dans les réunions des conférences épiscopales. Sitôt atteint l'âge fatidique, tous se donnent du mal, s'arrangeant comme ils peuvent.

Le plus combatif, comme d'habitude, fut le cardinal Silvio Oddi :

« La règle qui impose la démission des évêques à soixante-quinze ans est une violation flagrante des droits de l'homme. Elle n'a aucune base dans la tradition de l'Église, et rien n'empêche de l'invoquer pour l'imposer moralement à l'évêque de Rome, c'est-à-dire au pape. Mais l'évêque est un père, non un employé. Et les pères ne prennent pas leur retraite, ils se consacrent à leur famille jusqu'à la fin. La même considération vaut pour les cardinaux octogénaires exclus du conclave ; je crois qu'aujourd'hui la majorité des cardinaux serait d'accord pour l'abroger. »

Démissionné de Trente, Mgr Alessandro Maria Gottardi estimait pourtant que c'était une règle frappée au coin du bon sens et souligna :

« Le problème est d'ordre psychologique ; un sentiment d'inutilité prolongée après des années de service pastoral intense dans leur diocèse. »

La vie de tous s'allonge tandis que le nombre d'évêques à la retraite augmente. L'Italie compte deux cent vingt-six diocèses pour deux cents évêques retraités. Que faire ? Le remède retenu n'est qu'un palliatif : il consiste à les impliquer dans des organismes consultatifs placés auprès des diocèses et des conférences respectives. Ce n'est pas fait pour apaiser les inquiétudes, qui montent à vue d'œil.

Mais, la loi étant ainsi faite, on a trouvé la faille. Pour s'y soustraire, les prélats s'en donnent à cœur joie. Qui se trouve à la tête d'un diocèse ordonne un synode diocésain à la veille de son soixante-quinzième anniversaire, faisant traîner les choses en longueur de manière à s'assurer ainsi un confortable sursis ; de même, pour gagner du temps, un cardinal de soixante-quinze ans à la tête d'un dicastère fait savoir qu'il a à cœur de préparer une réunion plénière des cardinaux pour leur soumettre les questions juridiques et théologiques les plus graves de son secteur de compétence. Souffrant, le pape Wojtyla se tait et laisse faire ces manigances : mal en point, il convient pour lui de feindre, tout en sachant que feindre est un défaut, mais qui ne fait pas semblant n'est pas parfait.

Une question brûlante

La loi canonique sur le célibat des prêtres intéresse avant tout le clergé diocésain de l'Église d'Occident, c'est-à-dire de rite latin, à travers le monde.

Depuis la fin des temps apostoliques, les Églises d'Orient, catholiques ou orthodoxes, ont laissé à leurs ministres la liberté de choisir pour un temps s'ils veulent accomplir leur mission de pasteur chargé d'âmes dans le mariage ou dans le célibat. La tradition est si bien installée que la hiérarchie et les fidèles ont tendance à avoir autant de considération et de respect pour le prêtre marié et le célibataire, tous attachant moins d'importance à l'état civil qu'à l'épanouissement personnel.

En Occident, la loi du célibat s'inscrit dans les luttes historico-politiques du premier millénaire, à travers l'idée de reviviscence du Saint Empire romain réalisée par Charlemagne et ses successeurs – empire qui aurait dû rester un et indivisible comme l'Église elle-même. C'est l'expérience qui avait dicté son choix à Charlemagne (742-814) : à leur mort, les principautés administrées par les évêques monarchiques passaient sous la puissance de l'empereur, à qui il appartenait de nommer leurs successeurs. À l'inverse, les princes qui avaient une progéniture prenaient le soin de diviser et de subdiviser leur territoire en autant de comtés et duchés qu'ils avaient de descendants. Il convenait donc d'unifier le duché diocésain et de le remettre entre les mains de l'évêque. Mais, pour avoir des évêques sans descendants, il fallait préparer un presbytère de prêtres célibataires, parmi lesquels choisir les évêques. Dans cette perspective politique, la jurisprudence des Lombards et des Mérovingiens, contenue dans plusieurs lois – *decretalia, capitularia, edicta, decreta, rescripta, ribuaria* – imposa aux religieux comme au clergé diocésain certaines règles de vie sacerdotale ainsi que le célibat. Les divers conciles et synodes régionaux ou nationaux de cette époque ne firent que s'aligner sur les dispositions adoptées par le bras séculier, les intégrant au fur et à mesure dans la norme canonique de l'Église.

À la fin du concile Vatican II, où l'on avait parlé de tout sauf des droits collectifs et individuels des prêtres de l'Église latine, s'amorça une préoccupante crise d'identité sacerdotale, qui se solda par une hémorragie de prêtres. Les statistiques parlent de quinze à vingt mille prêtres défroqués et mariés. Effrayé, Paul VI chargea son secrétaire d'État, le cardinal Jean Villot, de procéder à une étude en profondeur afin de prendre les mesures d'urgence qui s'imposaient.

Les défroqués les plus combatifs et les plus critiques s'associèrent en vue d'organiser un rassemblement à Rome. Or les autorités de police n'acceptèrent de leur délivrer une autorisation que hors de Rome. Ils se réunirent donc en nombre conséquent loin de la capitale, mais pas des oreilles indiscrètes. Un franciscain qui travaillait alors à la Congrégation pour le clergé s'y rendit en civil pour prendre note des points les plus scabreux abordés au fil des interventions et des débats. Dans son rapport, on peut lire, entre autres choses :

> Les premières communautés chrétiennes choisissaient les prêtres parmi les hommes mariés ; les apôtres eux-mêmes furent choisis par Jésus alors même qu'ils avaient famille, femme et enfants... Pour saint Paul, l'évêque ne devait être marié qu'une seule fois... En vérité, le Christ a prêché l'amour de Dieu et du prochain, le détachement des biens de ce monde et l'humilité, toutes choses en contradiction flagrante avec le fonctionnement

de la hiérarchie vaticane, qui tourmente les prêtres en leur imposant le célibat comme s'il avait été voulu par le Seigneur... Pleins aux as, les prélats du Vatican ambitionnent des responsabilités toujours plus hautes, plus honorifiques et plus lucratives : « Hypocrites, vous transgressez le commandement de Dieu pour vous attacher à la tradition des hommes [1]... » Le vicaire du Christ loge dans le palais le plus fastueux du monde ; des milliers de familles vivent dans des galetas et des taudis non loin de là... Il ne rime rien de s'apitoyer sur leur sort pour leur donner quelques étrennes de Noël... Voici des exemples :

Le cardinal Tedeschini – auquel on attribue ces mots : « Nous sommes tous coupables de la même lèpre, alors que nous sommes célibataires » – a laissé à ses parents en héritage quelque chose comme deux milliards de lires de l'époque.

Le cardinal Canali – prélat comme bien d'autres mais chaste et pour cette raison chargé de corriger les prêtres impudiques – a laissé six milliards de lires à ses neveux.

Le cardinal Dell'Acqua – alias Vanda Osiris –, pour aménager sa chambre à coucher, réclamait cinq millions de lires sur les contributions destinées aux pauvres.

Sans parler des ordres et des congrégations religieuses emportés par un déluge de fonds de provenance douteuse...

Pour ce qui est du synode des évêques qui a traité du célibat sacré des prêtres, le pape s'est

1. Marc 7, 8.

empressé de proclamer ce vote comme l'expression de la volonté générale... Mais les prêtres étaient-ils d'accord ? Jamais ils ne furent interrogés par un sondage sérieux et honnête sur l'attitude générale face au célibat, ce qui était une manière de fermer les yeux sur une réalité macroscopique... Le père Laurentin, dans *Le Figaro* du 2 décembre 1971, a fait le point en ces termes : la faiblesse de l'actuel synode sur le célibat des prêtres est surtout d'avoir affirmé les structures et les principes tout en refusant de regarder la réalité en face. Il a défendu l'obligation du célibat sans s'intéresser à la chasteté ; or, ce qui compte devant Dieu et devant les hommes, c'est précisément la réalité concrète de notre vie...

Il suffit de mettre le nez dans les papiers du Saint-Office de la pénitencerie apostolique – comme cela est arrivé au rapporteur : que de turpitudes et de scélératesses !... Beaucoup de monseigneurs de la curie romaine s'habituent à vivre en pauvres bureaucrates pour donner le change et jouent aux piliers de l'Église sous les yeux du pape lui-même... [Il ne manque pas d'exemples et de noms, qu'on passera ici sous silence.] La proposition d'un référendum parmi les prêtres a été repoussée, mais le Vatican fait la sourde oreille et déclare au monde que le clergé latin restera lié au célibat sacré librement choisi : tout cela n'est qu'hypocrisie, malhonnêteté, trahison... Les âmes des prêtres mariés doivent elles aussi faire leur salut et tiennent à racheter avec elles celles de leurs épouses. Et que dire des droits naturels et divins des innocents à naître et nés de l'union de tels couples ?... Le conditionnement des hautes

> sphères de l'Église porte à multiplier les situations fâcheuses, où se mêlent péchés, scandales et sacrilèges... On refuse aux prêtres de rite latin le droit de se marier, mais ils se contentent du célibat ecclésiastique... sauf qu'un juriste se demande seulement que signifie l'adjectif « ecclésiastique » accompagnant le substantif « célibat » : un plus, un moins ou autre chose ? Et puis, en droit, est-ce une chose licite, illicite ou sous-entendue ?

À ces assises, l'un des plus agités était un prêtre régulièrement marié, en vertu d'une dispense pontificale, avec la sœur de trois monseigneurs déjà placés au secrétariat d'État, et qui aujourd'hui font le beau et le mauvais temps à la tête de l'Église. Lui, le simple prêtre, se vantait d'avoir trois parents au Vatican. De temps à autre, il parvenait à soutirer à l'un d'eux quelque secret d'État et, pour se donner des airs, ne pouvait s'empêcher de le diffuser autour de lui. En toute discrétion, il glissait à l'oreille de tel ou tel la dernière du moment. À la suite d'une défaillance du délégué apostolique [1] de Jérusalem, une prompte intervention du centre opérationnel du Vatican – le ministre des Affaires extérieures du Saint-Siège était bien entendu un compatriote – lui valut d'être nommé en vingt-quatre heures nonce apostolique en Argentine. *Mais pourquoi tant de hâte ?*

Les très efficaces services secrets israéliens avaient prévenu ce délégué qu'un journaliste s'apprêtait à révéler, preuves en main, sa relation cordiale avec une sœur en service auprès de cette délégation. On ne pouvait attendre plus longtemps : un jour de plus et le scandale éclaterait. Il fallait trancher dans le vif et

1. On appelle ainsi le représentant du pape, qui n'est donc pas un nonce, lorsque le pays où il réside n'entretient pas de relations diplomatiques avec le Saint-Siège. Il est en fait délégué auprès des évêques et de l'Église du pays en question. En pratique, cependant, il a la même importance diplomatique que les ambassadeurs. À cette époque, Israël n'avait pas encore noué de relations avec le Vatican.

le déplacer : ainsi pourrait-on imposer le silence à tout le monde, y compris à la presse. Le prêtre appela fraternellement le ministre des Affaires extérieures du Vatican, qui était de Brisighella, pour le mettre au courant des bruits, naturellement fondés. Pour demeurer dans le fameux « Livre blanc des préconisés aux plus hauts sommets », il fallait faire le nécessaire dans les vingt-quatre heures. Ainsi firent-ils signer au pape la nomination du délégué au poste de nonce en Argentine. *Bienheureux printemps, il y avait bel et bien urgence !*

Et le groupe des défroqués d'observer : « D'ici peu, ils le verront aux commandes dans les hautes sphères du Vatican et peut-être qu'ensuite ils l'éliront pape. » De fait, aujourd'hui, en tant que cardinal, il est en passe de siéger au prochain conclave. Ayant l'âge de Roncalli, il y pense un peu : « Et pourquoi pas ? ! J'y mets toute mon énergie, puis... ceux de la cordée feront le reste ! »

20

Un syndicat pour sujets sans droits

Les encycliques sociales, à commencer par *Rerum novarum*, sont des messages que les papes adressent à tous les États de la Terre afin qu'ils en appliquent la doctrine. Plus ou moins rapidement, les gouvernements finissent par suivre ces orientations.

Au Vatican, cependant, ces mêmes encycliques sont depuis des temps immémoriaux offertes dans un étui scellé à la vénération de tous les employés du petit État. Le contenu sociologique de ces encycliques est comme une apocalypse dans un langage abscons, un jeu de symboles, de chiffres, de couleurs, d'astres, d'animaux monstrueux, un « voile de vers étranges [1] ». Tout cela ne concerne qu'un lointain avenir : pour l'heure, il demeure incompris et donc inapplicable. D'où le byzantinisme verbal qui entoure les déclarations solennelles sur les droits de l'homme, des droits qui ne sont valables qu'« à l'extérieur », hors des murs du Vatican.

Dans un ancien livre d'histoire chinoise, on peut lire : il faut nourrir le peuple ; il ne faut pas l'opprimer ; le peuple a ses racines dans le pays ; si la racine est solide, le pays est tranquille. Dans la société vaticane, on refuse aux ecclésiastiques la liberté même de se constituer en un organisme de solidarité pour

1. Dante, *L'Enfer*, IX, 63. (*N.d.T.*)

se protéger et faire valoir leurs problèmes : un genre de Solidarnosc qui ait à cœur les revendications personnelles de ces ecclésiastiques ferait de l'ombre aux manigances inattaquables des supérieurs intrigants et des carriéristes.

Avec toute cette doctrine sociale et le respect témoigné envers les auteurs des plus nobles travaux intellectuels, personne aujourd'hui ne saurait prétendre contraindre Dieu à accomplir des miracles pour protéger les droits consacrés par ces lois, mais bafoués et violés au Vatican. On a l'obligation de les faire appliquer partout, ces lois, comme si elles étaient inscrites dans la conscience individuelle et sociale, à travers des organisations de solidarité syndicale.

Il faut faire des collaborateurs du pape une communauté qui vive en paix ensemble, qui ne soit pas la somme d'autant de solitudes. Les formes de solitude sont multiples dans le monde, mais la pire est celle qui te donne l'impression d'être seul au centre tandis que tous les autres te tournent le dos. Même l'Église a aujourd'hui besoin d'une transparence en elle pour la refléter hors d'elle.

Le respect des droits de l'homme, et donc aussi de l'ecclésiastique, suppose un rapport clair avec la réalité sociologique. Le rapport entre l'individu et la société repose sur la symétrie des droits et des obligations qui s'entrecroisent. Dieu n'a jamais accepté l'arrogant reproche de Caïn : je ne suis pas le gardien de mon frère Abel.

L'appel au devoir de solidarité se fonde sur l'exigence que chacun ait conscience du juste rapport qui le lie aux autres et à la société. Aucun ecclésiastique ne saurait plus se désintéresser de ses autres confrères insuffisamment valorisés ou injustement rétrogradés. L'omission et le désintérêt sont de nos jours de véritables péchés sociaux, au moins aussi graves que des péchés personnels.

Après plus d'un siècle de doctrine sociale, l'Église centralisée, où tout se décide au sommet, a fait encore bien peu pour ses ecclésiastiques, quand elle n'a pas semé des obstacles sur leur chemin. À l'aube du troisième millénaire, il est urgent d'aider la curie à s'ouvrir à ces systèmes de liberté et de démocratie, que l'Église même enseigne dans toutes ses encycliques sociales pour interdire ensuite catégoriquement aux ecclésiastiques de s'en prévaloir. En cette fin de millénaire, il est temps que le message évangélique et pontifical sur le social s'applique aussi aux ecclésiastiques, bien que sur un tout autre registre : celui de l'amour et de la compréhension fraternelle.

Prendre le parti d'Abel est un mérite qui est loin d'être indifférent : pécher par discrétion plutôt que par sans-gêne est une vertu sublime; mais aucun État de droit, petit ou grand, ne pourra jamais faire reposer ses bases sociales sur un bien-être oppressif, tout en prétendant que tout le monde demeure passif. « Un jugement sévère s'exercera contre ceux d'en haut [1]. »

S'il existait déjà une corporation valable et courageuse pour défendre les ecclésiastiques employés par la curie et s'exprimer en leur nom, peut-être ces dénonciations se révéleraient-elles aujourd'hui superflues. Un Solidarnosc ecclésiastique, que l'on attend toujours, aurait engagé le Vatican dans le lit de la doctrine sociale, que les papes de ce siècle ont suggérée aux autres pays tout en omettant de l'appliquer à leur petit État.

Malheureusement, pour laisser au supérieur qui se trompe le privilège médiéval de l'impunité totale, on préfère décréter inapplicables au sein du mini-État les aveuglantes vérités solaires de cette morale sociale, qui fait désormais partie du patrimoine commun de tous les peuples libres. Aujourd'hui, au contraire, le supérieur a toute liberté pour envelopper et enjoliver à sa manière ce qui relève du droit naturel de ses subalternes.

1. Sagesse 6, 5.

*

Le 4 mai 1998, après vingt et une heures, la terrible nouvelle de la tragédie qui venait de se produire au Vatican provoqua la stupeur générale quand elle fut reprise par les médias du monde entier : le jeune Cédric Tornay, vice-caporal de la garde suisse, avait écrit une lettre de pardon à sa mère, puis était allé frapper à la porte de son commandant, Alois Estermann, qui avait reçu son investiture une heure plus tôt. Après les avoir abattus, lui et sa femme, Gladys Meza Romero, il s'était donné la mort.

Le 21 juin 1505, Jules II (1503-1513) faisait savoir à tous les États qui comptaient alors en Europe qu'il avait donné mandat à son camérier, Peter Hertenstein, de faire venir de Suisse deux cents soldats pour la garde de « notre palais ». Le 21 janvier 1506, il n'en arriva que cent cinquante à Rome ; passant par la place du Peuple, ils se rassemblèrent sur la place Saint-Pierre où les attendait le pape, qui les bénit solennellement de la loge de Paul II (1464-1471). Aujourd'hui encore, le corps de la garde suisse – à l'époque baptisée « cohorte helvétique » – considère cette entrée solennelle comme sa fondation officielle. C'est ce jour-là que, dans une cérémonie officielle, les nouveaux gardes suisses prêtent serment.

Cédric Tornay jugeait le comportement de son supérieur Alois Estermann vexatoire à son égard. Il s'estimait persécuté. Le 4 mai, quand il eut la confirmation qu'il l'aurait sur le dos jusqu'à la fin de son service, pis encore, qu'il serait son commandant tyrannique, il écrivit à sa mère pour lui faire part de l'extravagante folie qu'il allait commettre peu après en signe de protestation et qu'il perpétra le soir même avec une froide détermination.

On parla tout de suite d'une crise de folie, du geste inconsidéré d'un forcené. Mais surtout on s'empressa d'imposer le silence sur toute cette affaire. Huit mois plus tard, à la fin de cette même année, on fit courir le bruit dans la presse, histoire de préparer l'opinion publique et de sonder sa réaction, que l'affaire des trois morts et du pistolet retrouvés dans un appartement du Vatican serait probablement classée sous peu.

Cependant, des sociologues et des psychologues se demandaient encore : si ce jeune homme avait pu demander justice à une instance supérieure, n'y aurait-il pas d'abord recouru pour faire valoir ses droits ? Qui peut affirmer avec certitude que Cédric Tornay n'aurait pas manqué d'écarter cette possibilité et aurait tout de même préféré son acte tragique, qu'il jugeait si douloureux pour sa mère ? Si Jules II avait pu prévoir une aussi terrible tragédie entre les murs de son palais, il aurait sans doute flanqué l'institution d'un syndicat pontifical.

Sans mâcher ses mots

Il est urgent de créer une corporation rassemblant les ecclésiastiques isolés, les collaborateurs libres et fidèles, et entretenant un dialogue permanent avec la partie adverse, autrement dit l'autorité, dans un respect réciproque mais sans mâcher ses mots.

Dans les administrations publiques, en règle générale, chaque employé est informé par son supérieur direct des notes concernant sa personne, ainsi que ses qualités génériques et spécifiques. S'il en est satisfait, il appose sa signature sur le document, marquant ainsi qu'il en a pris connaissance. S'il n'est pas tout à fait d'accord, il s'abstient de le signer, soit pour essayer de trouver un compromis avec son chef, soit pour en appeler à des instances supérieures [1].

1. Exemple de fiche pour les fonctionnaires :
Identité de l'employé : ...
Qualités physiques : de constitution normale, robuste ; fragile, frêle... en bonne santé...
Qualités morales : intelligence déliée ; bonne ; excellente ; bon sens...
De caractère : discipliné, actif ; sincère, loyal ; réservé ; tranquille ; scrupuleux...
Capacités professionnelles : normales ; bonnes ; excellentes ; au-dessus de la moyenne...

*

Au Vatican, au contraire, les notes sont toutes établies dans le plus grand secret à l'insu du premier intéressé, qui n'est pas censé en être informé et ne saurait prétendre en prendre connaissance. Toutes les fiches personnelles sont enfermées dans une armoire ultra-secrète, inaccessible aux personnes étrangères au service – en l'occurrence, les sujets qui ont le droit naturel de connaître directement leurs notes.

Notés et fichés par le système, les ecclésiastiques employés par le Vatican ne pourront jamais invoquer le droit de vérifier quelque chose dans leur dossier. Le supérieur n'est pas tenu de dire quoi que ce soit, mais il doit remplir ses feuilles en veillant que son subalterne n'en sache rien, puis les soumettre à ceux qui auront à décider de son avenir, de sa promotion ou de sa rétrogradation. Or l'employé de la curie sait bien que ses notes personnelles vont se répandre alentour comme des morceaux de musique propres à perforer les tympans de toutes les oreilles, sauf des siennes. Que de vent dans ces anfractuosités !

Au seuil du troisième millénaire, le verdict porté sur le caractère d'un ecclésiastique demeure enfermé dans des coffres-forts. C'est vrai dans les hautes sphères comme à la base, dans les palais comme dans les plus petites administrations périphériques. Toutefois, ce n'est un secret que pour lui : sa vie

---

Culture générale : normale ; médiocre ; bonne ; supérieure ; excellente...

Comment il s'est acquitté de ses tâches : bien ; mal ; au mieux ; mérite des louanges...

Conduite en service : bonne ; excellente... Hors service : bonne ; excellente ; douteuse...

Fonctions exercées : ...

Jugement d'ensemble du rapporteur : l'employé a un bon fond ; *ou :* réunit toutes les qualités requises ; *ou :* excellentes qualités professionnelles ; accomplit ses devoirs avec sérieux ; esprit de sacrifice ; prestations satisfaisantes ; excellent rendement...

Qualification attribuée : dans la moyenne ; supérieur à la moyenne ; excellent...

Jugement d'ensemble du réviseur [celui-ci est presque toujours le supérieur du rapporteur] *: ...*

Communication à l'intéressé : ...

Qui en a pris connaissance... signé ou non.

durant, il le portera écrit dans le dos. Seuls des tiers auront le droit de le lire et de le communiquer en tout ou en partie, voire par des silences éloquents.

L'horloge du Vatican a un cadran sans aiguilles. Elle s'est arrêtée au Moyen Âge. On s'en remet encore aux trajectoires du zodiaque pour indiquer l'heure du réveil. La fameuse commission secrète de prélats anonymes d'un calibre toujours impondérable continue à prendre ses décisions, pour ou contre, sans consulter l'intéressé. Auxdits commissaires, ainsi prisonniers de leurs opinions et de leur conscience, il suffit d'écouter ou de connaître les accusations portées par le supérieur pour ensuite réprimander le sujet ou le favoriser ou, au moins, accéder aux desiderata du protecteur.

La même curie fait savoir qu'elle n'est pas tenue d'informer l'opinion publique de certaines réticences, recourant à des restrictions mentales qui ne sont jamais que des subterfuges pour cacher les réalités et les vérités solaires qu'on étouffe.

*

Le Bureau du travail du Saint-Siège (l'ULSA) est l'organe chargé de veiller sur les intérêts légitimes de tous ceux qui relèvent de la curie romaine. En vérité, c'est un Olympe de grands, dont l'assemblée siège en permanence pour exécuter les ordres de qui commande. C'est là que l'on discute à portes closes des accusations préparées par le supérieur, qui de ce fait a toujours une longueur d'avance puisqu'il est censé être la voix de la raison.

Le subalterne ne saurait rien invoquer à sa décharge pour la simple et bonne raison qu'il n'y a pas de débat. Celui-ci ne sera appelé qu'une fois son sort décidé, pour entendre les décisions univoques et irrévocables des sages. Un tel organisme aux mains des autorités est le moins indiqué pour veiller aux intérêts des prestataires de quelque service que ce soit, même religieux.

Plutôt que de mettre l'employé à l'aise pour tirer les choses au clair, les puissants commissaires s'efforcent de contenter le supérieur, contribuant ainsi à réduire au silence le subalterne pour le laisser sur la touche ou le rétrograder.

Si, au contraire, celui-ci ose se plaindre du traitement que lui inflige son supérieur, cela ne peut que jouer en sa défaveur ; dans le même temps, un mur de silence glacial s'élève entre lui et tout le reste du personnel qui est solidaire du chef.

*

Si l'autorité dans l'Église est bien protégée, la base est au contraire complètement dépourvue de défenses. Il est urgent de donner aux clercs, aux religieux et aux religieuses suffisamment de liberté pour créer une corporation chargée de veiller sur les droits naturels. C'est une question sociale si grave qu'il n'est plus permis de temporiser, même si l'on ne perd pas de vue le sens objectif de la réalité et de la nature du Saint-Siège.

Il n'est plus tolérable d'expédier le problème à coup de petites solutions de facilité de manière aussi simpliste qu'expéditive. Il n'est plus davantage possible de refuser à cette noble catégorie de collaborateurs l'attention à laquelle elle a droit. C'est un péché par omission qui ne saurait être absous qu'une fois réparé.

*

Comme on a eu plus d'une occasion de le dire, tous les supérieurs ne sont pas toujours l'expression de la parfaite justice. Souvent, dans leurs dispositions, on trouve de tout, jusqu'à la quadrature du cercle qui fait passer l'impossible. Au fond, leur gestion n'est souvent qu'un mélange de médiocrité, d'hypocrisie, de cupidité, de frivolité, de corruption, de favoritisme et de préférences injustes.

Loin de s'incarner dans tel ou tel supérieur ecclésiastique, la véritable honnêteté vit toute seule dans une tension idéale. Du fait que la curie est dépourvue de tout organisme chargé de défendre la base, la justice vient aisément à faire défaut si le supérieur n'est pas constamment guidé, rappelé à l'ordre et corrigé à l'horizontale comme à la verticale.

En cas de recours administratif, le juge se retrouve coincé, embarrassé qu'il est de devoir rendre envers l'un de ses semblables un jugement défavorable. Un tribunal ecclésiastique est là pour défendre l'autorité, tandis qu'un syndicat est fait pour défendre les employés.

Mais il arrive souvent que, une fois au sommet, le demi-dieu, soumis à aucun contrôle, soit enclin à s'arroger la certitude infondée que tout ce qu'il fait est approuvé par les instances supérieures. L'étroitesse d'esprit, la malveillance et les intrigues ont un effet sclérosant sur le milieu clérical.

On ne saurait à l'évidence réclamer que le régime fasse son examen de conscience. Dans ces administrations ou ces tribunaux, le juge part du principe que le supérieur est bon et ne peut commettre d'injustices. L'équation est donc celle-ci : supérieur = bonté = équanimité. Et, en ce qui le concerne, il n'est pas question de demander de preuves.

Pour le subalterne, l'équivalence est inverse, et la prémisse de départ à l'opposé : s'il a le supérieur à dos, c'est généralement qu'il a tort. C'est à lui d'apporter les preuves du contraire. Pour désamorcer les contrecoups du système, l'usage est d'exiger et d'imposer une soumission aveugle et une rémission inconditionnelle, lesquelles servent alors d'amortisseurs sociaux à l'arrogance du pouvoir.

Nombreux sont les membres de la curie qui vivent cette injustice dans leur chair et en font les frais. On les traite comme des petits écoliers attardés et turbulents, toujours sur la sellette et suspectés de soustraire des talents au chef. La vertu de la modestie, exigée des subalternes, ne fait qu'inciter le supérieur à dissimuler les mérites de ceux qui ne lui reviennent pas.

Un organisme pour mettre fin aux abus

Il n'est plus possible de différer la création d'un organisme syndical pour tous les prêtres et les religieux, qu'ils travaillent au Vatican, dans les curies diocésaines ou dans leurs ordres respectifs. Sinon, on continuera à voir se multiplier les recours des ecclésiastiques auprès de syndicats et de tribunaux civils.

Dans un monde où tout n'est qu'allusion et soupçon, les religieux, dans leur ensemble, éprouvent le besoin urgent d'une instance paritaire susceptible de freiner l'arbitraire des supérieurs afin de réduire les abus de pouvoir et de ne pas laisser les subalternes exposés et sans défense contre le jeu inique des intouchables.

Pour les religieux, de braves gens qui presque toujours débordent un peu du cadre, suivant le mot du cardinal Gaetano Cicognani, la situation est un peu plus favorable, surtout s'ils sont protégés par des aînés : on leur prête davantage attention.

Les prêtres du clergé séculier parviennent difficilement à dialoguer avec l'évêque ordinaire sur ce qu'ils estiment de leur ressort. Dans les faits, il leur est interdit d'espérer améliorer leur sort en quoi que ce soit par des revendications personnelles. Et, s'ils dépendent de la curie romaine mais sont dépourvus d'appuis, on les traite comme du matériel en panne et on les laisse moisir au fond d'un bureau.

*

Alors même qu'elles évoluent sur le plan du droit, les deux Congrégations, pour les religieux et pour le clergé, ne peuvent ni ne doivent se substituer à l'association de solidarité élue par la base puisqu'elles sont l'expression de l'autorité au sommet. Et, dès l'instant où elles plaident *pro domo sua*, elles n'ont plus l'impartialité qu'on attend d'un juge équanime.

L'organisme à créer afin de veiller sur les droits des associés, précisément un Solidarnosc agissant sur le plan de l'amour solidaire et de la sollicitude fraternelle, doit être au contraire le fruit et l'expression de la base dans une optique évangélique.

La justice entre les mains de l'autorité risque souvent de manquer d'équité ; la mission de l'autre instance, de celle qui émane de la base et veille à l'égalité et à la charité, est précisément de la rappeler à ses devoirs. Son institution ne devrait donc susciter aucune répugnance ni aucune opposition.

Or, quand il y a carence de la loi et que, loin d'aider à la formation d'une telle association, l'État la frappe d'ostracisme, il faut aller de l'avant vu que, par droit naturel, ce problème est de la compétence non pas de l'autorité, mais de la base.

*

Dans un syndicat subalterne et succube prospèrent aisément flatterie, courtisanerie et sujétion – toutes choses qui ne sont plus conformes à la doctrine sociale catholique. L'Église de Notre-Seigneur gagnera en dignité et en vélocité le jour où elle laissera à ses ecclésiastiques la possibilité de s'organiser à la base afin de collaborer avec les hautes sphères pour rendre la justice aux opprimés et la liberté d'expression à tous ceux qui la veulent.

Il faudra donc s'en remettre en toute chose à l'institution de solidarité qui s'emploiera à nouer des relations interpersonnelles en vue de faire face à toute éventualité, parce que chacun se trouve un jour ou l'autre plongé dans des situations d'une singularité irréductible qui demandent à être jugées *hic et nunc*.

Cinquante ans après la Déclaration universelle des droits de l'homme (1948), qui a été une vraie conquête pour l'humanité, tous les peuples ont dû prendre acte de l'équité des principes qu'elle consacrait. Dans *Redemptor hominis*, sa première encyclique, Jean-Paul II écrivait : « En partageant la joie de cette conquête [la Déclaration universelle des droits de l'homme] avec tous les hommes de bonne volonté, avec tous les hommes qui aiment vraiment la justice et la paix, l'Église, consciente que *la lettre* seule peut tuer, tandis que seul *l'esprit vivifie*, doit avec ces hommes de bonne volonté demander continuellement si la Déclaration des droits de l'homme et l'acceptation de leur " lettre " sont partout synonymes de réalisation de leur " esprit ". Nous sommes bel et bien en droit de craindre que, très souvent, nous ne soyons encore fort loin de cette réalisation et que, parfois, l'esprit de la vie sociale et publique ne se trouve dans une douloureuse opposition avec la " lettre " déclarée des droits de l'homme. Cet état de choses, préjudiciable aux sociétés respectives, rendrait particulièrement responsables, devant ces sociétés et devant l'histoire de l'homme, ceux qui contribuent à la déterminer. Ce sens ne saurait se réaliser si, à la place de l'exercice du pouvoir avec la participation morale de la société, nous avons affaire à un pouvoir imposé par un groupe déterminé [clan, faction, famille,...] à tous les autres membres de cette société. Ce sont donc des problèmes d'une importance capitale du point de vue du progrès de l'homme lui-même et du développement global de son humanité. »

Aucun homme n'est donc exclu de ces droits fondamentaux, pas même le dernier des ecclésiastiques subalternes des administrations du Vatican. Les États, quelles qu'en soient la grandeur et l'importance, qui refusent d'appliquer intégralement ces principes à leurs sujets sont donc particulièrement responsables devant les sociétés et l'histoire humaine.

S'adressant au monde et tournant le dos au Vatican, Jean-Paul II est allé encore plus loin dans cette même encyclique : « L'Église a toujours enseigné le devoir d'agir pour le bien commun, prêchant que le devoir fondamental du pouvoir est de se soucier du bien commun de la société, dont dérivent ses droits fondamentaux. Précisément au nom de ces prémisses touchant à l'ordre éthique objectif, les droits du pouvoir ne peuvent être compris autrement que sur la base du respect des droits objectifs et inviolables de l'homme. Le bien commun, que servent les autorités de l'État, n'est pleinement réalisé que lorsque tous les citoyens sont assurés de leurs droits. Autrement, on voit la société se défaire et les citoyens s'opposer à l'autorité ; on en arrive à une situation d'oppression, d'intimidation, de violence et de terrorisme, dont les terrorismes de ce siècle ont donné de multiples exemples. Ainsi, le principe des droits de l'homme intéresse au premier chef le domaine de la justice sociale, l'aune à laquelle il convient de mesurer la santé des régimes politiques. »

Ce sont là des paroles qui nous appellent tous à réfléchir à la place centrale de l'homme, y compris quand il est ecclésiastique, avec sa dignité et les droits qui lui sont attachés. Aucune autorité ne saurait s'exempter de ces devoirs, fût-ce celle de la curie où souvent il suffit d'un petit monseigneur pour décider impitoyablement de l'avenir de ses collègues, pour le meilleur ou pour le pire. De nos jours, n'importe quel pourpré est censé agir avec justesse, ce qui veut dire que son action est inattaquable. De fait, il est certain que son arbitraire ne sera jamais contre-attaqué par ses subordonnés, précisément faute d'un organisme qui puisse le protéger, le soutenir et prendre sa défense.

*

Suivant le principe de subsidiarité, l'État ne saurait se substituer aux corps intermédiaires, quand ceux-ci ont les moyens et la volonté de résoudre les problèmes par eux-mêmes. La seule mission de l'État est alors de les aider à atteindre leur objectif sans s'immiscer dans la vie associative.

Quand l'État est le seul à offrir du travail, comme c'est le cas du Vatican, le risque est grand qu'en légiférant en la matière il se transforme en régime totalitaire. Libre à lui de décider de la marge de manœuvre toujours révocable qu'il entend concéder à ses subalternes, les tenant ainsi à l'œil de manière à pouvoir aisément se défendre d'eux. De cette façon, le régime étatique, avec ses moyens et ses normes propres, se défend de l'individu en pouvant compter sur le soutien de la grande majorité, face à laquelle la dissension du rebelle se perd dans le néant. Il paraît toujours rebelle dans sa singularité.

Dans ce cadre régimentaire, les relations interpersonnelles, si empreintes soient-elles de justice, de respect et de compréhension, se heurteront toujours aux mêmes institutions autoritaires qui, avec leurs compartiments étanches, limitent la créativité, la liberté et l'inventivité de l'employé, détruisant ainsi l'essence même et la dignité de la personne.

*

Dans le mini-État du Vatican, il n'existe à l'heure actuelle d'association de salariés que pour les laïcs : l'Association des laïcs dépendant du Vatican (ALDV), qui s'est imposée malgré la sourde opposition des chefs et qui souffre d'une liberté d'expression limitée. Les membres et la direction déplorent la contre-offensive systématique et pointilleuse des autorités qui font tout pour décourager les initiatives syndicales.

Quant aux prêtres et aux religieux ou aux religieuses, qu'ils dépendent directement de la curie ou évoluent dans le champ plus vaste des activités de l'Église dans le monde, personne n'a encore pensé à les rassembler dans une organisation corporative au sein de laquelle, sans s'engager sur le terrain du conflit et de la lutte des classes, ils pourraient se sentir mieux protégés et représentés dans leurs droits et dans leurs relations avec la partie adverse, individuelle ou collective.

La chose est d'une simplicité désarmante. Il suffit de savoir concilier les principes de l'éthique professionnelle avec ceux de la dignité professionnelle, humaine et ecclésiastique – la seconde n'étant pas moins sacrée que la première. Au demeurant, le pape lui-même, on l'a dit, souhaite la création de semblables organismes voués à développer un dialogue constructif et continu avec les organes compétents tout en respectant la singularité constitutive de l'Église. « J'ai bon espoir, écrivait le pape le 20 novembre 1982, que des institutions de ce genre, s'inspirant des principes de la doctrine sociale de l'Église, assumeront des fonctions profitables à la communauté. »

Si les documents du Vatican affirment clairement reconnaître à ses employés le droit de se constituer en syndicat pour défendre et promouvoir leurs intérêts économiques et sociaux, tout en exhortant les autorités de la Cité à les aider à se doter d'organisations efficaces, il n'est plus tolérable que le même État du Vatican, même si c'est de manière latente ou indirecte, interdise aux ecclésiastiques de se constituer en un mouvement de défense de leurs intérêts. Le droit de s'associer librement est dans la nature même de l'homme, donc de l'ecclésiastique : *Naturalia non sunt unquam turpia*, (ce qui est naturel n'est jamais honteux).

À Lourdes, le 15 août 1983, le souverain pontife s'adressait en ces termes à l'Immaculée Conception : « Que trouvent place dans notre prière tous ceux qui sont victimes d'atteintes intolérables à leur dignité humaine et à leurs droits fondamentaux. » Forts de l'invitation du souverain pontife, nous pensons donc que l'heure a sonné de passer à l'action dans l'intérêt de ces milliers d'ecclésiastiques qui n'ont plus confiance dans les dicastères et les tribunaux ecclésiastiques et souhaitent confier la défense de leurs droits humains et religieux à un organisme voulu et créé par la base, et dont les responsables soient librement élus et démocratiquement remerciés par leurs mandataires.

*

Nombreux sont ceux qui continuent la discussion pour essayer de définir dans ses grandes lignes la nature de l'organisation qui pourrait voir le jour prochainement, puis s'adapter et se perfectionner peu à peu : une *Association pour la défense des droits des ecclésiastiques et des religieux* (ADDER), pourvue d'un siège indépendant pour la soustraire à toute espèce de pression, avec un bulletin adressé aux intéressés partout où ils se trouvent.

Personne ne le conteste : avec le temps, une telle organisation aidera certainement l'appareil social de toute l'Église en faisant triompher la justice distributive envers la personne et ses droits et, avant toute chose, le principe qui veut que l'on donne à chacun son dû. Mais on préférera remettre tout cela à des temps meilleurs, en sorte que, d'ici là, on cesse de crier que la mise en place d'une telle institution ne peut plus attendre.

La frustration de tout le personnel ecclésiastique du Vatican et d'ailleurs vient précisément de l'absence d'une organisation de cette espèce élue et dirigée par ses membres, à même de prendre la défense de ses adhérents contre la partie adverse. Compte tenu du malaise et de l'insatisfaction des subalternes, c'est le moment ou jamais de trouver une dialectique interne qui ne soit ni mortifiée par des directives ni mutilée par des exclusions a priori.

La création d'une telle fédération de prêtres et de religieux, chargée d'éviter les dysfonctionnements et les dérapages de la machine gouvernementale, ne manquera pas d'avoir un effet positif en évitant que les structures disproportionnées de la curie n'écrasent les personnes isolées sous les rouages de la bureaucratie.

Dans cette optique, la très haute intervention du chef de l'Église suscite les craintes de la curie romaine, selon laquelle la défense des droits de la personne de l'ecclésiastique pourrait entrer en contradiction avec l'autorité de la curie dans l'éventualité de revendications syndicales. Compte tenu de la singularité du Vatican, la notion de dualisme – c'est le mot qu'ils emploient – de la doctrine sociale conseillée à tous les autres États ne saurait être transposée telle quelle au Saint-Siège. Fort de ce préjugé, on refuse à ces sujets l'exercice de ce droit naturel qu'on demande au contraire à tous les autres organismes de chaque État de respecter. Ce qui est naturel chez les laïcs est contre nature chez les ecclésiastiques : à qui profite cette contradiction dans les termes ?

Il n'est pas donné à tous de se faire escorter par deux cardi naux protecteurs, comme le fut L. Boff, propagandiste de la théologie de la libération. De ce fait, n'importe quel supérieur pourrait aujourd'hui réduire à néant le sujet désarmé, privé de toute protection, que seul un organisme syndical serait à même de défendre.

Aujourd'hui encore, beaucoup s'obstinent à ne pas reconnaître aux ecclésiastiques le droit de s'organiser en association au sein de l'Église et font tourner les aiguilles de l'horloge au rebours de l'Histoire.

21

Le pontife malade assiégé

Sans trop insister sur l'imminence de l'année sainte, en soi grosse de valeurs décisives, pour éviter de créer la psychose des grandes attentes, quelque chose va cependant changer dans l'Église.

Ce travail réfléchi commence maintenant qu'on en voit la fin. La langue, dit saint Augustin, s'est exprimée du mieux qu'elle a pu, mais le reste il faut l'imaginer avec l'esprit. Il faut prendre le temps de réfléchir, la tête froide, au nécessaire décryptage des données originales. Aujourd'hui, savoir qu'on s'est fourvoyé est déjà suffisant pour s'appliquer à trouver la bonne route, celle du devoir, proche de chacun de nous. Ce sont les inquiétudes qui mettent les hommes en péril à la veille du troisième millénaire.

Jamais la pauvreté et la dénonciation des tares morales n'ont conduit l'Église à sa ruine ; au contraire, elle s'amoindrit en cédant à la tentation du pouvoir et en s'attachant aux fastes du monde. Il convient donc de la transformer en Église des Béatitudes, véritable provocation dans ce monde de laxisme : dans cette petite graine de moutarde, une communauté dépouillée et démunie, dans laquelle les puissants peinent à suivre à distance les pauvres et les petits, héritiers de ce règne. « Rome ne périra peut-être pas, si les Romains ne veulent point périr. Mais ils n'échapperont à leur perte qu'en louant Dieu [1]. »

Pour obtenir la transparence de l'Évangile, l'Église doit entreprendre une lutte sans merci en son sein contre le vaticanisme mêlé de corruption, maçonnique et autre. Tout en laissant intacte l'ossature voulue par le Christ, l'édifice interne de l'Église des humbles et des pauvres doit s'acheminer vers une véritable *perestroïka* : la convergence unanime des esprits sur l'orientation à donner au troisième millénaire. Si, pour y parvenir, il nous faut un autre concile œcuménique, interecclésial, qui ne soit pas un nouveau concile du Vatican, qu'on le convoque !

*

Il est urgent que l'Église soit à nouveau celle du Seigneur crucifié, qui lance cette injonction devant l'amas de richesses : La bourse ou la vie ! Le détachement à l'égard des biens de ce monde et des ambitions ou l'expulsion du royaume des cieux : « Priez Dieu que les pauvres vous pardonnent l'humiliation d'être aidés par vous [2]. »

Et sous la plume de Sertillanges : « La parole a du poids quand on sent en elle le silence, quand elle dissimule et laisse deviner un trésor, qu'elle dispense petit à petit sans hâte ni agitation frivole. Le silence est la teneur secrète des paroles de valeur. Une âme vaut par la richesse de ses silences. On veut donc non pas un silence qui endort, mais un silence qui restructure. »

« Ces paroles écrites sont les passants mystérieux de l'âme, disait Victor Hugo, parce que avant de sortir elles sollicitent l'esprit pour l'impliquer dans l'action. »

Si l'on fait l'expérience de tout, le temps ne serait-il pas venu de faire aussi l'expérience de la vérité ? « Qu'est-ce que la

1. Saint Augustin, homélie LXXXI.
2. Saint Vincent de Paul.

vérité ? » demanda Pilate au Christ dans le prétoire. Silencieuse, elle se trouvait devant lui en personne. Souvent, dans le monde de la curie, la vérité coïncide avec les intérêts de qui commande. « L'homme a parfois le devoir de parler en faveur de la vérité, dit Manzoni, il n'a pas toujours celui de la faire triompher. » Le dessein de ce livre est de faire triompher la vérité.

Les faits sont têtus. Les préjugés ne sauraient les dissimuler. Les fonctionnaires de la curie, pour beaucoup respectables, n'élimineront pas les graves défauts ici dénoncés par le simple frémissement d'indignation du garde qui, tout en giflant le Christ, l'apostrophe : « C'est ainsi que tu réponds au grand prêtre ? » À quoi le Seigneur répondit : « Si j'ai mal parlé, montre-moi où est le mal ; mais, si j'ai bien parlé, pourquoi me frappes-tu [1] ? »

Ce livre a été pensé comme un acte d'amour envers l'Église de Jésus à l'aube du troisième millénaire. Ce serait pécher que de ne pas se rendre compte de cet amour, dont il est pétri, pour chercher à lapider ceux qui se tiennent derrière ce « J'accuse ».

Paul aime bien plus l'Église naissante lorsqu'il affronte les inconvénients d'un voyage à Jérusalem pour aller reprendre Pierre, le premier pape, qui a eu le tort évident de pratiquer une discrimination entre les croyants circoncis et ceux qui viennent du paganisme ; il l'aime plus encore quand il la fait connaître aux gentils à travers ses voyages apostoliques pour annoncer à tous le Christ crucifié et ressuscité.

Nous, l'Église, sommes l'incarnation continue de l'essence de l'amour divin – *Deux caritas est* (Dieu est amour) qui est toujours l'écho de ce « Je suis », qui ne peut jamais dire « Je t'aimerai » ou « Je t'ai aimé », mais « Je suis », qui t'aime au présent. Et « écoutez aujourd'hui ma voix : ne durcissez pas votre cœur [2] ».

1. Jean 18, 23.
2. Psaumes 95, 7-8.

Si ce livre était mis à l'Index, les plaies, cicatrisées à fleur de peau, n'en seraient que plus profondes et purulentes, comme les cinq dénoncées par Rosmini et, avant lui, par Jérôme Savonarole, sur le point d'être béatifié. L'Index ne saurait étouffer les vérités. Elles jaillissent et surgissent par d'autres voies, même si elles le font parfois avec quelque retard.

Les responsables à tous les niveaux ont l'obligation de s'interroger sans acrimonie et avec impartialité, pour réfléchir sereinement et étudier à nouveau ensemble les remèdes à apporter à qui réclame justice. Car le véritable optimisme ne consiste pas à trouver toujours et partout que tout va bien dans l'Église, mais à refuser de croire que tout va toujours bien en son sein.

Dans son dessein rédempteur, Dieu frappe les fils pour les soustraire aux fléaux éternels : Il abaisse l'Église pour l'élever ensuite ; Il coupe les branches inutiles pour la revigorer ; Il abat son orgueil pour la hisser ensuite à la grandeur de l'humilité. La correction de ses erreurs et de celles des autres lui donne la sagesse. Son humilité est la descente dans les hauteurs divines de son Fondateur : de cet Homme qui a troublé les certitudes intouchables des scribes et des pharisiens, et qui maintenant, couvrant de cendres l'édifice, désire limiter l'extravagance du pouvoir des divers ecclésiastiques.

Il convient d'observer un temps de silence pour demander au Seigneur que nous soit donnée à nous, l'Église, la grâce de nous faire douter de notre tutiorisme [1] afin de nous rendre dispos et disponible pour recevoir la vérité divine en fuite ailleurs. Nous, l'Église, ne pouvons rester toujours dans les problèmes : pour la paix de notre intellect, il ne suffit pas de les révéler ; c'est la découverte des solutions qui donne la joie ; sans quoi, il n'y a qu'inquiétude en soi et chez les autres.

Certains épisodes de l'Église sont source d'embarras et de confusion. Les coutumes religieuses ne se corrompent pas

1. Doctrine suivant laquelle il faut s'en remettre à l'opinion la « plus sûre », celle qui impose les obligations les plus sûres. *(N.d.T.)*

lorsqu'on dénonce la partie de la société qui est corrompue. Toutefois, loin de la tentation de faire des distinctions parmi nos frères, notre attitude doit prendre exemple sur celle de Jésus devant la femme adultère, confuse et défaite : penché à terre, il jugea plus commode de la soustraire à un regard scrutateur. Plût au ciel que l'Église ne comptât que des saints, mais nous nous reconnaissons aussi dans la partie malade elle-même, qui a besoin de toute notre compréhension et de nos attentions.

Il n'est pas sage de tirer sur toutes ces considérations le voile de l'oubli, pour faire entrer l'ensemble dans un calme dangereux, pour cacher dans ses abîmes les victimes des despotes, qui disparaissent dans les dolines de lave fangeuse portée au sommet d'une montagne qui s'écroule. Il est vain de se contenter d'un petit morceau de rhétorique pour tromper la faim de ceux qui attendent justice et réformes radicales.

Beaucoup se tiennent pour les premiers représentants du prochain conclave, annoncé comme imminent depuis des années, et feront tout leur possible pour mettre en œuvre l'urgente réforme de l'Église, multipliant d'eux-mêmes les initiatives afin de repérer les manquements et de corriger les défauts.

Dans ce vide absolu de la curie, interstice du nouveau printemps, ceux qui manœuvrent et usent de tous les subterfuges pour être les premiers conclavistes s'ingénient de toutes les façons à faire passer dans l'indifférence ce qui, divulgué, les couvrirait de honte, comme la troisième partie du secret de Fatima. Les vendettas aiment les oubliettes.

L'Église est le fruit de fragments récupérés, de mystères en actes, de charismes toujours à l'œuvre. Dans son devenir, elle doit s'efforcer de former une société de croyants plus libres, moins tributaires d'un absolutisme incontrôlé afin de pouvoir se soustraire à toutes les déviances et distorsions possibles.

Nous vivons des temps de longues patiences, d'espérances tenaces et d'attentes incontrôlables. « Nous avons découvert que chaque garçon qui apprend, chaque homme qui trouve du travail, chaque malade qui guérit, telle une bougie ajoutée sur l'autel, rend lumineuse l'espérance de tous les fidèles », affirmait le président Johnson. En écrivant ce livre, nous avons voulu que cette lumière de l'espérance se reflète sur l'Église du troisième millénaire désormais toute proche.

Afin de pénétrer dans cette société, le Seigneur doit faire fondre l'iceberg flottant des préjugés, désormais partie de l'Histoire, de la politique, de la formation, de la banalisation de la vie ecclésiastique dans l'écroulement de ses valeurs. Que de détritus accumulés et transformés en doctrine en deux mille ans de sédimentation ! Le dégel nous réserve d'autres renversements à mettre au débit.

« À présent, faites plutôt attention aux gens de rien, nous dit saint Clément Ier, à ceux qui nous pervertissent et jettent le discrédit sur cette cohésion fraternelle, qui nous a rendus justement célèbres. C'est un déshonneur que nous devons éliminer au plus vite. Jetons-nous aux pieds du Seigneur et supplions-Le sans compter nos larmes afin de nous Le rendre propice, qu'Il nous donne à nouveau Son amitié et face de nous une magnifique et chaste fraternité d'amour. Dans le jugement et dans l'action, le sage doit être d'autant plus humble qu'il passe pour grand et chercher ce qui est utile à tous plutôt que son profit personnel. » Ce qui, en bon français, signifie : c'est la croix du Christ qui sauve, non la *dolce vita* ni les manèges des gros bonnets qui intriguent.

La barque de Pierre dans la tempête de la curie reste toujours en difficulté : « Le soir venu, la barque était au milieu de la mer. Les voyants qui se battaient pour ramer contre le vent qui leur était contraire, Jésus vint vers eux : Courage, c'est moi, n'ayez pas peur ! Il monta auprès d'eux sur la barque et le vent tomba [1]. »

Il nous est donné à nous, patients du Divin, de choisir entre ces deux options : ou notre autoréalisation ou notre réalisation

1. Marc 6, 47-51.

dans le Christ. Si notre choix se porte sur la première solution, le monde et nous resterons dans la contingence et l'éphémère ; si nous optons pour la seconde, nous rendrons le monde coessentiel au Christ rédempteur.

La voix courageuse d'un simple prêtre

Le vaticanisme actuel est seulement l'envers de ce qui devrait être l'essence de la vraie Église du Christ dans le troisième millénaire : pauvre, dépouillée, crucifiée, détachée des fastes du pouvoir qui ne lui conviennent pas ; humble parmi les humbles et méprisante à l'égard des puissants afin que nous restions nous-mêmes.

Pour réussir à esquisser la grande fresque de la Vierge céleste sur les murs de l'avenir proche, qu'il nous soit permis d'utiliser les pinceaux d'un témoin de notre temps, don Francesco Emmanueli. Curé de Tollara, il fut radié par son évêque, Mgr Enrico Manfredini, de Plaisance – sous le règne du secrétaire d'État et chef de cordée des Placentins, le cardinal Agostino Casaroli. Le 7 avril 1976, « mû par l'ardeur d'apporter une contribution solide à l'édification de l'Église », don Francesco écrivait la lettre suivante à son évêque [1]. Une lettre du fils à son père :

> En souscrivant à l'appel à l'unité – perçu comme un devoir de conscience –, je me permets de suggérer quelques précisions qui, à l'occasion, me paraissent nécessaires.
>
> L'unité du corps de l'Église puise au *Mystère* même de la *Trinité* et œuvre en son sein comme quelque chose de profond et de vital dont il faut

1. Cf. *Attualità piacentina*, neuvième année, n° 34, mars-avril 1977, p. 18 : « *Volevamo un vescovo, non un business-man* » (Nous voulons un évêque, pas un homme d'affaires). Nous avons pris la liberté de modifier le texte pour l'adapter à la hiérarchie catholique, à commencer par ceux qui se croient les piliers de la curie.

tenir compte. Tel est le sens du *ut unum sint*[1] dans *l'oratio* suprême du Seigneur. Cela dit, on ne peut ignorer que, sur un plan psychologique et existentiel, cette unité mystique et « métaphysique » se réalise dans cette *unanimité* que, logiquement, elle postule et présuppose. Ainsi les disciples étaient-ils « unanimes », d'après le témoignage des « Actes des Apôtres ».

L'unité se fait donc dans la croyance, en acceptant la Vérité que Dieu a révélée et que l'Église professe. L'unité se fait encore en acceptant la règle de l'éthique chrétienne dont l'Église, dans son magistère, est l'interprète authentique et indiscutable. Il n'y a point de place ici pour les réserves ou le byzantinisme. Et je suis avec vous tous. Je suis avec vous parce que je suis avec l'Église, laquelle est telle que l'a voulue son Fondateur, par nature hiérarchique : *Vous, les évêques, que l'Esprit-Saint a placés à la tête de l'Église de Dieu.* De même, le matériau plus élastique et malléable du ministère pastoral postule une certaine discipline et requiert quelque univocité, ne serait-ce que pour une plus grande efficacité dans les initiatives et des actions plus incisives. C'est dire que je choisis l'unité.

Mais on touche là à une limite qu'il importe de reconnaître. La conscience individuelle a aussi sa voix à elle, la personne sa dignité propre. On ne saurait réduire purement et simplement toute forme de dissension à une « action subversive », si commode que ce soit dans certaines situations. En vérité, l'unité invoquée, et qui est constitutive de l'Église, ne saurait être réduite au conformisme

1. « Que tous soient un », Jean 17, 21. *(N.d.T.)*

obtus ni abaissée au niveau des calculs pratiques. Elle ne saurait se résoudre à un « amas de cerveaux » *ad usum hierarchiae* [1], qui aurait pour résultat un nivellement des consciences et une « massification » de l'Église. Non, chacun doit rester soi-même. Et je ne cherche rien d'autre, je ne défends aucune autre position.

Dans ma vie, j'ai déjà fait l'expérience d'une dictature. On m'expliqua alors que tout pouvoir vient de Dieu et, à ce titre, qu'il faut le respecter et l'accepter. Ainsi le voulait la catéchèse. Après une guerre dans laquelle j'ai combattu et qui m'a valu quatre ans de prison, je suis rentré amer et désillusionné pour m'entendre dire, par ceux-là même qui s'étaient trompés, que je n'aurais pas dû « croire », que j'avais été naïf. *À compter de ce jour, très vénérés hiérarques, je n'ai plus accepté les dictateurs*, quels que fussent leurs habits ou leurs titres, m'efforçant de ne plus succomber à la même naïveté. Est-ce une faute ?

Pour le reste, je sais que l'Église, par sa nature même, est hiérarchique, mais qu'elle ne légitime pas la dictature et n'est pas au service d'ambitions personnelles. Je sais qu'elle exerce un pouvoir légitime, mais un pouvoir qui s'exprime à travers l'amour et le service. Me tromperais-je si j'en tire les conclusions pratiques qui s'imposent ?

Quand un pasteur tyrannique prend des initiatives discutables qui, à l'œil nu, manquent pour le moins de bon goût, de sens de l'opportunité et de mesure, sinon même de simple bon sens, il ne peut en aucune façon prétendre à l'unanimité au nom de Dieu. Pour parler clair, je fais allusion

1. « À l'usage de la hiérarchie ». *(N.d.T.)*

aux travaux interminables de certains évêchés, qui font l'effet d'un coup de poing dans l'œil à qui y met les pieds. Comment ne pas songer qu'ils sont financés avec les deniers publics, c'est-à-dire aux dépens des contribuables maltraités et des plus faibles emportés par une crise sans précédent ?! Comment concilier tout cela avec cette entreprise de dénonciation et de moralisation qui devrait nous mobiliser tous, hiérarchie en tête, pour donner l'exemple à une société en pleine décomposition ?

Libre à vous, hiérarques, d'être d'un avis contraire, mais sachez bien que l'opinion publique condamne cette dilapidation qui, moralement, ne se justifie pas, et entraîne dans cette réprobation ceux qui promeuvent, favorisent et acceptent les travaux de ce genre. Nous sommes là dans le domaine du « superflu », donc à la limite du scandale [1]. Comment ne pas voir que, sans l'exemplarité du style, la crédibilité de la parole, l'efficacité des dénonciations ou des appels pour les pauvres ou le tiers monde restent sans écho ? « Bourdonnement d'abeille à l'intérieur d'une ruche vide », dirait Pascoli. Si engagée et intense soit-elle, votre action pastorale elle-même, chacun s'en rend compte, tourne à vide.

Dommage que tout cela doive vous être rappelé à vous, membres de la hiérarchie, pour nombre d'entre vous issus de la classe ouvrière – origines démenties par certaines ambitions princières. C'est aussi une question d'authenticité.

---

1. L'auteur de cette missive ne pouvait alors se référer au scandale de la curie archiépiscopale de Naples, avec son éminent cardinal intrigant, Michele Giordano.

Il ne manque pas de bonnes raisons qui, souvent et volontiers, opposent la hiérarchie à la classe politique, coupable de nous avoir accoutumés à une corruption extrême. Mais quel sens, quelle « fonction », peut avoir tout cela si ensuite, sur un plan pragmatique, nous nous abaissons à des combines, passons des compromis et nous laissons conditionner par eux ? La crise d'identité de l'Église – force est d'en convenir –, dont le poids repose sur les épaules des pauvres, des travailleurs, des chômeurs, des habitants des taudis, nous impose un changement de route et de style. Elle impose aussi une limite à ce qui serait légitime. Et s'exprime par un impératif catégorique qui se résume à un mot : *suffit !*

Et si on n'était pas entendus ? Personne ne peut exiger d'autrui un silence complice. Dans certains milieux autorisés, on parle sans détour de l'argent que gère la hiérarchie et de la voie obscure qu'elle suivrait. Nous devons aller ici au fond des choses, et tel est le sens de mon prêche, à moi qui tremble pour la hiérarchie qui ne tremble pas du tout.

Nous sommes les disciples du Christ qui a été crucifié – le seul authentique, qui est tout le contenu de notre message et le seul archétype de notre vie. Ce n'est pas avec des paroles ni même avec les charismes officiels et juridiques – les mots sonnent creux et les charismes sont neutralisés – que nous témoignons, mais plutôt à travers notre acceptation visible, contrôlable, systématique du sacrifice du Christ. Il n'existe plus aujourd'hui aucune autre forme efficace d'apostolat ; ou, mieux, elle conditionne tout le reste.

Comment peut rentrer dans cette *logique* le génie démoniaque des *affaires* et de l'*argent* ?

Quelle place a ici le souci du ou des palais et du bien-être ? Selon les Évangiles, chaque pape, cardinal, évêque, prélat, est synonyme d'ami, de frère, de père, de pasteur, jamais de *businessman* ! Il faut que les choses soient claires. Le Crucifié est la seule mesure de notre authenticité.

Faisons donc l'unité. Nous en avons besoin. Les ennemis qui pressent l'Église de tous les côtés, qui prônent désormais une action irrésis tible, les ennemis devraient être les camelots et les chantres de notre unité. Une société qui ne perçoit plus le besoin de solidarité et de lutte contre les périls est condamnée. Faisons l'unité, mais l'unité a aussi un prix pour vous, hiérarques. Pour y parvenir, il ne s'agit pas de contrôler les discriminations au sein du clergé que pratiquent méthodiquement, ouvertement, lourdement, les évêques dans leur diocèse et certains puissants cardinaux de la curie. Il conviendrait d'écouter non seulement les adulateurs intéressés et impliqués, mais aussi les dissidents qui ont la conscience pure ; et davantage ceux-ci que ceux-là.

Il ne faudrait pas concentrer le pouvoir sous forme de « charges » entre les mains d'un petit nombre au détriment de tous, ni restreindre à quelques-uns la confiance due à tous, avec pour effet de créer des privilèges et des privilégiés. Pour que l'unité se fasse, il ne devrait pas y avoir de prélats mis au ban ni d'ecclésiastiques délibérément et lâchement abandonnés à leur solitude et à leur désespoir. On voudrait au fond une péréquation des effets : chose qui exige, chez un évêque authentique – mais cela vaut aussi pour un pape, un cardinal ou un prélat de la curie –, un grand cœur, capable d'aimer sans calomnier. Mais tous ne savent s'imposer cette unité de mesure qui fut celle du Christ.

Ce n'est pas de division que souffre aujourd'hui l'Église, c'est de désagrégation – ultime phase de la désunion et prélude à la chute. Nous ne sommes pas même des « amis ». Nonobstant, les concélébrations se répètent et se multiplient en pure perte. Signe évident qu'on n'en comprend plus la fonction. La liturgie devient même représentation vide, qui tient plus du théâtre que du rite.

On me dira, c'est vrai, que je souffre d'artériosclérose. Mais ce que je suis, je l'ai offert à l'Église même si elle n'a su que faire de moi. En revanche, que personne ne compte sur mon silence. Cette lettre pourrait se transformer en lettre ouverte pour une vérification ecclésiale et un contrôle supérieur. Je suis à la Mazzolari et reste très obéissant dans le Christ.

Sac. Francesco Emmanueli, simple prêtre.

Devant un témoignage d'une telle force et d'une telle lucidité, l'Église entière, méditative, doit demeurer encline à se demander : pourquoi a-t-il été écarté, alors que sept autres de ses condisciples, tous rattachés à la cordée placentine, ont été placés sur l'estrade cardinalice dans une composition blafarde et sans éclat ?

Charognards sur le pontife

La majorité espérait un changement radical de la curie romaine avec l'avènement de Wojtyla à la tête de l'Église. Au lieu d'un tremblement de terre, on a vu un cordon sanitaire se former autour de lui. Une espèce d'interstice pour le rendre prisonnier de son isolement doré. Aujourd'hui, autour de lui, tout s'arrête dangereusement avant de parvenir jusqu'à lui, hormis les voyages, qui le rendent étrange, distrait et étourdi. Sur le phare, cependant, tel un planton infirme, il continue à refléter l'imperturbable lumière divine.

À l'issue de l'orgie télévisuelle qui a entouré les fêtes et réjouissances organisées à l'occasion de ses vingt ans de pontificat, les héros de la fête étaient les organisateurs qui permettaient de temps à autre que lui, le pape, apparaisse à l'écran comme un météore. Devant le monde entier, avec les joues ruisselantes de larmes, Jean-Paul II se demanda s'il avait bien accompli et à fond son ministère : il pensait donc à cette bande d'intrus pourprés qui, l'entraînant dans une interminable tournée des cinq continents, l'ont tenu occupé vingt années durant et ont pu ainsi le remplacer à la barre de la barque de saint Pierre.

En dressant le bilan de ces vingt années, on constate que le Saint-Père polonais a plus souvent fait faire le pape à d'autres qu'il ne l'a fait en personne. Une chorégraphie à confier à l'Histoire pour qu'elle la codifie.

« Quand viendra le Juge suprême, écrivait Jean VIII (872-882) à l'impératrice Engelberge, Il me demandera si j'ai laissé Son Église mieux lotie que je ne l'ai reçue : plus libre, plus paisible, plus prospère. » Telle est la véritable interrogation secrète de tout pape et de tout dignitaire de la curie au moment de la laisser à la postérité.

*

Le monde entier tremble pour la santé du pape, lequel est désormais tout près de quitter la scène de ce monde branlant. Mais, plus encore que tout le monde, tremblent les cardinaux et les prélats qui se pressent à la curie : les chefs de cordée et de dicastère, pour se trouver placés aux postes de garde au moment du trépas, assiègent les bureaux, sans négliger les veilles nocturnes en sentinelles attentives. Même ceux qui ont soixante-quinze ans passés refusent de lâcher leur os, histoire de rester sur la brèche au milieu de ce tas de fumier. Le pape infirme leur permet de jouer les prolongations, *donec aliter provideatur*, jusqu'à nouvel ordre, ce que tous comprennent ainsi : rester jusqu'au prochain conclave avec le nouveau pape pour le faire chanter.

Alors que l'année 1999 touche à sa fin, le soleil, se cachant à l'horizon derrière les collines, rougira de honte devant tout cela, dont l'ont fait spectateur les croyants de ce siècle.

22

L'Église du troisième millénaire

Voici l'heure de Dieu, qui sort Son Église de sa torpeur au chant du coq, parce que le réveil ne marche plus. Démontée avec désinvolture pièce par pièce afin de les analyser, l'horloge est là, sur la table des techniciens à qui manque cependant le discernement pour les remettre toutes à leur place. Dieu nous demande de la remonter avant qu'il soit trop tard, avant que le coq chante une deuxième fois et avant le troisième reniement.

Voici l'heure de Marie, prophétesse à Fatima du triomphe de l'Église au seuil de l'an 2000, époque à laquelle son cœur immaculé aura vaincu le règne diabolique qui embrume et dérange le lieu saint de Dieu obscurci par la fumée de Satan. Étant la Mère de Dieu, elle est aux confins de la divinité (selon le théologien Cajetan), et donc invincible et victorieuse. Elle qui n'est pas le dieu du temple, mais le temple de Dieu [1], elle conduira l'Église par la main vers le Christ, centre de l'univers. Et ainsi triomphera son cœur.

Voici également l'heure de l'Église : « Nous sommes les harpes dont tu joues avec un plectre : ce n'est pas de nous que vient la douce plainte, c'est toi qui la joues. Nous

1. Saint Ambroise.

sommes la flûte, et le son qui est en nous est de toi ; nous sommes les montagnes inaccessibles, et l'écho est celui de ta voix. Quand tu te caches, je ne crois en rien ; quand tu te manifestes, je suis croyant. Je ne possède que ce que tu me donnes ! À quoi bon chercher dans ma besace [1] ? » À la fin de cette œuvre, elle, l'Église du Christ, conclura, avec l'apôtre Paul : *Bonum certamen certavi, cursum consummavi, fidem servavi,* (« J'ai livré le bon combat, j'ai achevé ma course, j'ai gardé la foi ») [2]. Seigneur, si Tu veux aujourd'hui sauver Ton Église, Tu dois user de Ta toute-puissante miséricorde ; si Tu veux l'abandonner, il Te suffit d'appliquer Ton implacable justice. Fais comme Tu veux !

Mais c'est aussi et surtout l'heure de Satan dans l'affrontement terminal de l'Apocalypse : « Après l'accomplissement des mille ans, relâché pour un peu de temps, Satan s'en ira séduire les nations aux quatre coins de la terre... Ils investirent le camp des saints et de la cité bien-aimée. » La cité bien-aimée du Christ, l'Église, est assiégée par les émissaires de Satan.

Colloque avec Dieu

« Je sais que Tu peux tout et qu'aucun projet n'échappe à Tes prises. " Qui est celui qui dénigre la providence sans y rien connaître ? " Eh oui ! J'ai abordé, sans le savoir, des mystères qui me confondent. " Écoute-moi, disais-je, à moi la parole, je vais T'interroger et Tu m'instruiras. " Je ne Te connaissais que par ouï-dire, maintenant, mes yeux T'ont vu. Aussi, j'ai horreur de moi et je me désavoue sur la poussière et sur la cendre [3]. »

1. *Le Mawlanâ*, le maître, Djalâl al-Dîn Rûmî
2. IIe épître à Timothée 4, 7.
3. Job 42, 1-6.

L'Église du troisième millénaire

« Moi, Jésus, j'ai envoyé mon ange pour vous apporter ce témoignage au sujet des Églises. Je suis le rejeton et la lignée de David, l'étoile brillante du matin. L'Esprit et l'épouse disent : Viens ! Que celui qui entend dise : Viens ! [...] Celui qui atteste cela dit : Oui, je viens bientôt. Amen [1]. »

1. Apocalypse 22, 16-20.

Table

Cet ouvrage a été réalisé par la
SOCIÉTÉ NOUVELLE FIRMIN-DIDOT
Mesnil-sur-l'Estrée
en janvier 2000

Édition exclusivement réservée aux adhérents du Club
Le Grand Livre du Mois
15, rue des Sablons
75116 Paris
réalisée avec l'aimable autorisation des éditions Robert Laffont

Imprimé en France
Dépôt légal : décembre 1999
N° d'impression : 49412
ISBN : 2-7028-5178-9